문제는 주님의 음성 입니다

정원 지음

영성의 숲

서문

우리는 살아가면서 좋든 싫든 많은 문제들과 부딪치게 됩니다.

문제들이 우리에게 다가올 때 우리의 일반적인 반응은 때로는 낙담하고 때로는 원망하며 때로는 그것을 피하여 도피하는 것입니다. 우리는 이런 식으로 대부분의 문제에 대해서 부정적으로 반응하게 됩니다. 그러나 그러한 우리의 반응은 많은 경우에 문제를 더욱 더 복잡하고 크게 만들어버립니다.

우리가 문제를 통하여 알아야 할 것이 있습니다. 그것은 문제와 고통이 주님의 허락 속에서 우리에게 오는 것이며 그 문제와 고통 안에는 주님께서 우리를 가르치시며 우리에게 전달하려고 하시는 메시지가 있다는 것입니다.

우리가 고통과 문제가 우리에게 다가오는 이유를 발견한다면, 그리고 그 속에 포함되어 있는 주님의 메시지를 잘 분별할 수 있다면 우리는 문제가 쉽게 풀리는 것을 경험하게 될 것입니다. 우리가 바르게 깨달을 때, 문제는 그 목적을 달성했기 때문에 더 이상 우리의 곁에 머무를 필요가 없기 때문입니다.

우리는 이와 같이 깨달음을 통하여 문제에서 벗어날 수 있을 뿐 아니라 문제를 통하여 좀 더 주님께 가까이 나아가는 유익을 얻을 수 있을 것입니다.

나는 오래 동안 문제를 통하여 말씀하시는 주님의 의도를 찾기 위해서 애썼고 그렇게 씨름하는 과정에서 거기에 중요한 원리와 법칙이 있는 것을 깨닫게 되었습니다. 그 원리들은 주님께서 성경에 등장하는 인물들을 다루시면서 여전히 동일하게 사용하시는 원리인 것을 알게 되었습니다.

나는 이 법칙을 내 삶에 적용하여 놀라운 하나님의 사랑과 임재와 그 풍성함을 경험할 수 있었습니다. 이 책은 그러한 경험들을 같이 나누기 위한 것입니다.

이 책은 우리에게 다가오는 문제를 통하여 말씀하시는 주님의 음성과 법칙을 깨달을 수 있도록 돕기 위한 책입니다.

당신이 여기에서 제시하고 있는 여러 영성의 원리들을 잘 이해하고 삶에서 적용할 수 있다면 당신은 더 이상 문제를 두려워하지 않게 될 것입니다. 오직 문제들을 통하여 무엇을 배워야 할 것인가에 대해서 관심을 가지게 될 것입니다.

문제는 주님의 음성입니다. 그것은 우리를 가르치시고 깨닫게 하시는 주님의 메시지입니다. 그 음성을 듣고 깨닫는 자는, 그리고 순종하는 이는 아름답고 풍성한 삶을 누리며 주님의 아름다우심과 영광 가운데 더욱 더 가까이 나아가게 될 것입니다.

2001. 5. 정원

contents

서문

1. 법칙의 발견 · 6
2. 종류대로의 법칙 · 10
3. 문제는 주님의 음성입니다 · 21
4. 다윗의 경험 · 26
5. 문제의 근원을 추적하기 · 32
6. 조화로운 삶 · 37
7. 순복의 메시지 · 46
8. 형통과 곤고함의 리듬 · 61
9. 근원을 향하는 삶 · 76
10. 동일한 일을 겪다 · 88
11. 자랑스럽게 여기는 것의 종말 · 95

12. 자신의 발견 · 104

13. 불편한 인간관계의 의미 · 115

14. 기도가 응답되지 않을 때 · 130

15. 미물을 통한 가르치심 · 141

16. 영혼의 평화 · 147

17. 만물에는 듣는 귀가 있다 · 157

18. 타인의 고통에 대하여 · 168

19. 주님이 말씀하시는 두 가지 방법 · 180

20. 고통의 원인자는 누구인가? · 201

21. 적용의 결과들 · 209

22. 목적은 오직 영혼의 성장 · 218

1. 법칙의 발견

신혼 시절 나는 신학대학원에 다니고 있었습니다. 집은 인천에 있었고 학교는 경기도 양지에 있어서 무려 3시간이나 걸렸습니다. 거리가 너무 멀어서 학교에 다니기가 너무 힘들어서 나는 아내와 의논 후 집을 팔려고 내놓았습니다.

그러나 집은 팔리지 않았습니다. 집은 오래 된 연립이었는데 당시에는 부동산 경기가 너무 침체되어있어서 집을 보러 오는 사람조차도 거의 없었습니다. 기도도 열심히 했고 부동산에도 여기 저기 부지런히 다녔지만 6개월이 되도록 집은 도무지 팔릴 기미가 보이지 않았습니다.

우리는 지쳤고 속이 상했지만 별 다른 대책이 없었습니다. 어느 날 나는 수업을 마친 후 지치고 피곤한 몸으로 인천 행 전철을 타고 집으로 돌아오고 있었습니다. 그런데 지하철 안에서 갑자기 하나의 생각이 떠올랐습니다.

'하나님이 우리의 기도를 듣지 않으셨을까? 우리의 사정을 모르실까? 아니다. 그럴 리가 만무하다. 성경은 참새 한 마리가 땅에 떨어지는 것도 하나님의 허락 없이는 되지 않는다고 말한다.

그러므로 그리스도인의 삶에 우연이란 없다. 지금 우리 집이 팔리지 않고 있는 것에는 무엇인가 이유가 있을 것이다. 하나님께서는 우리에게 무엇인가를 가르치시기 위하여 이러한 과정을 허락하시는 것일 것이다.

그렇다면 그 가르침이 무엇일까? 우리는 여기서 무엇을 배워야 할까? 우리의 기도가 응답되지 않게 막고 있는 것이 무엇일까? 우리가 무엇을 잘못한 것이 있는 것이 아닐까?

나는 생각에 잠겼습니다. 무엇인가 실마리가 잡힐 것 같기도 했습니다. 나는 성경의 여러 기억나는 사례들을 생각해보았습니다. 어떤 어려움들이 있을 때 그 메시지는 무엇이었는지 그리고 이유는 무엇이었는지를 조심스럽게 생각해보았습니다.

그러자 하나의 원리가 기억이 났습니다. 그것은 심은 대로 거두는 법칙이며 유에는 유로 역사하시는 법칙이었습니다.

나는 계속 생각했습니다.

'지금 내가 어려움을 겪고 있는 문제는 무엇인가? 집이 팔리지 않는 것은 물질의 문제이다. 그렇다면 주님께서 물질의 문제에 응답하지 않게 물질로서 내가 잘못 하고 있는 것이 있는가?'

그 순간 나에게 갑자기 하나의 상념이 떠올랐습니다.

'아차! 십일조!'

그 집은 장인어른이 우리가 결혼할 때 채무관계로 가지고 있던 집을 우리에게 주신 것이었습니다. 그 집은 오래된 연립이고 교통도 좋지 않은 곳에 있어서 가격을 조금 밖에 받을 수 없었습니다. 그것을 팔아도 교통이 조금 나은 곳으로 가려면 웬만한 집을 전세로 얻기도 어려웠습니다.

그러나 물질이 부족한 것은 우리의 사정이고, 일단 그 집은 우리에게 얻어진 수입이기 때문에 십일조를 드려야 될 것 같았습니다. 그러나 그 때까지 전혀 그 생각은 못했던 것입니다. 아까워서가 아니라 전혀 생각이 미치지 않고 있었습니다.

나는 아내를 설득해야겠다는 마음을 가지고 가벼운 마음으로 집에 들어섰습니다. 왠지 기분이 좋았고 아내의 동의를 얻어낼 수 있으면 집이 팔릴 것 같았습니다.

내가 집에 도착해서 이야기를 꺼내자 아내는 예상대로 난감한 표정을 지었습니다.

"하지만, 그렇지 않아도 돈이 많이 모자라는데.. 어떻게 하려고 그래요."

나는 그녀를 계속 설득했습니다.

"중요한 것은 우리의 형편이 아니오. 하나님이 우리를 보시고 있어요. 하나님이 우리를 인도하시고 훈련하시고 계시는데 우리가 현실적인 어려움 때문에 주님께 순종하지 못한다면 우리는 좋은 주님의 종이 될 수 없을 거요. 하나님이 마음만 먹으시면 모든 것들이 다 잘 될 텐데 걱정할 것이 무엇이 있겠어요? 하지만 하나님께 잘 보이지 못하면 우리의 삶은 더 힘들어 질 수도 있어요. "

아내는 결국 나의 말에 수긍을 했습니다. 그래서 우리는 그 자리에서 무릎을 꿇었습니다. 그리고 같이 주님께 기도하고 고백했습니다.

"주님. 죄송합니다. 저희가 집을 팔려고 내놓고 기도했었는데 여태까지 십일조를 해야 한다는 것을 깜박 잊어버렸습니다. 주님. 저희가 조금 힘든 상황이기는 하지만 저희는 주님을 의지하겠습니다. 만일 이 집이 내일이라도 팔린 다면 저희는 꼭 십일조를 드릴 것입니다."

그렇게 기도를 마치고 우리는 아주 편안한 마음으로 잠이 들었습니다. 다음 날 아침, 우리는 이른 시간에 전화벨 소리로 인하여 잠에서 깨어났습니다.

그것은 부동산 사무실에서 온 전화였습니다. 오래 전에 우리 집을 본 사람이 있었는데 그 사람이 그 때는 그냥 갔지만 오늘 갑자기 우리 집을 다시 보고 싶다고 한다는 것이었습니다.

오전에 부동산 사람과 그 사람이 같이 찾아왔습니다. 그 후의 진행은 일사천리였습니다. 일은 간단하게 진행되어 집은 그 날 안에 팔렸습니다.

이것이 우연이었을까요? 우리는 기뻤습니다. 참으로 행복했습니다.

집이 팔린 것, 물론 그것도 즐거웠습니다.

그러나 주님이 역사하시는 하나의 원리 - 어떤 문제가 있을 때 그것에 대해 무조건 기도만 하고 우기기만 하는 것이 아니라 그 문제를 향하신 하나님의 원하심을 발견하고 순종할 때 주님은 역사하신다는 것을 너무나 선명하게 확인할 수 있었기에 나는 너무나 기뻤습니다.

이것은 과연 우연일까요? 정말 어쩌다가 일어난 일일까요? 그러나 나는 그 후에도 수없이 계속해서 반복되는 체험을 통해서 이 하나의 법칙과 원리를 확인할 수 있었습니다.

당신도 그 원리를 이해하고 당신의 삶에 적용한다면 그와 같이 주님께서 역사하시는 것을 분명하고 선명하게 경험하게 될 수 있을 것입니다.

2. 종류대로의 법칙

야곱이 그토록 기다렸던 결혼의 날은 드디어 왔습니다. 7년을 수일처럼 여길 정도로 달콤했던 라헬과의 사랑, 이제 그 오랜 기다림의 시간은 끝이 나고 외삼촌 라반과의 약속대로 결혼식을 하게 되었던 것입니다.

두 사람은 오래 전부터 이 날에 대하여, 그리고 그들의 미래에 대하여 희망찬 이야기들을 주고받았지요. 그들이 들에서 같이 양을 치는 일은 더 이상 고된 노동이 아니라 행복한 꿈을 꾸는 환희의 순간들이었던 것입니다.

드디어 결혼식 날, 야곱은 너무나 기뻐서 하루가 어떻게 지나가는지도 몰랐습니다. 많은 하객들의 축복, 오늘따라 더 사랑스럽게 느껴지는 라헬.. 야곱의 마음은 구름을 타고 있는 것처럼 들떠있었습니다.

그러나 야곱은 알지 못했습니다. 그가 그토록 행복하게 여기는 순간에 비극의 씨앗이 잉태되고 있었다는 사실을 말입니다. 야곱이 그 비극의 시작을 감지한 것은 바로 결혼식의 그 다음날이었습니다. 성경은 그 상황을 아주 간단하게 묘사하고 있습니다.

> 야곱이 아침에 보니 레아라 (창 29:25)

오랫동안 기다렸던 결혼식, 그리고 첫날밤을 치르고 아침에 잠을 깨어 일어나보니 그의 침상에 누워있던 여인은 그가 사랑하던 라헬이 아니고 그녀의 언니 레아였던 것입니다.

야곱은 한 번도 레아를 사랑해본 적이 없었습니다. 그리고 이러한 상황을 꿈꾸어본 적도 없었습니다. 그러나 그가 전혀 예상하지 못했던 상황이 이렇게 눈앞에 있는 것입니다! 이 어처구니없는 상황은 야곱의 삶과 가정에 많은 재앙들을 일으키는 중요한 요인이 되고 맙니다.

기가 막힌 야곱은 이에 대하여 화가 나서 외삼촌 라반에게 따집니다. 레아가 감히 자기 혼자의 계획으로 그렇게 행했을 리는 없고 이것은 라반의 술수인 것이 분명하다고 여겼기 때문입니다.

야곱이 아침에 보니 레아라 라반에게 이르되 외삼촌이 어찌하여 내게 이같이 행하셨나이까 내가 라헬을 위하여 외삼촌을 섬기지 아니하였나이까 외삼촌이 나를 속이심은 어찌됨이니이까 (창29:25)

그러나 외삼촌 라반은 태연합니다. 그는 야곱의 항의를 충분히 예상하고 있었으니까요. 그는 천연덕스럽게 대답합니다.

라반이 이르되 언니보다 아우를 먼저 주는 것은 우리 지방에서 하지 아니하는 바이라 이를 위하여 칠 일을 채우라 우리가 그도 네게 주리니 네가 또 나를 칠 년 동안 섬길지니라 (창29:26-27)

물론 그와 같은 라반의 논리는 말이 되지 않는 것입니다. 정말 그의 말이 타당하다면 그는 애초에 미리 그러한 상황에 대해서 이야기를 하고 야곱의 승낙을 얻었어야 할 것입니다. 그런데 아무 말을 하지 않고 결혼식 당일까지 속이고 언니가 대신 들어가게 한 다음 지방의 풍습이라고 핑계를 대는 것이 말이 됩니까? 그리고는 사과는 커녕 어차피 이렇게 되었으니 책임을 지고 네 의무를 다하라는 식으로 요구를 하는 것은 정말 어처구니가 없는 것입니다.

어쨌든 야곱은 할 수 없이 라반의 제의를 받아들이고 언니와 동생을 동시에 아내로 받아들이게 됩니다. 그리고 여기에서부터 엄청난 비극이 시작됩니다.

여기에서 우리의 상식으로 이해하기 어려운 것이 있습니다. '야곱이 아침에 보니 레아라..' 이것은 이해하기가 쉽지 않은 상황입니다. 도대체 어떤 신랑이 첫날밤에 신부의 얼굴도 확인하지 않고 밤을 지낸 다음에 다음 날 아침이 되어서야 비로소 신부가 바뀐 것을 알게 된다는 말입니까? 그는 밤에 아무 정신이 없었던 것일까요?

이러한 우리의 의문은 라반의 교활한 계교를 생각해보면 풀려지게 됩니다. 여기서 우리가 이해해야 할 것은 첫날밤에 신부가 바뀌어버린 이 사건이 결코 우발적이고 우연한 사건이 아니라 치밀하게 미리 준비되고 계획되어진 일이라는 것입니다.

물론 그것은 라반의 계교였습니다. 그렇다면 라반은 왜 이러한 계략을 꾸몄을까요? 왜 그는 첫날밤에 신부를 바꿔치기 함으로써 동시에 두 딸을 시집보내려는, 그러한 계략을 꾸몄을까요?

라반은 야곱이 그에게 오게 된 첫날부터 그러한 계획을 가지고 있지는 않았을 것입니다. 야곱이 처음에 라반에게 와서 한 달 동안 머물면서 양을 치는 것을 비롯해 여러 일로 성실하게 라반에게 봉사하는 것을 보고 라반은 미안한 마음으로 야곱에게 말했습니다.

야곱이 한 달을 그와 함께 거주하더니 라반이 야곱에게 이르되 네가 비

록 내 생질이냐 어찌 그저 내 일을 하겠느냐 네 품삯을 어떻게 할지 내게 말하라 (창29:14-15)

야곱은 라반에게 대답하기를 라헬을 사랑하므로 그녀를 얻기 위하여 7년을 라반에게 봉사하겠다고 하였습니다. 야곱의 대답은 라반을 흡족하게 했을 것입니다. 물질이나 다른 것을 요구하지 않고 오직 라헬만을 원했기 때문에 라반은 기꺼이 야곱의 청을 허락하였습니다.

그러다가 야곱이 7년 동안 그의 능력과 성실함으로 양을 치면서 양들의 숫자가 늘어나고 수입도 많아지면서 거부가 되기 시작하자 라반은 욕심을 갖게 된 것 같습니다. 약속한 7년의 기간이 다 되어가자 라반은 야곱을 붙잡아둘 계획을 세우게 되었습니다. 성실하고 유능한 일꾼인 그를 잃기가 아까웠던 것입니다.

라반은 야곱이 라헬을 얻은 후에 떠나지 않을까 걱정이 되었고 지방의 풍습을 빙자하여 레아를 그에게 맡기고 7년을 더 부려먹고 싶은 마음이 들었던 것입니다.

그러나 미리 그 계획을 이야기하면 야곱이 동의하지 않을 것입니다. 레아는 라헬처럼 아름답지도 않았고 야곱은 그녀를 사랑하지 않았기 때문입니다. 그렇기 때문에 라반은 미리 치밀한 작전을 세워두었던 것입니다.

그는 야곱을 속이기 위해서 결혼식을 성대하게 치르고 술도 많이 마시게 하고 야곱을 많이 지치게 해서 어느덧 밤이 되자 인사불성이 된 야곱의 침실에 미리 라헬과 똑같은 모습으로 준비시킨 레아를 들여보냈을 것입니다. 물론 레아에게는 라헬인 척하라고 미리 이야기를 해두었겠지요. 그러한 라반의 치밀한 술수에 야곱은 고스란히 넘어가고 만

것입니다. 오래 기다렸던 결혼식이고, 한참 들떠있던 야곱은 즐겁고 기쁜 마음에 이러한 반전을 전혀 예상하지 못했을 것입니다. 궤계에 빠진 야곱은 라반의 제안을 거부하지 못하고 결국 자매 지간인 두 여인을 동시에 아내로 맞으면서 그가 꿈꾸었던 스위트 홈은 그대로 종말을 맞게 됩니다.

야곱의 사랑을 얻기 위하여 두 여인은 툭하면 싸우게 되고 또 그녀들이 경쟁적으로 낳은 아들들도 역시 편을 갈라서 싸우는, 정말 피곤하고 비극적인 가정의 모습이 바로 첫날밤에 잉태되었던 것입니다.

여기서 우리가 생각해볼 문제가 있습니다. 야곱은 지금 일방적으로 사기를 당하여 평생을 두고 가정의 어려움을 겪게 됩니다. 그런데 과연 야곱에게는 책임이 없는가 하는 것입니다.

우리가 어떤 상황을 겪게 될 때 기본적으로 인식해야 할 것은 그것이 좋은 일이든 나쁜 일이든 하나님께서 허락하셔야 우리에게 올 수 있다는 것입니다. 공중에 날아다니는 참새 한 마리도 하나님의 허락 없이는 떨어지지 않는다고 성경은 말하고 있습니다.

그렇다면 왜 야곱은 이런 사기를 당하게 된 것일까요? 하나님은 왜 야곱에게 이러한 일을 허용하셨을까요?

어느 날 집에서 가정 예배를 드리면서 이 이야기를 하면서 아이들에게 이것을 물어본 적이 있었습니다.

그랬더니 초등학교 6학년인 예원이가 이렇게 대답했습니다.

"주님을 사랑하는 것보다 인간적인 애정에 너무 빠지지 말라고 하나님께서 경고하시는 것이 아닐까요?"

그것도 어느 정도 맞는 말일 것입니다. 그러나 그렇다고 하더라도 본인에게 어떤 문제도 없음에도 불구하고 이러한 상황이 생길 수는 없습니다. 모든 환경이란 우리 마음의 그림자이며 어떠한 재앙도 우리가 그것을 경험하고 있다면 우리 안에는 그것을 끌어당기는 어떤 요소가 있기 때문입니다.

야곱의 과거의 행적을 찾아보면 그 해답을 찾을 수 있습니다. 야곱이 당한 일의 특성을 살펴보면 첫째, 그는 아내의 언니인 레아에게 속임을 당했습니다. 그녀는 언니임에도 불구하고 동생인 척하고 야곱을 속였습니다.

그런데 야곱도 그와 동일한 일을 행한 적이 있었습니다. 야곱은 자신이 동생임에도 불구하고 아버지의 축복을 받기 위하여 형인 척하고 모습을 꾸미고 속였던 적이 있었던 것입니다.

둘째, 야곱은 장인에게 속임을 당했습니다. 레아는 야곱을 속이기는 했지만 그가 주동자는 아니었습니다. 그녀는 아버지의 꾀로 인하여 그처럼 속임수를 쓰게 되었습니다. 그녀는 사건의 공범이긴 하지만 주연이 아니고 조연인 셈입니다.

그것은 야곱도 마찬가지였습니다. 야곱도 형인 척하고 아버지의 축복을 받았지만 그것은 야곱의 꾀가 아니었습니다. 야곱은 오히려 그렇게 속이다가 아버지에게 들키면 어쩌나 하고 두려워했었습니다.

야곱이 그 어머니 리브가에게 이르되 내 형 에서는 털이 많은 사람이요 나는 매끈매끈한 사람인즉 아버지께서 나를 만지실진대 내가 아버지의 눈에 속이는 자로 보일지라 복은 고사하고 저주를 받을까 하나이다 (창 27:11-12)

그런 그에게 용기를 주어 속임수를 쓰게 한 것은 어머니인 리브가의 계략이었던 것입니다.

어머니가 그에게 이르되 내 아들아 너의 저주는 내게로 돌리리니 내 말만 따르고 가서 가져오라 (창27:13)

그녀는 그것을 자식에 대한 사랑이라고 생각했으나 그러한 술수가 아들의 인생에 재앙의 근원으로서 작용하리라고는 생각지 못했던 것입니다.

야곱은 아버지를 속였고 그 결과 그는 장인에게 속임을 당하게 되었습니다. 나중에 야곱의 삶을 보면 그가 아들들에게 속임을 당하는 일이 일어나게 됩니다. 그것도 야곱이 과거에 아버지를 속인 것처럼 그도 똑같이 아들들에게 속는 일을 겪게 되는 것입니다.

그들이 요셉의 옷을 가져다가 숫염소를 죽여 그 옷을 피에 적시고 그의 채색 옷을 보내어 그의 아버지에게로 가지고 가서 이르기를 우리가 이것을 발견하였으니 아버지 아들의 옷인가 보소서 하매 아버지가 그것을 알아보고 이르되 내 아들의 옷이라 악한 짐승이 그를 잡아 먹었도다 요셉이 분명히 찢겼도다 하고 자기 옷을 찢고 굵은 베로 허리를 묶고 오래도록 그의 아들을 위하여 애통하니 그의 모든 자녀가 위로하되 그가 그 위로를 받지 아니하여 이르되 내가 슬퍼하며 스올로 내려가 아들에게로 가리라 하고 그의 아버지가 그를 위하여 울었더라 (창37:31-35)

과연 이것이 우연일까요? 야곱은 아버지를 속였으며 그 결과 그는 아들에게 속임을 당했습니다. 그가 아버지를 속일 때 그는 염소의 가죽을 뒤집어쓰고 아버지를 속였으며 아들들은 그를 속일 때 염소의 피를 적셔서 그를 속였습니다.

리브가가 집 안 자기에게 있는 그의 맏아들 에서의 좋은 의복을 가져다가 그의 작은 아들 야곱에게 입히고 또 염소 새끼의 가죽을 그의 손과 목의 매끈매끈한 곳에 입히고 (창27:15-16)

과연 이것이 우연일까요? 그럴 리가 없습니다. 야곱은 아주 정확하게 자기가 심은 대로 동일한 것을 받게 된 것입니다.

야곱의 어머니 리브가는 야곱을 형으로 보이게 하기 위하여 형 에서의 좋은 옷을 그에게 입혔습니다. 아마 레아의 아버지 라반은 그녀를 동생으로 보이게 하기 위하여 동생의 가장 좋은 옷을 입혔을 것입니다.

결혼식 날에 신부가 바뀐 것을 모른다는 것이 말이 안 된다구요? 그렇습니다. 그것은 말이 안 되는 이야기입니다. 그러나 아버지가 맨 정신으로 있으면서 아내의 궤계에 속아서 큰 아들과 작은 아들도 구분하지 못하고 일생을 결정짓는 중요한 축복을 선포한다는 것도 똑같이 말이 안 되는 이야기입니다.

우리는 놀랍도록 유사하게 반복되는 이 이야기를 통해서 우리에게 다가오는 어떤 일은 그 이전에 우리가 유사하게 잘못한 어떤 일에 의하여 생겨난다는 사실을 알 수 있습니다. 하나님께서 우리의 동일한 잘못을 깨닫게 하기 위해서 그러한 일을 허용하시는 것입니다.

이렇게 우리가 행한 것, 심은 것과 유사한 일을 우리가 당하는 이유는 무엇일까요? 우리는 다른 이들에게 해를 끼치기도 하고 마음을 쉽게 아프게도 하지만 그들의 마음이 어떤지, 당한 사람의 입장이 어떠한지는 자신이 그러한 일을 직접 당해보기 전까지는 전혀 알 수 없기 때문입니다. 직접 겪어야 우리는 그 마음과 상태를 알고 느낄 수 있습니다.

야곱이 라반에게서 겪은 어려움은 또 있습니다. 그는 치사한 장인이기도 했지만 불성실한 업주이기도 했습니다. 그는 야곱에게 제대로 임금을 지불하지 않았습니다.

> 내가 외삼촌의 집에 있는 이 이십 년 동안 외삼촌의 두 딸을 위하여 십사 년, 외삼촌의 양 떼를 위하여 육 년을 외삼촌에게 봉사하였거니와 외삼촌께서 내 품삯을 열 번이나 바꾸셨으며 (창31:41)

야곱은 외삼촌에게 물질적인 불이익을 겪었습니다. 라반의 행동은 사실 도둑이나 다름없었습니다. 그런데 야곱이 자기의 것을 빼앗겼다고 하소연하기 전에 그도 자신의 행동을 돌아볼 필요가 있었습니다.

왜냐하면 그도 똑같이 자기의 형 에서의 장자권을 도둑질했기 때문입니다. 그는 결국 빼앗은 만큼 빼앗기게 된 것입니다.

여기서 야곱이 겪은 일들의 인과관계를 간단히 정리해보겠습니다.

1. 그는 아우인데 형인 척하고 속였고 그 결과 아내의 형이 동생인 척하고 그를 속였다.
2. 그는 어머니의 계략에 동조해서 속였고 레아는 아버지의 계략에 동조해서 속였다.
3. 그는 아버지를 속였고 그 결과 장인에게 속임을 당했다.

4. 그가 아버지를 속인 것처럼 그도 아들들에게 속임을 당했는데 그가 속일 때는 염소의 가죽을 뒤집어쓰고 속였으며 그가 속임을 당할 때는 염소의 피를 보고 속았다.

5. 그는 장자권을 훔쳤고 라반에게는 그 결과 자신의 물질을 많이 손해 보게 되었다.

다시 말하지만 이것은 결코 우연이 아닙니다. 우연으로 보기에는 그가 당한 일과 그가 과거에 심었던 행적에 너무나 흡사한 유사점이 있습니다.

우리는 이 사건들을 보면서 하나님께서 그의 영혼의 문제점을 깨우쳐주시기 위하여 그러한 그의 어려움들을 허용하신 것을 충분히 이해할 수 있을 것입니다. 주님께서는 야곱이 그러한 어려움을 통하여 자신을 돌아보게 하시고 인간적이고 육신적인 그의 삶의 자세를 바꾸기를 원하셨던 것을 알 수 있는 것입니다.

여기서 우리는 재미있는 또 하나의 법칙을 발견하게 됩니다. 그것은 자신이 심은 문제점들과 고통스러운 환경들과는 어떤 유사점이 있는데 그것은 '종류대로'의 법칙이라고 할 수 있는 것입니다.

거짓을 행할 때 본인이 거짓을 당하게 되며 물질적인 문제에 대한 문제는 물질적인 재앙으로 나타납니다. 사람에 대하여 잘못 심은 것은 역시 사람을 통한 재앙으로 나타납니다.

이러한 종류대로의 법칙을 통하여 우리는 어떠한 문제에 봉착했을 때 그 문제의 근원이 무엇인지에 대하여 쉽게 추적할 수가 있게 되는 것입니다.

하나님께서는 세상을 창조하실 때 종류대로의 법칙을 통하여 창조하셨습니다. 셋째 날에는 식물을 종류대로 지으시고, 넷째 날에는 천체에 속한 해, 달, 별들을 지으시고, 다섯째 날에는 물고기와 새들의 종류를, 그리고 여섯째 날에는 땅의 짐승을 종류대로 지으셨습니다.

이처럼 비슷한 종류끼리 같이 만들고 같이 있게 하시고 같은 것들끼리 서로 애정과 호감을 느끼며 끌어당기게 되는 것은 영적인 중요한 법칙입니다. 그러므로 우리가 어떠한 행동을 할 때 그것은 장래에 우리에게 비슷한 종류의 일들을 끌어당기는 영적인 흡인력이 있는 것입니다.

비슷한 것들은 서로 끌어당깁니다. 악한 이들은 악한 이들끼리 모이며 선한 이들은 선한 이들끼리 함께 모입니다. 혈기가 많은 이들은 비슷하게 혈기가 많은 이들끼리 모이며 온유한 이들은 온유한 이들끼리 함께 모입니다.

세상의 헛된 욕망을 사랑하는 이들은 역시 비슷한 이들끼리 같이 모이며 주를 사모하는 이들은 비슷하게 주를 추구하는 이들끼리 모이고 서로 보고 싶어 하고 서로 끌어당기는 힘을 가지고 있습니다. 그와 같이 우리의 심령 안에는 사람들을, 상황들을, 우리의 미래를 끌어당기는 어떤 요소가 존재하고 있는 것입니다.

우리는 어떤 종류의 일을 끌어당기고 있을까요? 우리는 어떻게 그것들을 발견해갈 수 있을까요? 어떻게 우리는 우리의 심령이 바뀌어져서 우리의 미래에 아름답고 풍성한 일만을 끌어당길 수 있게 될까요?

이제 우리는 좀 더 이야기를 진전시켜나가야 하겠습니다.

3. 문제는 주님의 음성입니다

성경의 이야기 속에서 여러 영적인 원리들을 발견하는 것은 놀라운 일입니다. 하나님께서 성경에 등장하는 믿음의 사람들의 삶 속에서 놀라운 일을 행하신 일을 읽는 것은 가슴이 뛰고 흥분되는 일입니다.

그러나 문제는 그러한 원리와 법칙이 오늘날 우리에게 실제의 삶에서 적용이 되는가 하는 것입니다. 과연 우리도 동일한 원리에 의해서 주님의 임하심을 경험하고 그들처럼 구체적인 하나님의 개입을 경험할 수 있을까요? 만일 그렇다면 그것은 훨씬 더 가슴이 뛰고 흥미로운 일이 될 것입니다.

나는 실증적인 그리스도인이 되기를 원했습니다. 신앙과 성경의 메시지가 단순한 이론에 머물러 있는 것을 원치 않았습니다. 그래서 나는 내가 깨달은 것들을 일상의 사소한 것에서부터 찾아보고 적용해보았습니다. 그리고 나서 얻은 결론은 그 법칙은 오늘도 여전히 역사하며 우리 모두에게도 동일하다는 것이었습니다. 그러한 발견은 정말 즐거운 일이었습니다!

앞 장에서 언급한 대로 집이 순조롭게 팔려서 우리는 이사를 할 수 있었습니다. 우리가 예상했던 것보다 전세 가격이 비싸서 우리는 여러 군데를 돌아다니다가 부천의 작은 연립을 전세로 얻었습니다.

한동안 우리는 몹시 기뻤습니다. 무엇보다도 하나님께서 우리에게 구체적으로 말씀하시고 인도하신다는 확인이 우리의 마음을 즐겁게 했습니다. 우리는 한동안 아주 즐거운 마음으로 생활했습니다.

하지만 문제가 있었습니다. 새로 이사 간 집에는 쥐벼룩이 많았습니다. 눈에는 보이지 않았지만 이놈들이 어찌나 많은지 우리는 온 몸이 가려워서 밤에 제대로 잠을 자지 못했습니다. 밤 새 여기 저기 가려운 곳을 긁으면서 두 달이나 보내야 했습니다. 우리는 서로 등을 긁어주면서 밤을 보냈습니다.

우리는 이 녀석들을 퇴치하기 위하여 온갖 방법을 동원했습니다. 오래된 집에는 이런 놈들이 사는데 방바닥의 틈새에서 이들이 나온다고 누군가가 조언하기에 집안 전체의 틈을 테이프로 막기도 했고 아주 독한 약을 뿌리기도 했습니다.

살충제를 뿌린 후에는 냄새가 너무 심해서 우리는 몇 시간이나 집에 들어가지 못했는데 그럼에도 불구하고 그들은 없어지지 않았고 우리는 여전히 잠을 잘 수 없었습니다.

우리들은 주님께서 왜 이러한 경험을 우리에게 허락하시는지가 궁금했습니다. 우리가 옆집에 문의해보니 다른 집은 그러한 문제가 없는 것 같았습니다. 다른 집에도 동일한 문제가 있다면 집 자체의 문제일 텐데 이 집만 그런 것을 보면 분명히 어떤 메시지가 있는 것 같았습니다.

도대체 그 메시지가 무엇일까요?

우리는 '종류대로의 법칙'을 기억했습니다. 그 법칙은 '심은 대로 거두고 그 거둠의 법칙은 종류대로이다' 라는 것입니다. 그렇다면 우리가 쥐벼룩과 관련된 비슷한 것을 심은 것이 있을까? 그렇다면 그것은 무엇일까? 우리는 생각했습니다.

쥐벼룩은 더러운 놈들이다. 그렇다면 우리가 지저분한 짓을 한 것이 있는지? 지저분한 생각을 많이 했는지..? 그러나 확실하게 딱 떨어지는 것은 없었습니다. 확신도 오지 않았습니다. 주님의 가르치심은 분명한 것이며 그처럼 애매모호하지는 않기 때문입니다.

어느 날 밤에 우리는 역시 잠을 이루지 못하고 이 문제에 대하여 이야기를 나누고 있었습니다.

그런데 갑자기 아내가 말했습니다. 그녀는 이제 알 것 같다고 말했습니다. 주님께서 우리에게 쥐벼룩을 허락하신 이유를 알 것 같다고 했습니다. 나는 놀라서 그게 무엇이냐고 물었습니다.

아내는 말했습니다.

"주님께서 이 집을 비록 전세이긴 하지만, 우리에게 허락해주셨는데, 우리가 그것을 당연하게 여기고 별로 감사하지도 않고 이 집에 대해서도 불평을 했던 것 같아요. 이스라엘 백성이 광야에서 다 죽은 것도 원망과 불평 때문이었는데 우리가 그렇게 했던 것 같아요."

그녀의 말을 듣고 있는데 갑자기 확신과 기쁨이 솟구쳤습니다. '아, 맞다. 바로 그거다!' 하는 마음이 들었지요.

우리는 기도의 응답을 얻고 이사를 갈 수 있게 되어서 참 기뻤습니다. 하지만 이사를 하고 나서 우리는 툴툴거리기 시작했습니다. 그 이유는 이랬습니다.

집을 보러 다닐 때에 우리는 집을 소개한 부동산의 봉고 차를 타고 다니면서 보았는데 막상 집을 계약하고 보니 그 집이 버스 정거장으로부터 상당히 떨어져있었던 것입니다.

봉고 차로는 아주 가까워 보였는데. 막상 걸어 다니다보니 시간이 꽤 걸렸습니다. 그 때가 한 여름이어서 우리는 뙤약볕에 그 길을 걸어 다니면서 투덜거렸던 것입니다.

그렇다고 주님에 대하여 원망과 불평을 늘어놓았던 것은 아닙니다.

그저 '어휴.. 집을 볼 때 조심할 것을.. 내가 왜 그걸 생각 안 했지..' 뭐 그런 식으로 말하며 투덜거렸던 것이지요.

그러나 불현듯 깨달은 것은 집에 대한 불평도 결국은 그 집을 주신 주님을 원망하는 것이며 그것은 주님의 마음을 아프게 하는 것이라는 사실이었습니다.

나는 자리에 누워 있다가 아내의 이야기를 듣고 일어났습니다. 그리고 말했습니다.

"여보, 당신 말이 맞아요. 우리 같이 회개합시다."

그리고 우리는 같이 앉아서 주님께 회개 기도를 드렸습니다.

'주님. 죄송합니다. 그저 몰라서 그런 것이니까 한번만 봐주세요.'
그렇게 2-3분 정도 기도했지요. 아주 비통하고 심각하게 기도한 것은 아니었습니다. 중요한 것은 깨닫고 돌이키는 것이고, 몰라서 그랬던 것이므로 심각하게 울부짖을 것 까지는 없다고 생각했습니다. 그렇게 기도를 마치고 우리는 편안하게 잠이 들었습니다.

그리고 어떻게 되었을까요? 우리는 그 다음 날부터 가렵지 않게 되었습니다. 밤에 편안하게 잠을 잘 수 있게 되었지요.

이 이야기가 우연일까요? 하지만 우리는 그러한 우연을 너무나 많이 겪었고 또 지금도 계속 겪고 있습니다.

이 사건이 주는 메시지는 아주 분명한 것이었습니다. 주님이 우리에게 어떠한 복을 주신다고 하더라도 우리가 그것에 대하여 감사하지 않는다면, 그리고 원망과 불평을 늘어놓는다면 그것은 우리에게 고통이 될 수 있다는 메시지였습니다.

비록 그 원망과 불평이 직접적으로 주님께 하는 것이 아니라고 하더라도 삶의 모든 부분에서 하는 원망과 불평은 재앙을 가지고 온다는 것을 분명하게 이 사건은 가르치고 있었습니다.

우리는 어떤 어려움이 있을 때 무조건 그것이 사라지게 해달라고 기도하지 말고 그 어려움이 가르치는 것이 무엇이냐고, 우리가 무엇을 해결해야 하느냐고 주님께 물어보는 것이 중요한 것임을 배웠습니다.

그리고 나서 우리가 무엇인가를 깨닫게 되고 거기에 순종하게 되면 우리는 그 문제가 곧 바로 사라지는 것들을 경험하게 되었습니다.

결국 우리는 우리가 일상생활에서 겪는 사소한 문제들도 주님의 메시지이며 그것은 우리의 영적인 성장을 위하여 우리에게 다가온다는 것을 선명하게 깨닫게 되었습니다.

물론 우리가 그 모든 문제들에 대하여 즉시로 선명하고 확실한 깨달음을 얻고 한 걸음 더 나아가는 것은 아니었습니다. 그러나 적어도 그러한 전체적인 방향을 알게 되었을 때 우리는 그것만으로도 희망과 기쁨을 가질 수 있었습니다.

아직 우리가 가야할 길은 멀지만, 그래도 우리의 삶에서 다가오는 사소한 사건이나 문제들이 우리를 성장시키고 주님께로 가까이 갈 수 있도록 배려하시는 주님의 손길이라는 것을 알게 되고, 또 우리에게 다가오는 문제들의 메시지를 깨닫기 위하여 기도하고 씨름하는 과정을 통해서 우리는 계속 성장하게 되고 주님의 그 아름다우심과 풍성하심을 더욱 더 충분히 맛보게 된다는 것을 알게 되었기 때문입니다.

4. 다윗의 경험

　심은 대로 거두고, 그 거두는 것은 심은 종류를 따라 이루어진다는 이 원리는 성경의 많은 부분에서 확인할 수 있습니다.
　우리가 삶에서 어떤 어려움을 겪게 되었을 때, 그것은 그 전에 그 자신이 행했던 잘못과 놀랍도록 유사한 형태를 가지고 있다는 것을 우리는 이미 살펴보았습니다. 다윗의 생애를 보아도 우리는 그 사실을 쉽게 확인할 수가 있습니다.
　다윗은 주님을 예표하고 있는 이스라엘의 왕이며 일생동안 신실하게 하나님을 섬겼던 사람이었습니다. 그러나 그는 많은 고난의 세월을 통과하고 왕이 되었을 때 마음의 긴장이 풀려서인지 치명적인 실수를 하게 됩니다. 그것이 유명한 사무엘하 11장의 사건입니다.
　다윗은 부하들이 전장에 나가서 목숨을 걸고 싸우고 있을 때 부하 우리아의 아내인 밧세바와 불륜을 저질렀고 그 결과 충실한 신복이었던 우리아까지도 죽이게 되었던 것입니다.
　이것을 보신 하나님은 선지자 나단을 보내어 그의 죄를 지적한 다음 심판의 메시지를 전하게 됩니다.

　이제 네가 나를 업신여기고 헷 사람 우리아의 아내를 빼앗아 네 아내로 삼았은즉 칼이 네 집에서 영원토록 떠나지 아니하리라 하셨고 여호와께서 또 이와 같이 이르시기를 보라 내가 너와 네 집에 재앙을 일으키고 내가 네 눈앞에서 네 아내를 빼앗아 네 이웃들에게 주리니 그 사람들이 네 아내들과 더불어 백주에 동침하리라 너는 은밀히 행하였으나 나는 온 이스라엘 앞에서 백주에 이 일을 행하리라 하셨나이다 하니 (삼하12:10-12)

이 무서운 메시지를 듣고 다윗은 처절하게 회개합니다. 다윗이 사울이나 다른 이스라엘의 역대 왕들과 다른 차이점이 있다면 다윗도 그들과 똑같이 실수를 저질렀지만 다른 이들이 자신의 과오를 반성하지 않은 것에 비하여 다윗은 실수를 인정하고 철저하게 마음 아파하며 회개를 했다는 것입니다.

시편 51편은 침상이 눈물바다가 되도록 회개를 한 다윗의 모습을 보여줍니다. 그러나 다윗이 회개를 했다고 해서 나단을 통해서 그에게 떨어진 심판의 메시지가 철회된 것은 아닙니다. 나단은 말합니다.

다윗이 나단에게 이르되 내가 여호와께 죄를 범하였노라 하매 나단이 다윗에게 말하되 여호와께서도 당신의 죄를 사하셨나니 당신이 죽지 아니하려니와 이 일로 말미암아 여호와의 원수가 크게 비방할 거리를 얻게 하였으니 당신의 낳은 아이가 반드시 죽으리이다 하고 (삼하12:13-14)

하나님은 다윗이 회개할 것을 미리 아셨습니다. 그러므로 그의 죄를 사한다고 하셨습니다. 그러나 사함 받은 결과로 그가 얻은 것은 그의 목숨이 죽음을 면했다는 것뿐이며 그 이전의 무서운 심판의 메시지는 하나도 철회되지 않았습니다. 하나님께서는 다윗의 범죄에 대하여 하나님을 멸시하고 업신여기는 것으로 여기셨습니다. 직접 하나님에 대하여 훼방하고 모욕하지 않더라도 사람에게 잘못 대할 때 그것은 곧 하나님께 대한 잘못인 것을 보여주는 것입니다.

왜 하나님께서는 다윗에게 이처럼 가차 없는 심판을 선포하셨을까요? 그것은 아마 다윗과 같이 영적으로 성숙된 사람에게는 좀 더 엄격한 기준이 적용되는 것이 아니었을까요?

또한 그러한 재앙은 나단의 말에서 나타나듯 하나님의 원수들, 즉 어둠의 영들에게 공격할 수 있는 기회를 주는 것 같습니다. 즉 그것은 주님도 허용하실 수밖에 없는 하나의 영적인 법칙에 해당된다고 할 수 있는 것입니다.

이 심판의 메시지를 살펴보면 여기서도 다윗의 범죄와 그가 나중에 겪게 되는 재앙의 유사성이 등장합니다. 심은 대로 비슷한 것을 거두는 법칙이 나타나는 것입니다.

1. 다윗은 살인을 했는데 그 결과 그의 집안에 칼이 떠나지 않을 것이라고 합니다.

2. 다윗은 또한 남의 아내를 빼앗았는데 그 결과 그의 아내들도 빼앗길 것이라고 합니다.

3. 게다가 심판은 최초의 죄보다 무거워서 그는 은밀하게 죄를 범했지만 그가 당하는 일은 공개적으로 만천하에 드러나게 나타날 것이라고 합니다. 이 심판의 메시지는 현실에서 그대로 이루어졌습니다.

압살롬이 아히도벨에게 이르되 **너는 어떻게 행할 계략을 우리에게 가르치라** 하니 아히도벨이 압살롬에게 이르되 왕의 아버지가 남겨 두어 왕궁을 지키게 한 후궁들과 더불어 동침하소서 그리하면 왕께서 왕의 아버지가 미워하는 바 됨을 온 이스라엘이 들으리니 왕과 함께 있는 모든 사람의 힘이 더욱 강하여지리이다 하니라 이에 사람들이 압살롬을 위하여 옥상에 장막을 치니 압살롬이 온 이스라엘 무리의 눈앞에서 그 아버지의 후

궁들과 더불어 동침하니라 (삼하16:20-22)

자, 이것은 우연일까요? 압살롬이 다윗의 아내들을 범한 것은 우연히 일어났으며 아히도벨이 그런 계략을 제시한 것도 그저 우연일 뿐일까요? 아닙니다. 그것은 다윗이 뿌린 씨앗을 그 종류대로 자신이 거둔 것에 불과합니다. 심는 대로 비슷한 것을 거두는 법칙이 이루어진 것입니다. 이것을 정리해본다면

1. 그는 자신의 부하, 정신적인 의미에서 보면 일종의 아들과 같은 이의 아내를 빼앗았습니다. 그리고 그 결과 그는 아들에게 자신의 아내를 빼앗기게 되었습니다.

2. 그는 아들뻘 되는 부하 장수를 죽였습니다. 그리고 그도 아들에 의해서 죽음의 위기를 겪게 됩니다.

만일 그가 회개하지 않았었다면 그는 아들 압살롬에 의해서 죽임을 당했을 것입니다. 그러나 그는 철저하게 회개했고 죽음에 가까운 고통을 겪었기 때문에 죽음을 면할 수 있었습니다.

또한 여기에 증가의 법칙이 나타나는 것을 볼 수 있습니다. 자신이 심은 악과 비슷한 열매가 나올 뿐 아니라 더 심한 결과가 나오게 되는 것입니다.

1. 그는 단지 한 명과만 불륜을 저질렀지만 그의 모든 후궁들이 다 모욕을 당하게 되었습니다.

2. 다윗이 죽인 사람도 우리아 한 사람 뿐이었지만 그 결과 다윗의 집안에 많은 살생이 등장하게 됩니다.

밧세바와의 관계에서 태어난 아이가 죽었고 압살롬과의 전쟁에서 수많은 사람들이 죽었으며 또 그의 자녀들도 서로 애증 관계가 얽혀서

죽고 죽이는 사건들이 계속 발생했던 것입니다. 그처럼 씨앗은 조그맣지만 열매는 씨앗보다 훨씬 더 큽니다. 심은 대로 거두며 열매는 씨앗보다 크다는 증가의 법칙을 다윗의 경험은 선명하게 보여주고 있는 것입니다.

우리는 지금 신약 시대에 살고 있으며 주님이 오셔서 우리의 죄를 위하여 대가를 지불하셨고 보혈의 피가 뿌려졌기 때문에 우리의 죄를 따라 즉각적인 심판이 따르는 것은 아닙니다. 그러나 이 기본적인 원리, 심은 대로 거두게 되며 그것은 뿌린 종류를 따라 역사하고 증가된다는 기본 원리는 오늘날에도 여전히 동일하게 역사한다는 것을 우리는 기억해야 합니다.

우리는 심은 것을 따라 비슷한 열매를 얻게 되는 경험을 직간접적으로 많이 겪게 됩니다. 나는 십일조를 주님께 드리다가 빼먹었더니 정확하게 그 액수를 잃어버렸다는 이야기를 수 없이 많이 들었습니다.

항상 물질 문제에는 물질로 어려움이 왔고 인간관계에서 잘못을 행하면 비슷한 일을 자신이 겪게 되는 그러한 이야기들을 나는 수없이 겪었고, 다른 이들에게 듣기도 수없이 들었습니다.

그 이유는 무엇일까요? 왜 주님께서는 우리가 행한 비슷한 일을 겪게끔 하시는 것일까요? 그것은 주님께서 이 세상을 다스리시는 하나의 중요한 영적인 원칙이기 때문입니다.

이 세상은 모든 것들이 종류와 체계를 따라 형성되어져 있습니다. 그러므로 우리는 우리가 겪은 일들이 우리에게 어떤 고통을 주는가를 생각함으로써 우리의 최초의 문제가 무엇인지를 쉽게 깨닫고 교훈을 얻을 수 있습니다.

어떤 진리라고 해도 본인이 직접 경험하지 않으면 그것을 잘 이해할 수 없기 때문에 우리는 우리가 당하는 일을 통하여 자신이 잘못 심은 것을 반성하고 좋은 것을 심을 것을 결심하게 됩니다. 주님은 이것을 우리에게 가르치시려는 것입니다.

주님은 '그러므로 무엇이든지 남에게 대접을 받고자 하는 대로 너희도 남을 대접하라 이것이 율법이요 선지자니라'(마7:12)고 말씀하셨습니다. 율법과 선지자라는 것은 구약 전체를 의미하는 것입니다. 그러므로 구약성경의 핵심적인 메시지가 자신이 받고 싶은 대로 남을 섬겨야 한다는 것입니다. 이것은 곧 섬김과 대접이라는 씨앗을 심을 때 자신도 동일한 열매를 추수할 수 있다는 원칙을 보여줍니다.

우리는 날마다 무엇인가를 심으면서 살아갑니다. 그것은 오늘의 삶이지만 동시에 우리의 미래를 건설하는 것이기도 합니다. 오늘 우리가 뿌리는 씨앗을 우리는 남은 삶 동안 거두게 될 것이기 때문입니다.

사랑을 심으면 사랑을, 비난과 원망을 심으면 비난과 원망을 우리는 거둘 것이며 오늘의 심은 것은 그대로 우리의 미래와 영원을 결정하게 될 것입니다.

심은 종류대로 거두게 되는 법칙, 이것은 하나님께서 온 우주를 다스리시고 통치하시며 영원한 미래를 결정하시는 아주 중요한 법칙입니다. 그리고 이 법칙을 이해하고 악한 씨앗을 버리고 아름답고 사랑스러운 씨앗을 심은 이들은 날마다 더 깊고 아름다운 풍성함을 경험하며 주님의 빛 가운데로 더 가까이 나아가게 될 것입니다.

그들은 날마다 모든 환경에서 주님의 가르치심을 경험하게 되며 더 깊은 주님의 사람으로 성장되어 갈 것입니다.

5. 문제의 근원을 추적하기

부천으로 이사를 온 지 얼마 되지 않았을 때 하루는 아내가 난감한 표정으로 열쇠를 잊어버렸다고 말하는 것이었습니다. 그 때 우리는 일상의 모든 사소한 문제들을 통하여 주님의 뜻을 발견하고 찾는 데에 재미를 붙이고 있었습니다. 그래서 우리는 이 문제에 대해서도 같이 기도하면서 그 영적인 의미를 추적해보기로 했습니다.

이러한 상황이 생겼을 때 주님의 음성을 듣고 문제를 처리하는 데에는 다양한 방법이 있습니다.

가장 단순한 방법은 주님께 '오, 주님. 열쇠를 잃어버렸습니다. 지금 열쇠는 어디에 있습니까?' 하고 물어보는 것입니다. 우리는 그렇게 기도할 때 마음속에서 어떤 장소가 떠오르곤 하는 경험을 여러 번 했었습니다. 그러한 방법도 나쁘다고 할 수는 없습니다.

그러나 그것도 주님의 감동이며 음성이기는 하지만 문제를 근원적으로 해결할 수 있는 방식은 아닙니다.

문제의 핵심은 잃어버린 열쇠를 찾는 것이 아니고 왜 열쇠가 없어졌는가, 그리고 그것을 주님이 허락하신 이유가 무엇이며 우리는 그것을 통해서 무엇을 배울 수 있는가 그것을 깨닫는 것이 더 중요한 것입니다. 왜냐하면 그러한 깨우침을 통하여 주님의 마음을 조금 더 알 수 있으며 우리의 삶에서 요구하시는 주님의 뜻을 발견하고 영적으로 한 단계 더 나아갈 수 있는 것이니까요.

그래서 우리는 어떤 어려움이 있을 때, 예를 들어 몸이 아프거나 할 때 그냥 낫게 해 달라거나 어떻게 하면 나을 수 있는지를 물어보거나 하는 기도는 별로 하지 않습니다. 이것은 무슨 메시지이며 그것이 생긴 근원은 무엇이며 이것을 통해서 무엇을 배워야 하며 어떻게 하면 해결할 수 있는지를 찾아보고 묻고 기도합니다. 그것이 주님의 음성을 기계적으로 듣지 않고 인격적으로 들을 수 있는 방식입니다.

우리는 기도하기 전에 이 열쇠를 잃어버린 것이 어떤 의미가 있으며 우리에게 어떤 고통이 되느냐를 생각해보았습니다. 왜냐하면 그것이 우리에게 어떤 고통이 되느냐를 발견할 때 그것이 주는 메시지를 깨닫게 되기 때문입니다.

우리가 잃어버린 열쇠뭉치에는 다섯 개의 열쇠가 같이 달려 있었습니다. 집 대문 열쇠, 안방, 건넌 방 열쇠.. 등이었지요. 그런데 우리에게는 그 열쇠 외에도 똑같은 열쇠가 한 세트가 더 있었습니다.

만약 여분의 열쇠가 없었다면 그것은 당분간 외출을 중지하고 근신해야 한다든지 하는 메시지일 가능성이 있었을 것입니다. 그러나 다른 한 세트가 있었기 때문에 우리에게 주어진 손해는 약간의 경제적인 손해밖에는 없었습니다. 그 열쇠들을 새로 복사하는 데 드는 비용을 손해 보게 되는 것입니다.

열쇠가게에 가서 물어보니 열쇠를 복사하는데 드는 돈이 약 5천 원 정도였습니다. 그렇게 포위망을 좁히다보니 문제의 핵심이 손에 잡히는 것 같이 느껴졌습니다.

이제 우리는 5천 원 정도의 돈으로 주님의 마음을 아프게 한 것이 무엇인지 찾아내면 되었습니다. 포위망이 좁혀지자 우리는 금세 그 원인을 찾을 수 있었습니다. 얼마 전에 그 정도의 돈을 손해 보면서 마음이 상해서 주님을 아프게 한 일이 떠올랐던 것입니다.

이사를 하다보면 그 과정에서 다른 사람들과 돈을 계산할 일이 있습니다. 우리는 그런 경우에 줄 것은 확실히 주는데 받을 수 있는 것은 상대방이 분명하게 하지 않고 억지를 부리는 경우가 많이 있었습니다.

이 세상에 합리적인 판단이 통하지 않는 경우는 많이 있습니다. 그러나 당시에 나는 그러한 경험이 별로 없었습니다.

나는 돈 문제로, 억지를 부리는 상대방으로 인하여 마음이 조금 상했었습니다. 그것은 얼마 안 되는 작은 돈이었고 상대의 요구대로 하기는 했지만 마음이 즐겁지 않았고 상대에 대하여 불쾌하게 여기는 마음이 있었습니다.

그런데 열쇠를 분실하는 사건을 통하여 주님께서는 다시 그것을 재조명해주신 것입니다. 마치 주님께서 이렇게 말씀하시는 것 같았습니다.

'너는 나의 사람이 되고 싶어 하는 이가 아니냐? 그런데 그까짓 얼마 안 되는 돈 때문에 사람을 판단하고 마음상해 한다는 말이냐?

나는 마음이 창피하기 그지없었습니다. 우리는 같이 깨달음을 나누고 회개 기도를 드렸습니다. 물론 아주 심각하게 울고 통회하고.. 그렇게 기도한 것은 아닙니다. 그저 죄송하다고, 다음부터는 이런 일로 마음을 쓰지 않도록 조심하겠다고 고백을 하고 기도를 마쳤습니다.

기도는 오래 하는 것이 중요한 것이 아니라 방향을 잡는 것이 중요한 것입니다. 깨닫지 못한 상태에서 그저 무조건 악을 쓰면서 오래 기도한다고 해서 문제가 해결되는 것은 아닙니다. 그러므로 문제의 핵심을 깨닫는 것이 중요한 것이며 문제를 통한 주님의 의도와 메시지를 깨닫게 되었다면 간단하게 기도를 드려도 충분한 것입니다.

기도를 마치고 나니 왠지 열쇠를 찾을 수 있을 것 같은 느낌이 들었습니다. 문제의 근원을 발견했다고 해서 항상 잃어버린 물건을 찾을 수 있다고 단언할 수는 없습니다. 하지만 그날은 기도를 마치자 그냥 그런 느낌이 들었습니다. 그래서 나는 무작정 집 바깥으로 나왔습니다.

그저 집 근처에서 서성거리고 있는데 마을버스가 도착했습니다. 우리 집 바로 앞에 있는 버스 정류장이 종점이어서 마을버스는 잠시 정차를 하다가 갈 것입니다. 그런데 갑자기 아내가 한 주일 전에 그 마을버스를 탔었던 것이 생각이 났습니다. 그래서 무심코 마을버스에 올라타서 두리번거리고 있는데 기사가 물었습니다.

"손님, 뭘 찾으세요?"

나는 엉겁결에 대답했습니다.

"저, 열쇠를 찾는데요.."

그러자 기사는 손에 들고 있었던 열쇠 꾸러미를 내밀었습니다.

"아, 이 열쇠 말인가요?"

나는 기가 막히고 숨이 막혔습니다. 그 열쇠는 정말 우리가 잃어버린 열쇠였습니다. 나는 기사님께 감사를 표하고 그 열쇠를 가지고 의기양양하게 집으로 돌아왔습니다. 집에서 기다리고 있던 아내는 눈이 휘둥그레졌지요.

우리가 기도를 마치고 그냥 밖에 나가고 싶었던 것, 그리고 마침 그때에 한 주일 전에 아내가 탔었던 마을버스가 도착한 것, 그리고 마침 기사는 그 열쇠를 찾아서 손에 가지고 있었던 것, 그 모든 것들은 우연일까요?

물론 아닙니다. 그것을 모두 우연의 일치로 여기는 것은 확률적으로도 너무 낮고 논리적으로도 옳지 않을 것입니다. 그것은 사소한 사건을 통해서 주님의 교훈과 메시지를 깨닫고 회개하고 순복하는 이들을 위해서 주님이 허락하신 작은 선물이며 확인이었습니다. 범사에 주님의 메시지를 받고 순복하며 찾는 이들에게 주님은 이처럼 분명하게 응답해주시는 것입니다.

우리는 아주 기뻤습니다. 우리가 정말 행복했던 것은 열쇠를 찾게 됨으로써 돈을 조금 아끼게 되었다는 것이 아니었습니다.

모든 문제에는 주님의 구체적인 인도와 계획과 가르침이 있으며 우리가 그 가르침에 대하여 깨닫고 반응할 때 주님께서는 우리의 문제를 바로 풀어주시고 역사하신다는 것, 주님은 그처럼 선명하게 우리의 곁에 계시며 우리의 삶을 인도하고 계신다는 사실에 대한 확인, 그것이 우리에게 그처럼 감격이 되었던 것입니다. 우리는 주님의 가까우심을 너무나 선명하게 느낄 수 있었습니다.

우리의 삶에서 그러한 경험은 단지 한 두 번이 아니었습니다. 그러한 법칙을 발견하고 적용해나갈수록 우리는 주님의 구체적인 역사를 경험할 수 있었습니다.

나는 주님을 신뢰하며 주님의 뜻을 따르고 주님을 알아가기를 열망하는 모든 이들에게, 사소한 문제를 통해서도 항상 주님의 음성을 듣기 원하는 모든 이들에게 이러한 법칙과 원리는 적용될 것이라고 생각합니다. 당신도 이것을 삶에 적용해볼 때 그러한 동일한 주님의 간섭과 함께하심과 역사하심을 충분히 풍성하게 경험할 수 있게 될 것입니다.

6. 조화로운 삶

우리의 삶 속에 일어나는 모든 일들이 다 주님의 허락 속에서 일어난다는 것, 그리고 그 모든 일들은 좋은 일이든 나쁜 일이든 어떤 가르침을 가지고 있으며 주님의 메시지를 담고 있다는 사실은 감동과 흥분을 일으키는 것입니다.

왜냐하면 어떤 어려움이 있다 하더라도, 어떤 문제가 있다고 하더라도 그 문제를 통하여 주님께서 우리에게 가르치기를 원하시는 것을 발견하고 순종하게 되면 문제가 해결될 뿐 아니라 우리의 영혼도 한 단계 올라가기 때문입니다.

주님께서 이처럼 세심하게 우리의 삶을 돌보시고 있으며 우리의 영적 성장을 위하여 한 걸음씩 이끌고 있다는 사실을 확인하게 되면, 우리는 이 불확실성으로 가득한 세상을 살면서도 기쁨과 희망을 가지고 안식하면서 주를 바라보며 삶을 누려갈 수 있는 것입니다.

그러나 주님께서 우리의 모든 삶을 인도하시며 가르치시며 모든 상황의 배후에서 연출하신다는 것을 알지 못하는 사람도 오늘날 적지 않은 것 같습니다.

그러한 이들은 넓은 시야를 가지고 인생과 문제를 보지 못합니다. 그래서 일시적으로 힘들게 보이는 문제를 만나면 좌절하고 낙심하거나 원망하고 그리하여 문제를 통한 메시지를 깨닫지 못하고 상황을 더 어렵게 만들어갑니다.

성경에도 이러한 사람들이 많이 등장합니다. 아직 주님의 터치를 경험하지 못했던 초기의 바울도 그러한 사람 중의 하나였습니다.

사도 바울은 적개심으로 가득 차서 주의 이름을 부르는 이들을 잡기 위해서 다메섹으로 가다가 거기서 놀라운 경험을 하게 됩니다. 그는 거기서 주님의 빛 가운데 엎드러지게 되고 주님의 실상을 경험한 후에 큰 충격을 받고 삶의 모든 방향이 완전히 바뀌게 됩니다.

주를 대적하던 그가 이제는 주의 복음을 가는 곳마다 전하고 가르치는 사역자로 변화된 것입니다. 그렇게 한 사람의 삶을 완전히 바꾸어 놓은 것이 그 다메섹에서의 경험이었던 것입니다.

그는 유대인들이 그의 변절에 대하여 공격할 때마다 자신의 그 충격적인 경험을 반복하여 이야기합니다. 그 경험이 그의 삶에 그 정도로 커다란 영향을 끼쳤기 때문입니다. 그는 자기가 왜 이렇게 바뀔 수밖에 없었는지 자신의 경험을 상세하게 설명하고 있습니다.

> 왕이여 정오가 되어 길에서 보니 하늘로부터 해보다 더 밝은 빛이 나와 내 동행들을 둘러 비추는지라 우리가 다 땅에 엎드러지매 내가 소리를 들으니 히브리 말로 이르되 사울아 사울아 네가 어찌하여 나를 박해하느냐 가시채를 뒷발질하기가 네게 고생이니라 내가 대답하되 주님 누구시니이까 주께서 이르시되 나는 네가 박해하는 예수라 (행26:13-15)

주님은 바울에게 '가시채를 뒷발질하는 것이 네게 고생이니라'고 말씀하셨습니다. 이 말씀, 가시채를 뒷발질한다는 것은 바울의 삶의 특성을 묘사하고 있는 것입니다.

가시채는 말을 길들이기 위하여 사용하는 훈련 도구입니다. 아무리 거칠고 사나운 말이라고 해도 가시채를 통하여 훈련을 받으면 온순해지고 주인의 뜻을 따라 자연스럽게 움직이게 되는 것입니다. 그런데 만약 어떤 고집이 센 말이 있어서 가시채를 맞으면서도 뒷발로 계속 발길질을 한다면 어떻게 될까요?

주인은 말에게 '오, 너 지금 기분이 안 좋은 모양이구나. 알았다. 그러면 지금은 한잠 자거라. 그리고 조금 있다가 기분이 좋아지면 그때 나를 태우거라.' 할까요? 그럴 리는 없습니다.

주인은 '아니 이 말이 정신을 못 차리고 있구나!' 하면서 더 가시채를 휘두를 것입니다. 그러므로 가시채를 뒷발길질 하는 말이 있다면 그것은 정말 어리석은 말이며 공연히 고생만 하고 매를 벌고 있는 것입니다. 바로 그러한 삶이 바울이 여태껏 살아왔던 삶의 방식이었던 것입니다.

바울은 종교적인 배경의 가문에서 자라났고 자기 나름대로 열심히 하나님을 섬긴다고 섬겼습니다. 그러나 그것은 자기 나름대로의 방식이었지 주님이 이끄시고 인도하시는 신앙은 아니었습니다.

그러한 바울을 주님은 바른 길로 인도하시기 위해서 힘쓰셨습니다. 그러나 바울은 그러한 주님의 감동과 인도에 계속 거스르고 대항하면서 지금까지 살아왔던 것입니다.

하지만 주님의 인도를 거스르는 그러한 삶은 바울에게 있어서 정말 피곤하고 힘든 삶이었습니다. 우리는 스데반이 돌에 맞아죽을 때 그 자리에서 스데반을 죽이도록 증언을 한 증인들의 옷을 바울이 지켰던 것을 알고 있습니다.

성 밖으로 내치고 돌로 칠새 증인들이 옷을 벗어 사울이라 하는 청년의 발 앞에 두니라 (행7:58)

이것을 보면 스데반의 죽음에 있어서 바울이 (당시에는 아직 사울이었지만) 중요한 역할을 한 것을 보여주는 것입니다.

바울은 스데반의 모습 앞에서 왜 그리 분노했을까요? 그는 왜 스데반을 죽이기 위하여 주도적인 역할을 담당했을까요? 성경에 보면 스데반이 어떤 이들과 변론을 벌였다는 내용이 나옵니다.

회당에서 어떤 자들이 일어나 스데반으로 더불어 논쟁할 새 스데반이 **지혜**와 **성령**으로 말함을 저희가 **능히** 당하지 못하여 사람들을 매수하여 말하게 **하되** 이 사람이 모세와 **하나님**을 모독하는 말을 하는 것을 우리가 들었노라 하게 하고 (행6:9-11)

어쩌면 여기서 스데반과 일대 변론을 벌여서 패배한 사람 중의 하나가 바울은 아니었을까요? 바울은 엘리트적인 종교 교육을 받은 사람이고 자신의 언변이나 지식에 있어서 누구에게도 떨어지지 않는다고 생각했을 것입니다.

그러나 그러한 그의 확신은 스데반과 변론을 하면서 처참하게 무너지게 됩니다. 그는 스데반의 지혜롭고 영감이 충만한 말에 대하여 전혀 논박할 수 없었기 때문입니다. 바울이 스데반을 죽이는 데에 앞장섰던 것은 그러한 배경이 있었던 것이 아니었을까요?

바울에게 있어서 스데반의 죽음의 장면은 충격적이었을 것입니다. 그는 죽음을 앞둔 자리에서도 얼굴이 평화로워 보였고 마음의 평정을 잃지 않았습니다. 게다가 자기를 죽이는 이들을 위하여 기도까지 하였습니다. 스데반이 너무 싫어서 죽이려고 까지 한 바울에게 그것은 많은 충격이 되었을 것입니다.

바울은 열심히 최선을 다하여 하나님을 섬기려고 노력했습니다. 하지만 그에게는 평화가 없었습니다. 그런데 그가 잘못된 신앙이라고 여기는 것을 믿는 그 사람은 평화롭고 아름다운 모습을 가지고 있었습니다. 그것은 바울에게 극심한 갈등과 혼란을 일으켰습니다. 그래서 바울은 더욱 더 강하게 그리스도를 따르는 이들을 멸절시키려고 애썼는지도 모릅니다.

어쨌든 그러한 바울의 몸부림, 애는 쓰지만 전혀 평화도 없고 열매도 없는, 그러한 삶의 모습이 가시채를 뒷발질 한다는 그 한마디에 나타나있는 것입니다.

사랑의 주님께서는 그를 주님의 종으로 삼으시고 그에게 참 진리와 풍성한 삶을 가르치시며 인도하시기를 원하셨는데 바울은 미련한 말처럼 계속 그것을 발길질하면서 버텨왔습니다. 그리고 그러한 바울에게 주님께서는 때가 되자 나타나셔서 '바울아. 이제 가시채를 그만 발길질하거라. 이제는 나의 시간이 되었다. 이제 더 이상 나를 거스르지 말고 나와 함께 동행하자.' 하고 말씀하셨던 것입니다.

그 주님의 음성은 바울의 온 영혼을 송두리째 흔들어 놓았고 드디어 바울은 완전히 다른 삶으로 들어가게 되었습니다. 환경을 통해서, 심령을 통해서 말씀하시는 주님을 계속 거스르는 삶에서 이제는 모든 환경과 마음의 감동을 통하여 말씀하시는 주님과 아주 밀접하게 동행하며 걷는 그러한 사람이 되었던 것입니다.

그 후의 바울의 삶은 외적으로 보았을 때는 많은 환란과 고통이 따르는 삶이었지만 그러나 그는 내적으로는 많은 기쁨과 만족을 누렸으며 진정한 의미에서 성공적인 삶을 살았다고 할 수 있습니다. 주님의 자연스러운 인도를 거스르지 않고 따라가는 이들의 삶은 너무나 자연스럽고 평안하며 귀하고 아름다운 열매를 맺게 되는 것입니다.

오늘날 우리는 많은 신자들이 주님의 빛에 사로잡히기 전의 바울처럼 가시채를 뒷발질하면서 사는 것을 볼 수 있습니다.

그들은 나름대로 열심히 삽니다. 주의 이름을 간절히 부르고 기도하기도 합니다. 그러나 이상하게도 그들의 삶은 자꾸 막히고 또 막힙니다.

아무리 겉으로 주의 이름을 부르고 겉으로 종교적으로 보이는 삶을 살아도 주님의 원하심과 인도하심을 따라 가지 않고 자기 마음대로, 자기 고집대로 살아간다면 그것은 가시채를 뒷발질하면서 사는 삶이며 지치고 피곤하며 안식도 열매도 없는 삶이 될 수밖에 없는 것입니다.

어렸을 때 친하게 지냈던 친구가 있었습니다. 이 친구와 나는 같이 손을 잡고 교회의 주일 학교에 다녔습니다. 나는 비록 부족하기는 하지만 열심히 주님을 추구하며 신앙생활을 계속 했고 이 친구는 머리가 조금 커지면서 신앙생활을 그만 두었습니다.

오랜 시간이 지나고 사회생활을 하다가 이 친구를 우연히 만나게 되었는데 이 친구가 자신의 경험을 이야기하는 것이었습니다.

이 친구는 학교 다닐 때 총학생회장을 지내기도 했고 영리하고 능력도 있어서 어디서나 인정을 받는 사람이었으며 삶에 있어서 항상 자신감을 가지고 있었습니다. 그렇게 자기 자신감이 충만해서 하나님도 떠나게 된 것입니다.

그런데 최근의 몇 년의 삶을 이야기하면서 말하기를 되는 게 없다는 것입니다. 이상하게 모든 일들이 자기의 잘못이 아닌데도 일이 꼬이기만 한다고 하였습니다. 여유 돈이 있어서 증권에 투자를 하면 이상하게 유망했던 증권이 그가 사자마자 폭락이 되기 시작했습니다. 참다못해서 증권을 처분하면 다시 그 증권은 주가가 올라가는 것이었습니다.

　이번에는 부동산에 투자를 하면 집을 사자마자 집값이 떨어졌습니다. 계속 견디다가 도저히 어쩔 수가 없어서 집을 팔고 나면 그 즉시로 그가 판 집의 가격이 상승하는 것이었습니다.

　그는 말하기를 뭔가 보이지 않는 손이 자신을 누르고 있는 것 같다고 하면서 도저히 자기 힘으로 어쩔 수 없다고 이야기하는 것이었습니다. 그는 하나님과 싸우는 것을 그치고 이제 다시 신앙생활을 해야겠다고 생각하고 있었습니다. 그는 그 보이지 않는 손을 하나님이라고 생각했습니다. 자신이 아무리 애를 써도 하나님이 막으시면 되는 것이 없다고 그는 비로소 깨달은 것 같았습니다.

　이 친구의 이야기는 가시채를 뒷발질하는 삶이 어떠한 것인지를 잘 보여주는 것이었습니다. 가시채를 뒷발질하는 사람은 아무리 애를 써도, 그리고 아무리 잘 될 것 같아도 되는 일이 없고 막히게 되는 것입니다.

　사람들은 흔히 최선을 다하여 노력하고 애를 쓰면 모든 일들이 잘 될 것이라고 이야기합니다. 어느 정도 그것은 사실일 것입니다. 게으른 삶 보다는 열심히 사는 삶, 최선을 다하는 삶이 좋은 것입니다.

　그러나 애쓰는 삶 보다 더 본질적이고 중요한 것은 주님의 감동과 인도를 받으면서 사는 삶입니다. 우리를 향한 주님의 뜻, 그 의도와 조화를 이루면서 살아가는 삶입니다.

　우리가 주님의 뜻과 조화를 이루면서 살게 되면 환경과 삶과 모든 것들이 부드럽고 자연스럽게 풀려나가기 시작합니다. 마치 순풍에 돛을 단 듯이 마음에 생각만 해도 그것이 이루어지며 복잡하게 엉킨 일들이 실타래 풀어지듯이 풀어지게 됩니다.

그러나 우리가 주님의 인도와 의도를 거스르며 내 멋대로 움직이게 되면 우리는 이상하게도 모든 일들이 마치 톱니바퀴가 잘 맞지 않는 것처럼 이상하게 어긋나는 것을 경험하게 됩니다. 이상하게 일이 잘 될 것 같고 아무런 문제가 없을 것 같은데도 이상한 곳에서 일이 꼬이고 막히게 되는 일이 자꾸 생기게 되는 것입니다.

아주 중요한 약속을 잊어버립니다. 아주 중요한 순간에 상대방이 오지 않습니다. 도움을 주리라 믿었던 사람이 갑자기 태도가 달라집니다.

이상하게도 꼬이는 일들은 연이어서 나타납니다. 그것이 바로 조화가 깨어진 상태이며, 그것이 바로 가시채를 뒷발질하는 삶에서 흔히 나타나는 현상인 것입니다.

하나님의 지으신 자연은 아주 평화롭습니다. 자연은 주님의 뜻에 순종하며 그 뜻을 거스르지 않고 조화되어 움직입니다. 스스로 움직이지 않고 주님의 뜻에 자신을 드려 복종하고 있기 때문에 자연에는 리듬이 있고 질서가 있으며 평화가 있습니다.

모든 피조물 중에서 사람만이 유일하게 평화를 잃어버리고 쫓기고 불안해하며 근심과 염려와 고통 중에서 사는 것은 사람들이 주님의 질서를 벗어나 제멋대로 살고 있기 때문입니다. 그것이 곧 타락한 상태이며 자아적이고 육적인 삶인 것입니다.

고통과 삶의 모든 문제들은 그처럼 조화와 질서를 잃어버리고 방황하고 있는 우리들이 하나님의 평화와 질서와 조화 속에 다시 들어오도록 인도하시는 주님의 손길이며 가르치심입니다. 우리는 그 문제와 고통의 경험들을 통하여 다시 균형 감각을 얻게 되고 참다운 평화를 얻고 누리게 됩니다.

바울은 흐름을 거스르는 삶을 살았었습니다. 그는 가시채를 발로 차는 사람이었습니다. 그러나 그는 주님의 빛 앞에서 거꾸러진 이후에 변화되었습니다.

더 이상 가시채를 뒷발질 하지 않고 모든 삶의 모든 순간에 주님을 바라보고 주님의 지배와 인도를 받으며 주님과 함께 걸어가는, 조화롭고 아름다운 삶을 살아가는 사람이 되었던 것입니다. 그것은 얼마나 아름다운 변화인지요!

가시채를 뒷발질하는 삶, 그것은 진정 지치고 피곤하고 고통스러운 삶입니다. 그래서 주님은 우리로 하여금 그 삶에서 벗어나 조화되고 자연스럽고 평화로운 삶으로, 주님의 음성을 듣고 주님께 순종하는 삶으로 우리를 부르십니다.

우리가 그것을 원한다면, 진정 주님을 붙들고 그의 인도하심 안에서 조화로운 삶을 살기 원한다면, 주님은 우리에게 말씀하시고 가르치시고 인도하실 것이며 우리는 모두 그러한 삶을 살 수 있게 될 것입니다.

7. 순복의 메시지

　살아가면서 주님께로부터 무엇인가를 배워간다는 것은 참으로 흥미로운 일입니다. 그러나 주님께서 우리에게 무엇을 가르치시며 훈련하실 때 그것을 잘 순종하고 합격해서 통과하는 것은 쉽지 않은 일입니다.
　내게는 물질에 대한 훈련이 그러했습니다. 사역을 하는 이들이 필수적으로 통과해야 하는 부분이 이 물질 훈련일 것입니다. 신앙의 삶이란 삶의 모든 영역에서 주님께 지배를 받는 것을 의미합니다. 그리고 살아가는 데 있어서 물질은 아주 중요한 것입니다.
　특히 사역자들은 물질의 어려움을 겪을 때 그것을 통하여 주님의 메시지를 받을 수 있어야 합니다. 그리고 주님께로부터 공급되는 경험들을 통과해야 합니다. 그래야만 사역에 있어서, 삶에 있어서 그러한 어려움에 부딪치게 될 때 사람을 의지하거나 육신적인 방법을 사용하지 않고 순수하게 주님을 의뢰할 수 있게 됩니다.
　어떤 친구는 그런 이야기를 했습니다. 신학대학과 신대원에서 7년 동안 받는 훈련은 신학의 지식이 아니라 물질에 대한 훈련이라는 것입니다. 주님께서 우리의 필요를 어떻게 채우시는지를, 어떻게 그분을 의뢰해야 하는지를 7년 동안 배우는 것이며 그것만으로도 신학을 하는 중요한 목적이 된다는 것입니다. 그것은 일리가 있는 이야기입니다.
　나는 몹시 가난한 편이었습니다. 집에서 학비를 대주는 것을 기대할 수는 없었습니다. 게다가 몸이 약해서 조금씩 아르바이트를 하기는 했지만 일을 충분히 할 수 있는 상태도 되지 못했습니다. 그러므로 등록금을 마련하는 것은 항상 어려웠습니다. 그래서 나는 책을 통해서 얻은 지식을 실제로 여기에 적용해보기로 마음먹었습니다. 믿음과 기도를 통해서 필요를 공급받는 원리를 말입니다.

허드슨 테일러는 중국 내지 선교회의 창시자입니다. 그의 좌우명은 '나는 말로써 사람을 움직이기를 원치 않는다. 나는 기도로써만 사람을 움직이기를 원한다'는 것이었습니다.

그는 물질적인 면에 있어서도 이 원칙을 적용하였습니다. 사역을 위해 물질이 필요할 때 사람들에게 그의 필요에 대해서 일체 이야기하지 않고 오직 기도로써 그의 필요를 공급받았던 것입니다.

죠지 물러는 3천명의 고아들을 키웠는데 그도 역시 아무에게도 광고하거나 도움을 요청하지 않고 오직 기도로 물질의 공급을 받아서 그들을 양육했습니다. 사람들은 그의 필요에 대하여 거의 몰랐지만 물질은 아주 정확한 시간에 그들에게 공급되었습니다.

중보 기도자 리즈 하월즈나 중국의 워치만 니도 이와 비슷한 경험을 많이 하였습니다. 이들의 글을 읽으면서 나의 가슴은 뛰었습니다.

나는 생각했습니다.

'나도 그렇게 사람을 의지하지 않고 오직 주님을 의지하면서 기도를 통하여 나의 필요를 채움 받고 싶다. 멀쩡한 사람이 직업을 가지지 않고 오직 하늘의 공급만 바라보는 것은 별로 좋은 일이 아닐 것이다.

그러나 주님의 살아계심을 평생에 가르치고 사역을 해야 할 사람이라면 그것이 하나의 이론이 아니라 실제적으로 역사하는 것이라는 경험이 있어야 한다. 그래야 수많은 현실적인 유혹에서도 타협하지 않고 주님만을 의지할 수 있을 것이다.

그러나 그들의 이야기가 나에게도 실제가 될까? 그들은 영적인 거인들이며 하나님의 사람들이다. 나는 평범하고 보잘 것 없는 미숙한 신자에 불과하다. 하나님의 공급의 법칙이 나에게도 역사할 것인가?

나는 이 원리가 나의 삶에도 실제적으로 적용될 수 있는지 알아보기로 했습니다. 그래서 나는 실제로 나의 필요에 대하여 아무에게도 언급하지 않고 오직 주님께만 구체적으로 구하고 응답을 기다리기 시작했습니다.

그러한 시도의 결과 나는 그러한 하나님의 응답이 결코 위대한 하나님의 사람에게만 역사하는 법칙이 아닌 것을 알게 되었습니다. 단순히 주님을 의지하는 사람이라면 주님께서는 누구에게나 그의 신실한 응답과 살아계심을 보여주시는 것입니다. 아무도 나의 필요를 몰랐지만 나의 필요는 아주 정확한 순간에 응답이 되었습니다.

간혹 응답이 오지 않는 경우도 있었습니다. 그 경우에는 응답을 가로막고 있는 것이 무엇인지 주님께 물어보아야 했습니다. 그리고 나서 떠오르는 것을 반성하고 내려놓으면 다시 응답이 계속 되었습니다.

나는 사람들과의 교제가 별로 없었습니다. 성격이 활발하지 않아서 대화를 나누는 대상도 별로 없었습니다. 그래서 도움이 올 곳도 거의 없었습니다. 그러므로 어떤 필요가 있을 때는 기도하는 것 외에는 아무 방법이 없었습니다.

게다가 나는 하나님의 살아계심을 분명히 경험하고 싶었기 때문에 사람들에게는 일체 나의 필요를 알리지 않았습니다. 어떤 이가 등록금 등 나의 필요에 대해서 물어볼 때가 있으면 나는 항상 있다고 이야기 했습니다. 나는 굶어죽는 한이 있어도 주님의 사역자는 궁상을 떠는 것이 좋지 않다고 생각했습니다.

하나님이 부요하시면 그의 자녀도 궁핍할 이유가 없는 것입니다. 다만 주님의 사람이 되고 주님의 소유가 되기 위하여 일시적으로 그러한 훈련의 필요가 있을 뿐입니다.

대학을 다닐 때는 전도사 자리를 구하지 못했습니다. 그래서 등록금이나 차비나 모든 것이 어려웠습니다. 그러나 그 모든 필요는 채워졌습니다.

하지만 그것은 결과적으로 그렇게 된 것이며 하나님의 살아계심을 경험하는 즐거운 일이기도 했지만 그 과정은 몹시 힘들기도 했습니다.

나는 등록금이 필요하고 마감은 임박했는데 도무지 솟아날 구멍이 없을 때는 십여 시간을 이를 위하여 기도했습니다. 마침내 주님께로부터 '이제 되었다'는 응답을 받고 기도를 마치고 일어설 때는 아주 탈진상태가 되었을 때였습니다.

응답의 경험이 반복되면서 믿음은 자라고 응답에 걸리는 시간은 짧아지기 시작했습니다. 그러나 그 과정이 여전히 피곤하고 힘들었던 것은 그 주님의 응답이 항상 거의 마지막 순간에 이루어졌기 때문입니다.

예를 들어 등록금의 경우 항상 마감시간 직전에 마련이 되었습니다. 주님의 기적적인 응답으로 간신히 등록을 마쳤을 때는 은행 마감 시간이 30초 남았을 때였습니다. 30초가 지나면 합격이 취소되는 것입니다. 이러한 막판 응답의 원리는 반복적으로 이루어졌습니다.

결혼을 해서 약 2-3년 정도는 수입원이 전혀 없었습니다. 방학 때는 아르바이트를 했지만 그것으로는 등록금, 생활비, 차비, 책값을 대기에는 턱없이 부족했습니다.

그런데 그러한 필요를 주님께서는 꼭 필요할 때 채워주셨습니다. 돈이 다 떨어져서 '이제는 굶어야겠구나.' 생각하고 아내가 '먹을 것도 없는데 빨래나 해야지.' 하고 나의 바지를 뒤적이다가 바지 주머니에서 2만원을 발견합니다. 그러면 우리는 몹시 신이 나고, 그래서 며칠 즐겁게 생활할 수 있었습니다.

그것도 떨어져서 '이제는 정말 굶어야지..' 하고 있으면 어머니가 오셔서 2만원을 주셨습니다. 빈티는 전혀 내지 않았는데 말입니다. 아무튼 이런 식으로 굶기 직전까지는 수없이 갔지만 실제로 굶은 적은 없었습니다.

한번은 굶을 상황이 되었는데 어떤 친구가 찾아왔습니다. 그 때는 마음이 좀 슬퍼져서 도움을 요청하고 싶은 마음이 슬며시 일어났습니다. 이 친구는 아주 절친한 친구였고 그리 여유가 있는 편은 아니었지만 당시에는 나보다 상황이 좀 나은 편이라 내가 조금만 간접적으로 돌려 말해도 그는 기쁜 마음으로 약간의 도움을 줄 수 있었을 것입니다. 그러나 나는 그러한 충동이 시험이라고 느꼈습니다. 마음속에서 주님께서 '너의 필요를 이야기하지 마라.' 하시는 것이 선명하게 느껴졌습니다. 나는 가까스로 그 유혹을 물리쳤습니다. 나는 주님의 종이 되고 싶었지 사람의 종이 되고 싶지는 않았습니다.

놀랍게도 그가 가자마자 다른 곳에서 도움이 왔습니다. 그것은 작은 승리였고 작은 물질이었지만, 내게는 정말 너무 행복한 경험이었습니다. 아주 작은 것이라고 해도 훈련을 통과한다는 것은 몹시 즐거운 일입니다.

한번은 학교에 갈 차비가 없었는데 아내가 혹시 모르니까 은행에 가 보자고 했습니다. 나는 아내에게 우리 집 계좌를 알고 있는 사람이 아무도 없는데, 가면 뭐하냐고 말했습니다.

그러자 아내는 주님이 아시니까 혹시 누군가에게 계좌번호를 알려 주셨을지도 모르지 않느냐고 말하는 것이었습니다. 아내의 말이 어처구니가 없어서 웃음이 났지만 다른 대책도 없어서 혹시나 하고 마지막 남은 동전을 털어서 지하철을 타고 은행에 갔습니다. 은행이 집에서 멀리 떨어져 있었기 때문입니다. 누군가 무엇인가를 보내지 않았으면 먹을 것이 없는 것은 나중 문제고 우리는 집까지 한 시간 반 이상을 걸어와야 했습니다.

그런데 정말로 우리의 계좌에는 누군가가 보낸 3만원이 입금되어 있었습니다. 우리의 계좌번호를 알고 있는 사람은 아무도 없는데 말입니다. 그것은 우리에게 기적과 같은 일이었습니다. 그 돈은 3만원이 아니라 300만원과 같았습니다. 당시 냉면 한 그릇이 2천원인가 했으니 우리에게 그 돈은 아주 큰돈이었습니다. 우리가 며칠간 포식을 한 것은 당연한 일입니다.

이와 같은 공급의 반복은 도저히 우연이라고 할 수가 없었습니다. 마치 누군가가 바로 옆에서 우리의 모든 상황, 일거수일투족을 샅샅이 들여다보고 있는 것 같았습니다. 그렇지 않으면 그렇게 정확한 시간에 꼭 필요한 물질이 공급될 수가 없었습니다. 우리는 물론 그분이 누구신지 압니다. 그분은 주님이셨습니다!

하지만 이러한 일이 반복되면서 나는 짜증이 나기 시작했습니다.

우리는 지폐가 있을 때 공급을 받은 적이 거의 없었습니다. 항상 공급은 동전이 몇 개 남으면 이루어졌습니다. 지나가고 나면 그것은 은혜스러운 간증이 될 것입니다. 하지만 당시에 그러한 과정을 겪고 통과하는 것은 쉽지 않았습니다. 언제나 아슬아슬하게 마음을 졸여야 하고 거기에는 여유가 없었습니다.

나는 주님께서 이스라엘 백성을 위하여 홍해를 가르시는 시점을 기억합니다. 그것은 결코 여유가 있는 시점이 아니었습니다.

눈앞에는 거대한 홍해의 물결이 가로막고 있었고 뒤에서는 무장한 애굽의 군대가 달려오고 있었습니다. 이스라엘 백성은 공포에 질려서 떨고 있었습니다. 그것은 결코 낭만적인 상황이 아니었습니다.

좀 미리 미리 여유 있을 때 홍해를 갈라놓으시면 얼마나 좋을까요! 그러면 그처럼 놀라지 않고 여유를 부리며 애굽의 군대들을 조롱하면서 홍해를 건넜을 텐데요.

그러나 그것이 주님의 일하시는 방식인 것 같았습니다. 항상 거의 절체절명의 상태에서 구원을 베푸시는 방식.. 주님은 그것을 좋아하시는 것 같았습니다.

지금에 와서는 그것을 이해할 수 있습니다.

영혼이 어느 정도 눈을 뜬 사람은 평안하나 괴로우나 오직 주님을 붙들고 삽니다. 그는 오직 주님만을 생명으로 여기며 주님 자신이 삶의 모든 것이 됩니다. 그는 주님과의 교통과 주님의 뜻을 행하는 것 외에는 다른 것에서 기쁨과 만족을 얻지 못하기 때문에 급하고 힘든 상황이 아니더라도 오직 주님만을 붙들고 살기를 원합니다.

그러나 아직 영혼이 충분히 열리지 않은 이들은 아직 겉 사람, 육성으로 주님을 접촉하게 되기 때문에 여러 가지 은사적인 체험들은 많이 하게 되지만 아직 주님의 마음에 충분히 접촉이 되지 않아서 외적인 기질과 욕망으로부터 자유롭지 않습니다.

그러므로 그러한 이들은 이러한 절체절명의 상황에 반복적으로 부딪치면서 서서히 겉사람, 육신의 옛사람이 죽어지는 경험을 하게 되는 것입니다. 그러므로 그러한 절체절명의 과정, 위기의 과정, 죽음의 과정, 광야 통과의 경험이 많이 필요한 것입니다.

그러한 훈련은 근본적으로 옛사람을 죽이고 속사람, 영혼이 눈을 뜨기 위한 과정이며 훈련이라는 것을 지금은 알고 있습니다. 그러나 당시에 이 훈련들은 쉽지 않았습니다. 응답이 있고 주님의 역사가 있지만 동시에 피곤함이 있었습니다. 나는 반복되는 그러한 아슬아슬한 경험에 지쳤습니다.

나는 주님께 이런 식으로 항의를 하고 했습니다. '주님.. 이런 방식 말고 좀 더 풍성하고 여유로운 방식은 없을까?'

그러나 그것은 아무리 좋게 표현해도 결국 불평을 하는 것이며 그런 식의 자세로는 주님의 깊은 임재와 교통 속으로 들어갈 수 없다는 것을 나는 잘 알고 있었습니다. 알면서도 나는 가끔 투덜거렸습니다.

그럴 즈음, 나는 신학대학원 2학년에 다니고 있었습니다. 이때도 어김없이 등록금을 납부해야 할 시기는 찾아왔습니다. 그런데 등록금 마감 시간이 지났지만 이번에는 아무런 역사도 일어나지 않았습니다.

나는 정확하게 응답하시는 주님의 응답에 이미 익숙해져 있었기 때문에 몹시 당황했습니다. 그리고 낙심이 되었습니다. 나는 내가 불평을 했기 때문에 응답이 없는 가보다 생각하고 회개 기도를 했습니다. 그러나 아무 응답도, 감동도 없었습니다.

나는 몹시 낙담이 되었습니다. 계속 기도했지만 나 혼자서 씨름하고 있는 느낌이었습니다. 영적으로 막히니 물질적으로도 여유가 전혀 없어서 학교 식당의 식권을 살수가 없어 몇 끼를 굶었고 수업은 머리에 들어오지 않았습니다. 이런 마음으로 학교에 있어서 뭐하나 싶어서 나는 수업을 그만두고 슬픈 마음으로 집에 왔습니다.

기도도 되지 않았고 아무 의욕도 없었습니다. 나는 주님께서 나와

거리를 두시는 것처럼 느껴졌습니다.

나는 어릴 때부터 세상에 살면서 즐겁다고 느낀 적은 거의 없었습니다. 삶은 언제나 힘들었고 항상 죽고만 싶었습니다.

그러나 주님을 가까이 경험하게 되면서부터 나는 삶의 희망과 기쁨을 알게 되었습니다.

적어도 나의 유일한 기쁨과 소망은 주님과 교통하는 것이었습니다. 세상에서 아무리 지치고 힘들어도 아무 가진 것이 없어도 '주님..' 하고 부르면 나는 속에서 시원함을 느꼈고 주님의 따뜻하고 감미로운 임재하심을 느꼈습니다. 그것은 내 삶의 유일한 기쁨이었습니다. 그러나 나는 이제 그 교통이 막혀있다고 느꼈습니다. 주를 불러도 아무런 느낌도 감동도 없었습니다. 유일한 삶의 기쁨이 막히니 나는 삶에 아무런 낙이 없었습니다.

그 상태에서 주일이 되었습니다. 나는 교회에 가지 않았습니다. 내가 주님을 영접하고 예배하기 시작한 후 처음으로 내게 그 날은 주일이 아니고 일요일이었습니다. 나는 그저 아무 것도 하지 않고 비참한 심정으로 집에서 뒹굴고 있었습니다. 마음이 너무 우울했고 아무 말도 하고 싶지 않았습니다. 아내도 나의 마음을 아는지 눈치만 보고 안타까워할 뿐이었습니다.

그렇게 저녁이 되었습니다. 하루 종일 비참하게 보냈지만 그래도 저녁 예배까지 드리지 않고 주일을 보낼 수는 없었습니다. 당시에 나는 따로 교회의 적을 두고 있지 않았기 때문에 그냥 가까운 교회에 걸어갔습니다.

그 때 우리는 수원에 살고 있었습니다. 수원의 율전동에 살고 있었는데 그 때는 개발이 거의 되어 있지 않아서 여기 저기 논, 밭이 많이 있었고 밤이 되면 개구리, 두꺼비의 소리가 몹시 시끄러운 곳이었습니다. 아내는 임신 중이라 몸이 무거워서 나는 혼자 논둑길을 걸어서 집 가까이에 있는 교회로 갔습니다.

그 교회는 바깥에서 몇 번 보기는 했지만 예배 참석은 처음이었습니다. 은혜를 기대하고 간 것은 아니었지만 그래도 그 날의 예배 분위기는 너무 살벌했습니다. 교회의 크기는 아주 작았는데 그에 비해 마이크의 소리는 너무 컸습니다. 게다가 목사님은 온 힘을 다하여 악을 쓰는 것을 그의 사명으로 생각하고 있는 것 같았습니다. 그는 잠시 물을 마시기 위해서 말을 멈추곤 했는데 그 순간은 참으로 평화로운 순간이었습니다.

나는 최소한 내가 주님을 믿는다면 저녁예배라도 빠지면 안 되겠다는 의무감에서 왔기 때문에 설교에는 별로 관심이 없었고 그저 슬프고 처량한 기분에 잠겨있을 뿐이었습니다. 이윽고 고문과 같은 예배는 끝이 나고 나는 밖으로 나왔습니다.

밖은 이미 캄캄해져 있었습니다. 나는 다시 집으로 지름길로 가기 위해서 논둑길로 갔습니다. 그리고 걷다가 조용히 그 자리에 멈추어 섰습니다. 갑자기 말로 표현하기가 어려운 이상한 느낌이 일어났습니다. 왠지 누군가가 가까이 있는 것 같았습니다.

몇 주 동안 나의 영혼은 아주 질식할 것만 같았고 나의 기도는 천장에도 올라가는 것 같지 않았습니다. 그러나 그 순간 갑자기 나의 심령 깊은 곳에서 어떤 감격이 밀려오는 것 같이 느껴졌습니다.

나는 놀랐습니다. 나는 예배를 열심히 드린 것도 아니고 설교가 기억이 나는 것도 아니었습니다. 회개를 제대로 한 것도 아니고 그저 실망하고 낙심한 상태에 그대로 있었을 뿐입니다.

그 순간 나는 갑자기 하나의 메시지를 느꼈습니다. 그것은 '순복'에 대한 것이었습니다.

하나님의 인도와 주권에 대한 순복.. 갑자기 그 순복에 대한 메시지가 마음속에 강력하게 밀고 들어왔습니다. 지금 나의 상황에서 바로 그것이 내가 배워야 할 것이었습니다.

나는 그 자리에서 강력하게 임하시는 하나님의 임재를 느꼈습니다.

주님이 다시 내게 찾아오셔서 나에게 자상한 가르치심을 주고 계시는 것처럼 느껴졌습니다. 그 메시지는 순복, 바로 그것이었습니다.

주님은 나의 주인이셨고 나는 아무 권리도 없었습니다. 그가 언제 기도에 응답하시든 그것은 주님의 권한입니다. 나는 오직 주님께 삶과 죽음과 모든 것들을 온전히 의탁한 후에야 참다운 행복과 자유를 누릴 수 있는 것입니다.

나는 그 자리에서 무릎을 꿇었습니다. 그것은 말로 형용할 수 없이 행복하고 벅찬 느낌이었습니다. 나는 다시 주님께 사랑과 순복과 헌신을 고백했습니다. 한 동안 그 놀라우신 주님께 불평을 했던 것에 대한 죄송함과 후회가 마음속에 밀려들기 시작했습니다.

나는 한 동안 그 자리에 앉아 있었습니다. 그리고 시간이 조금 흐른 후에 나는 일어났습니다. 이상하게도 갑자기 기쁨의 물결이 내 안에서 흐르는 것 같았습니다. 나는 기쁨이 넘쳐서 '좁은 길을 주와 함께 걸으며' 라는 찬양을 소리 높여 부르면서 좁다란 논둑길을 걸어 집을 향하여 갔습니다.

이제 나의 관심은 등록금이 아니었습니다. 돈이 있든 없든 그것은 하나도 중요하지 않았습니다. 아니, 살든 죽든 그것도 하나도 중요하지 않았습니다. 정말 중요한 것은 내가 주님의 손앞에 모든 것을 맡기고 온전히 순복하고 굴복되는 것이었습니다. 그리고 그렇게 될 때 인생은 참다운 행복과 평화를 얻게 된다는 것을 나는 선명하게 깨달았던 것이었습니다.

내가 회복이 되자 나는 아내가 걱정이 되었습니다. 그녀도 많이 걱정이 되었을 것입니다. 상황도 어렵고, 마음이 상해있는 남편의 모습도 걱정이 되었을 것입니다. 나는 집으로 얼른 가서 최근에 낙심한 모습을 보여주어 실망을 시킨 아내를 위로하고 기분을 돋구어주어야겠다고 생각했습니다.

그러나 내가 집으로 들어가는 순간 이상하게도 집안의 분위기가 바뀌어져 있는 것을 느꼈습니다. 아내의 기분도 갑자기 밝아진 것 같았습니다. 나는 물었습니다.

"무슨 일이 있어? 당신이 기분이 좋아 보이는데.."

아내도 미소를 지으면서 대답했습니다.

"글쎄요. 이상하게 조금 전부터 갑자기 기분이 좋아졌어요. 근심도 다 사라져버리고.. 그냥 어떻게 잘 되겠지.. 그런 마음이 그냥 들어요. 참, 그리고 당신 친구 **님이 전화했었어요. 그리고 바로 전화를 해달라고 전해달라고 하면서."

이 밤에 그 친구가 웬 일일까요? 그는 서해안의 말단의 조그만 섬에서 목회를 하고 있는 전도사입니다. 배를 두 번씩이나 갈아타고 여러 시간 들어가야 하는 지도에도 나타나지 않는 작은 섬이지요. 성도라야 할머니들 몇 분이 예배를 드리는 작은 교회를 담임하고 있습니다. 그가 갑자기 이 밤에 왜 전화를 하는 것일까요?

나는 그에게 전화를 했습니다. 간단한 안부 인사를 마친 후에 그는 나에게 단도직입적으로 등록금이 어떻게 되었느냐고 물었습니다. 등록기간이 지났기 때문에 혹시나 하고 물어보는 것이랍니다.

나는 머뭇거렸습니다. 이런 경우에는 항상 '아, 괜찮아. 있어..' 하고 대답을 해왔으니까요. 그리고 그는 남의 등록금을 걱정해줄 정도로 여유 있는 형편이 아니었기 때문입니다.

그가 주일 예배에 헌금을 천 원 정도 하면 전체 헌금이 다 합쳐서 2천 원에 불과 했습니다. 십여 년 전이라고 하더라도 그것은 너무나 적은 액수이지요.

그러한 그가 나의 등록금에 대하여 물어보니 의아스러웠습니다. 그런데 그는 조심스럽게 이야기를 하는 것이었습니다.

최근에 이상하게 어떤 돈이 생겼다, 그런데 이 돈을 어디다 써야 할까를 놓고 기도했는데 몇 주 동안 계속 나의 생각이 나더라.. 그런데 아직 등록을 안 했을 리가 없어서 망설이다가 지금에야 확인이나 해보자고 전화를 했는데 혹시 안 했다면 자기에게 한번만 등록금을 대주는 기쁨을 주지 않겠느냐고 이야기를 하는 것이었습니다.

나는 한 동안 아무 대답도 할 수 없었습니다. 그는 계속 간청하고 결국 나는 그의 호의를 받아들였습니다. 그리고 사실 이번에는 힘들었는데 고맙다고 대답을 했습니다. 그러자 그가 말했습니다.

"감사한 것은 내가 더 감사하지. 나는 하나님의 음성을 듣고 하는 것에 대하여 잘 모르거든.. 그런데 기도할 때 내 마음에 정전도사를 떠오르게 해주신 것이 주님의 감동이라고 생각하니 너무나 감사하네. 나 같은 사람도 주님의 응답의 도구가 될 수 있다니 내가 더 감사하고.. 얼마나 기쁜지 모르겠어.."

나는 그에게 치하를 하고 전화를 끊었습니다. 전화를 끊고 나서 나와 아내는 같이 울었습니다. 그냥 감사하고 죄송하고 그래서 울었습니다. 나는 주님이 가까이 계신 것을, 나의 모든 상황을 너무나 섬세하게 지켜보고 계신 것을 다시 한 번 선명하게 알 수 있었습니다.

그렇습니다. 그분은 내가 낙심하고 절망하고 있을 때도 바로 곁에 계셨습니다. 나는 주님이 나의 기도를 듣지 않으신다고 생각했지만, 주님은 이미 나의 기도를 들으시고 응답을 준비하고 계셨습니다. 그분은 천사를 파송하시고 멀리 서해안의 끝까지 가셔서 여러 상황들을 만드시고 감동을 일으키셨습니다. 그리고 응답의 시간을 조절하시고 기다리고 계셨습니다.

그분은 내가 안타까워할 때 나보다 더 안타까우셨을 것입니다. 그러나 주님은 직접, 당장 빠르게 응답을 주시는 것보다 내게 분명한 메시지를 가르치기를 원하셨습니다. 그리고 충분히 때가 되었을 때 주님은 가까이 오셔서 나타나시고 응답하시고 그의 선하신 가르침과 사랑을 보여주신 것이었습니다.

내가 이번에 배운 메시지는 순복에 대한 것이었습니다. 주님이 응답을 언제 하시든 어떻게 하시든 그것은 온전히 주님께 속한 문제였습니다.

그것 뿐 아니라 우리의 삶의 모든 부분에서 오직 주님의 뜻과 원하심만이 이루어져야 하며 그것만이 가장 아름답고 온전한 것이라는 것, 그리고 이에 대하여 온전히 순복할 때 참된 기쁨과 평화를 얻게 된다는 것을 나는 확실하게 배울 수 있었습니다.

감사하고 놀라운 것은 그러한 주님의 가르치심이 우리 모두에게, 우리가 사는 모든 날 동안에 끊이지 않고 계속된다는 사실입니다.

우리가 그분을 멀리 하지 않고 그분의 가르치심을 계속 받기 원한다면, 그리하여 더 깊이 주를 알며 더 깊은 주님과의 교제 속으로 들어가기를 갈망한다면 주님의 그 가르치심과 인도하심은 결코 사라지지 않을 것입니다.

그리고 그것은 이 세상에서 우리가 얻을 수 있는 가장 놀라운 영광이며 행복인 것입니다.

8. 형통과 곤고함의 리듬

우리 주님이 지으신 이 세계는 모든 만물이 조화와 리듬을 가지고 있으며 반복되는 사이클의 흐름을 가지고 있습니다. 계절은 봄, 여름, 가을, 겨울을 반복하면서 추웠다 더웠다를 되풀이합니다. 꽃은 피었다 지고 파도는 밀물처럼 왔다가 썰물처럼 돌아가며 낮과 밤도 교차하면서 그렇게 하루가 반복됩니다.

여름에 더울 때는 너무나 덥고 이 더위가 사라지지 않을 것 같지만 어느 새 서늘한 날이 오며 점차로 매서운 찬바람이 불게 됩니다.

그 추위도 영원한 것이 아니며 언젠가는 봄이 오게 되지요. 낮도 긴 것 같지만 곧 캄캄한 밤이 옵니다. 그 때는 아무도 일을 할 수 없고 안식을 누려야 하지요. 활짝 피어난 꽃을 보면 아주 아름답지만 그 꽃의 아름다움도 그리 오래가는 것이 아닙니다.

우리의 인생도 이러한 흐름에 예외는 아닙니다. 삶에도 기쁨이 있고 슬픔이 있습니다. 도저히 살수가 없다고 생각되는 밤의 계절이 있고 그럴 때에는 그 고통이 도무지 사라지지 않을 것 같지만 시간이 흐르면 어느 덧 그 밤은 사라지고 기쁨과 위로의 계절이 옵니다.

너무나 행복해서 이 행복이 영원히 사라지지 않을 것 같은 나날들이 있지만 또한 어느 덧 그러한 순간들은 지나가고 고통과 불면의 밤이 올 수 있습니다.

어렸을 때부터 별로 고생을 하지 않고 편안하게 살아왔던 사람들은 인생을 쉽게 낙관적으로 생각하는 경향이 있지만 인생은 결코 그렇게 간단하지 않습니다. 그들은 인생의 전반부를 평탄하게 보냈기에 인생의 후반기에는 좀 더 어려운 시기를 보내게 되고 이를 통해서 영혼의 성장을 경험하게 됩니다. 이러한 섭리를 간결하게 설명해주는 성경 구절이 전도서 7장 14절의 말씀입니다.

> 형통한 날에는 기뻐하고 곤고한 날에는 되돌아 보아라
> 이 두 가지를 하나님이 병행하게 하사 사람이 그의 장래 일을 능히 헤아려 알지 못하게 하셨느니라 (전7:14)

우리의 삶에는 형통한 순간들이 있습니다. 기쁘고 즐겁고 행복한 순간들이 있습니다. 그러나 어느 덧 그러한 순간들은 사라지고 고난과 역경의 순간이 찾아옵니다. 인생은 그러한 반복인 것을 성경은 보여주고 있습니다.

여기서 우리가 형통할 때에는 기뻐하고 곤고한 날에는 생각하라는 것이 그저 마냥 혼자서 즐거워하고 혼자서 시름에 잠기라는 의미의 메시지는 아닙니다. 그것은 즐거운 날도 괴로운 날도 그것을 주님과의 관계성 속에서 지내라는 것입니다.

즐거운 날에는 주님께 감사하고 찬양하며 기뻐합니다. 어떤 즐거움도 행복도 아름다움도 그 근원은 주님이시며 주님이 허락하신 것입니다. 그러므로 우리는 스스로 높아지거나 교만할 수가 없으며 오직 주님께 영광을 돌릴 수 있을 뿐입니다.

또한 어두운 밤의 순간에는 좌절과 시름에 빠져서 한탄하는 것이 아니라 그러한 나날들을 허락하신 주님의 손안에서 겸손하게 낮아져서 반성하며 주님의 손에 순복하며 그 때가 지나가기를 기다려야 합니다.

본문은 말하기를 삶에서 이 두 가지가 끝없이 반복된다고 하였습니다. 그 이유는 사람이 장래 일을 헤아릴 수 없으며 주권자는 분명히 하나님이신 것을 우리가 깨닫게 하시기 위함이라고 합니다.

우리의 삶이 그저 행복뿐이며 형통함뿐이라면 우리는 능히 앞의 나날들을 예측할 수 있을 것입니다. 또한 우리의 삶이 그저 고통뿐이라면 역시 미래의 우리의 삶도 예상할 수 있을 것입니다.

그러나 우리의 예상은 맞지 않으며 우리는 인생의 과정이 우리의 생각과 다르다는 것을 알게 됩니다. 그래서 우리는 형통함이나 곤고함의 환경 자체에 주의를 기울이지 않게 되고 오직 그 배후에 계시는 하나님에 대하여 생각하게 되는 것입니다. 왜냐하면 환경은 그림자에 불과하며 실체는 오직 주님이시기 때문입니다.

좋은 상황에서 주님께 감사하며 영광을 돌리는 것과 어려움 속에서 반성하며 자신을 돌아보는 것은 훈련을 통과하고 주님께 속한 사람의 중요한 특성입니다.

그러나 아직 훈련되지 않고 주님의 손에 잡히지 않은 이들은 그렇게 조화롭게 반응하지 않습니다. 그들은 상황이 좋을 때는 자신에게 영광을 돌리며 자신이 특별한 사람이라고 생각하고 자신을 높이며, 상황이 어려울 때 원망하고 불평하며 좌절과 분노와 자기 연민 속으로 빠져들어가는 것입니다.

그러나 자기가 처한 위치와 형편이 좋은 상태라고 자기를 높이며 주님께 영광을 돌리지 않는 이들은 아무리 좋고 편한 상황 속에 있다 하더라도 결코 그것을 계속 유지할 수 없습니다. 그들은 일시적으로는 성공하는 것처럼 보이더라도, 좋은 것을 움켜잡은 것 같을지라도 결국은 그것을 잃어버리게 됩니다. 우리의 삶과 사람의 역사, 성경 속에는 그것을 증명해주는 예화로 가득합니다. 하나님은 결코 사람에게 영광을 빼앗기는 분이 아니기 때문입니다.

상황이 어렵다고 쉽게 낙심하며 좌절하는 이들은 그 상황에서 교훈을 얻지 못하게 되며 고통을 통해서도 유익을 얻지 못합니다. 이들은 영적으로 성장하는데 어려움을 겪게 될 것입니다.

어떤 이들은 조금만 예상하지 못한 일이나 어려운 일을 겪으면 자신을 돌아보고 반성하지 않고 원망하고 불평하며 억울해 합니다.

이런 이들은 아직 그 자아의 중심이 주님께 굴복되지 않은 이들입니다. 이들은 아직 충분히 고난을 겪지 않은 이들입니다. 충분히 고난을 겪고 충분히 그분의 훈련을 통과하게 되면 원망과 억울함을 토하는 입술이 조용해집니다. 오직 의로우신 분은 주님 한 분 뿐이며 우리는 잠잠히 주님 앞에 낮아져야 함을 알게 되는 것입니다.

주님은 우리의 삶을 인도하십니다. 우리의 부족함을 깨닫게 하시고 성장시키셔서 오직 주님께 속한 사람이 되도록 주님은 우리의 삶에 곤고함을 허락하십니다. 우리가 그 때마다 자신을 돌아보고 반성하면서 주님의 기대하시는 방향으로 성장해갈 수 있다면 이는 얼마나 멋진 일일까요!

그러나 오늘날 많은 영혼들이 그렇게 하지 않습니다. 곤고함이 올 때 거기에 대하여 분노하고 억울해 하고 주님께 대하여 원망을 터트리고, 그래서 성장은커녕 고생만 되풀이 하며 의미 없는 시간을 낭비하는 이들이 많이 있습니다. 그들은 매우 불행한 사람들입니다.

우리는 그러한 이들을 현실에서만 아니라 성경 속에서도 쉽게 발견할 수 있습니다. 야곱이 사랑했던 여인인 라헬도 아마 그러한 사람 중의 하나일 것입니다.

라헬은 참 용모가 곱고 아리땁고 매력적인 여인이었으나 그녀의 성질은 성숙한 모습이 아니었습니다. 라헬의 다음과 같은 이야기는 그녀의 강력한 성격을 잘 보여줍니다.

라헬이 자기가 야곱에게서 아들을 낳지 못함을 보고 그의 언니를 시기하여 야곱에게 이르되 내게 자식을 낳게 하라 그렇지 아니하면 내가 죽겠노라 야곱이 라헬에게 성을 내어 이르되 그대를 임신하지 못하게 하시는 이는 하나님이시니 내가 하나님을 대신하겠느냐 라헬이 가로되 내 여종 빌하에게로 들어가라 그가 아들을 낳아 내 무릎에 두리니 그러면 나도 그로 말미암아 자식을 얻겠노라 하고 (창30:1-3)

라헬은 자식을 낳지 못하자 야곱에게 투정을 부립니다. 거기다 협박까지 합니다. 애를 낳게 하지 않으면 죽어버리겠다는 것입니다.
그러자 야곱도 분노를 터뜨립니다. 아무리 사랑하는 여인이지만 이렇게 지나친 억지를 쓰고 있으니 화가 났던 것입니다.
그래서 야곱은 말합니다. '하나님이 아이를 안 주시는데 난들 어떡하오? 내가 하나님인줄 아시오?
그러자 라헬은 자기 대신에 자기의 종과 관계를 가져서라도 아이를 낳아달라고 합니다. 그것을 보고는 라헬의 언니 레아도 똑같이 자신의 시녀를 야곱에게 주어서 아기 낳기 경쟁을 합니다. 정말 어처구니없는 가정의 모습이 되어버리고 말았습니다.
당시에는 아들을 낳지 못하는 여인은 그 존재 가치를 위협받을 정도였으므로 여인이 아이를 낳지 못한다는 것은 가장 치명적인 문제이며 고통이었습니다. 그러나 동일한 문제를 통해서 한나와 같이 간절하게 주님께 나아가고 은혜를 경험한 사람도 있었던 반면 라헬처럼 이를 통하여 더 분노하며 인간적이고 육신적인 방법으로 반응하는 이들도 있었습니다. 동일한 고통이 어떤 이에게는 은혜의 도구요, 어떤 이에게는 악의 도구가 되었던 것입니다.

라헬은 용모가 곱고 아리따운 여인이었습니다. 보통 라헬을 생각하면 쉽게 떠오르는 이미지가 아름다운 여인이라는 것입니다. 이것은 라헬의 가장 인상적인 특성인데, 야곱이 라헬을 사랑하게 된 동기도 그녀의 아름다움에 있었습니다.

> 레아는 시력이 약하고 라헬은 곱고 아리따우니 야곱이 라헬을 더 사랑하므로 (창29:17-18)

여인에게 있어서 용모가 뛰어나다는 것은 많은 것을 의미합니다. 그녀들은 어릴 때부터 항상 예쁘다는 칭찬을 듣고 자라나지요. 특별히 노력하지 않아도 그녀들은 항상 좋은 대접을 받고 관심을 끌며 인정을 받게 됩니다.

지나가는 어른들은 이들을 보고 '와, 참 예쁘게 생겼네.' 하고 말합니다. 처음 보는 남자들도 그녀들에게 호의를 가지고 대하며 그녀들이 조금 실수하고 잘못하는 일이 있어도 사람들은 그녀들을 너그럽게 받아줍니다.

그녀들은 그러한 대접과 인정을 받는 것에 익숙해져 있어서 외모가 뛰어나지도 않고 별 다른 재능도 없으며 사람들의 관심과 대접을 별로 받아보지 못하고 낮은 위치에 있었던 사람들의 마음을 이해하기 어렵습니다.

멸시와 천대, 낮은 곳에 익숙해져있는 사람들은 그런 면에서 자기 부인과 포기에 좀 더 유리한 면이 있습니다. 그들은 삶에서, 성장과정에서 많은 상처를 받지만, 이를 통하여 낮은 마음과 포기에 익숙하며 사랑을 받기 위해서 나름대로 노력을 하는 가운데 내면의 아름다움과 성숙이 이루어지게 됩니다.

그러나 외모가 아름다운 이들은 얻고자 하는 모든 것들이 공짜로 쉽게 주어지기 때문에 좋은 성품이나 내면의 개발에 대한 자극이 적습니다. 그래서 이들은 아름다운 외모만큼의 인품을 가지는 것이 어렵습니다.

그렇기 때문에 이들은 삶을 살아가면서 자기의 뜻대로 일이 진행되지 않는다든지 억울한 오해를 겪는다든지 하면 그것을 잘 견디지 못합니다. 그녀들은 굴욕과 좌절에 익숙하지 않은 것입니다.

그래서 용모가 뛰어난 이들은 인생의 후반이 어려운 경우가 많이 있습니다. 그녀들의 외모를 보고 다가왔던 사람들이 그녀들의 성품과 내면의 모습을 보고 실망하게 되므로 그녀들은 나중에는 경시를 당하게 되어 분노하고 좌절하게 됩니다.

또한 이미 어린 시절부터 형성된 성질이 변화되는 것도 쉽지 않기 때문에 그녀들은 삶의 후반에 환경적으로, 정신적으로 여러 가지 어려움들을 겪게 되는 것입니다.

겉사람의 아름다움은 잠깐이면 시들고 후에는 내면의 모습이 드러나게 되는데 외모가 뛰어나 그것으로 만족하고 내면의 아름다움을 발전시키지 못한 이들은 후반에 어려운 삶을 살게 될 가능성이 많은 것입니다.

그러나 어렸을 때 힘든 과정을 많이 겪고 자기 개발과 성숙을 경험한 이들은 상대적으로 아름답고 풍성한 노년을 맞이하게 됩니다. 그러므로 진정한 행복은 결코 외모나 바깥의 조건에 있지 않고 내면의 상태에 있는 것입니다.

라헬의 삶에는 부족한 것이 없었습니다. 그는 아버지의 애지중지하는 막내딸이었고 남편으로부터는 한결같은 사랑을 받았습니다. 그녀가 죽은 후에도 남편인 야곱은 오직 그녀만을 그리워하며 그녀가 낳은 자식들에게만 애정을 쏟았습니다.

아름다운 외모, 넉넉한 가정 형편, 그리고 남편의 한결같은 사랑.. 그녀에게 있어서 삶은 풍성함과 행복, 그 자체였습니다. 그러나 그러한 그녀에게도 단 한 가지의 문제가 있었는데 그것은 아이가 생기지 않는 다는 것이었습니다.

그녀에게 그러한 문제마저 없다면 그녀가 자기의 성질을 다스리고 온유하고 겸손한 사람이 되어 주님의 손에 붙잡히게 되는 것은 어려운 일일 것입니다. 다시 말하자면, 그녀에게 있어서 아이가 생기지 않는 다는 것은 고통이고 문제이기도 했지만, 다른 측면에서 보면 그것은 주님이 그녀를 변화시키기 위하여 허락하신 것으로서 그녀가 주님의 은총을 경험할 수 있는 아주 좋은 조건이기도 한 것이었습니다.

그러나 그녀는 이 문제를 대하는데 있어서 그녀의 미숙하고 이기적인 모습을 그대로 드러내었습니다. 그녀는 자신을 돌아보고 자신의 삶을 반성하며 주님께 나아가기보다는 원망하고 분노하며 인간적인 방법을 사용하였습니다. 그녀는 자신의 시녀를 남편에게 주었으며 시녀는 라헬이 바라던 대로 야곱과의 관계를 통하여 아들을 낳아 주었습니다. 그러나 그녀는 그것으로 만족할 수 없었습니다. 그녀는 자신이 직접 아들을 낳고 싶었던 것입니다.

그래서 그녀는 레아의 아들이 들에서 얻어온 합환채를 빼앗았습니다. 합환채는 임신을 촉구하는 진기한 약초로 알려져 있는 것입니다. 그녀는 자신이 임신하지 못하는 것이 하나님의 허락하심이라는 생각은 꿈에도 하지 않았던 것 같습니다. 그녀는 그저 무슨 방법이든 사용해서 아기를 가지기만 하면 된다는 사고방식을 가지고 있었습니다.

그러나 그러한 인위적인 방법으로도 그녀는 임신을 하지 못했습니다. 어처구니없게도 오히려 그녀에게 합환채를 양보한 레아가 임신을 하여 아들을 더 낳게 되었습니다.

그녀가 합환채를 빼앗으면서 그녀의 언니 레아에게 한 말은 그녀의 성품이 어떠했는지를 잘 보여주는 것입니다.

밀 거둘 때 르우벤이 나가서 들에서 합환채를 얻어 그의 어머니 레아에게 드렸더니 라헬이 레아에게 이르되 언니의 아들의 합환채를 청구하노라 레아가 그에게 이르되 네가 내 남편을 빼앗은 것이 작은 일이냐 그런데 네가 내 아들의 합환채도 빼앗고자 하느냐

라헬이 이르되 그러면 언니의 아들의 합환채 대신에 오늘 밤에 내 남편이 언니와 동침하리라 하니라 저물 때에 야곱이 들에서 돌아오매 레아가 나와서 그를 영접하며 이르되 내게로 들어오라 내가 내 아들의 합환채로 당신을 샀노라 그 밤에 야곱이 그와 동침하였더라 하나님이 레아의 소원을 들으셨으므로 그가 임신하여 다섯째 아들을 야곱에게 낳은지라 (창 30:14-17)

합환채가 탐이 난 그녀는 그것을 요구하고, 언니가 주려고 하지 않자 대신에 오늘밤에 남편과 동침하라고 양보를 하겠다고 합니다. 남편에게 물어보지도 않고 마치 거래를 하듯이 말을 하는 것입니다.

그녀는 남편이 자신을 지극히 사랑하고 자기의 이야기를 항상 들어주므로 아주 쉽게 그런 식으로 선심을 쓰듯이 남편을 제공하겠다고 하는 것입니다. 남편을 대하는 그녀의 그러한 자세는 이기적이고 성숙되지 못한 그녀의 모습을 그대로 보여줍니다.

그녀와는 반대로 남편의 사랑을 한번이라도 받아보았으면 소원이 없겠다고 생각하는 레아의 모습은 몹시 가련합니다. 라헬에게는 사랑과 친절을 베풀면서도 자기에게는 항상 정을 주지 않고 아들을 많이 낳아주었는데도 무뚝뚝하게 대하는 야곱..

그녀의 마음에는 항상 비가 내리고 있는데 라헬의 그 치사한 제의에 좋다고 합환채를 양보하고 그날 밤을 기다려 야곱을 영접한 그녀의 모습은 측은하기 짝이 없습니다.

그 상황에서 아무 자기 의사표현도 없이 라헬이 하자는 대로 레아에게 상품처럼 끌려간 야곱의 모습도 참 한심스러운 모습입니다. 아무튼 하나님께서는 라헬의 그러한 몸부림에도 불구하고 그녀에게는 자식을 주지 않으셨습니다. 오히려 레아를 불쌍히 여기시고 합환채를 빼앗긴 레아에게 아들을 주셨습니다. 하나님은 마치 이렇게 말씀하시고 있는 것 같습니다.

'라헬아, 이 어리석은 자야.. 네가 아이를 잉태하지 못하는 것이 합환채가 없어서 그러는 줄 아느냐? 모든 것이 나의 손 안에 있고 나의 주권 가운데 있는 것을 알지 못하느냐? 이제 너는 합환채를 사용해도 잉태하지 못할 것이다. 오히려 너에게 합환채를 양보한 네 언니 레아에게 내가 긍휼을 베풀어 다른 아들을 낳게 할 것이니라.'

레아는 극심한 해산의 고통을 통하여 아들들을 낳고 이름을 붙였는데 그 이름들에서는 남편에게 사랑받지 못하는 여인 레아의 고독과 절망과 슬픔이 그대로 표현되어 있습니다.

여호와께서 레아가 사랑 받지 못함을 보시고 그의 태를 여셨으나 라헬은 자녀가 없었더라 레아가 임신하여 아들을 낳고 그 이름을 르우벤이라 하여 이르되 여호와께서 나의 괴로움을 돌보셨으니 이제는 내 남편이 나를 사랑하리로다 하였더라
그가 다시 임신하여 아들을 낳고 이르되 여호와께서 내가 사랑 받지 못함을 들으셨으므로 내게 이 아들도 주셨도다 하고 그 이름을 시므온이라 하였으며 그가 또 임신하여 아들을 낳고 이르되 내가 그에게 세 아들을 낳았으니 내 남편이 지금부터 나와 연합하리로다 하고 그의 이름을 레위라 하였으며 (창29:31-34)

레아는 많은 아들들을 낳았습니다. 그러나 그녀는 그로 인하여 기뻐했을까요? 아닙니다. 그녀의 소원은 오직 하나였습니다.

그녀는 많은 아들들보다 남편의 사랑을 원했습니다. 남편의 부드러운 말을 듣고 싶어 했습니다. 그의 다정한 위로와 따뜻한 사랑의 말 한 마디를 듣고 싶었습니다. 아들을 낳은 후 수고했다는, 사랑한다는 고백을 듣고 싶었습니다.

그러나 아들을 하나 낳아도 남편의 마음은 달라지지 않았습니다. 다시 또 한 명을 더 낳았으나 여전히 마찬가지였습니다. 세 명을 낳은 후에도 레아는 생각합니다. 이번만큼은.. 이제는 남편이 나를 사랑해줄 거야.. 그것이 레아의 마음이었습니다.

그러나 라헬은 어떠했을까요? 그녀는 너무나 쉽게 사랑을 많이 받고 자랐습니다. 그녀에게 있어서 사랑을 받는다는 것은 당연한 것이었고 별로 대수로운 것이 아니었습니다.

그녀는 돌이켜 생각하면 감사할 것이 너무나 많았을 것입니다. 언니와 비교를 해보아도 그녀는 감사할 일이 너무 많았을 것입니다. 그러나 그녀는 감사는커녕 문제가 생기고 아이를 낳지 못하자 짜증을 냈습니다. 온갖 인간적인 방법을 동원하였으며 그 모든 것들을 주관하시는 분이 하나님이심을 폐부깊이 인식하지 못했습니다. 그녀는 말했습니다.

라헬이 자기가 야곱에게서 아들을 낳지 못함을 보고 그의 언니를 시기하여 야곱에게 이르되 내게 자식을 낳게 하라 그렇지 아니하면 내가 죽겠노라.. (창30:1)

라헬은 언니를 시기했습니다. 하지만 그녀는 레아의 아픔을 한번이라도 헤아렸을까요? 그녀는 왜 하나님께서 언니에게는 많은 은총을 베푸시고 자기에게는 이처럼 은총을 닫으시는지 한번이라도 헤아려 보았을까요? 그녀는 그저 시기하고 화가 나서 강짜를 부렸을 뿐입니다.

그녀는 야곱에게 말했습니다. 내게 자식을 낳게 하지 않으면 나는 죽겠다고.. 그리고 그 결과는 어떠했을까요? 그녀는 그녀의 말대로 아이를 낳다가 죽었습니다. 그것은 바로 그녀의 입으로, 말로 심은 대로 거둔 결과였습니다. 심은 것을 따라 그 비슷한 종류대로 거둔 종류의 법칙이 역사한 것입니다.

그녀는 주님이 모든 것의 근원이심을 알지 못하고 아버지 라반의 우상인 드라빔을 훔쳤습니다. 그리고 분노한 라반이 그것을 찾으러 다니자 그것을 약대 안장 밑에 숨기고 엉덩이로 깔고 앉았습니다. 도적질을 감추기 위해서 그녀의 엉덩이를 사용한 것입니다. 그것은 엉덩이로 도적질을 한 것과 같은 것입니다.

엉덩이의 범죄, 그리고 엉덩이로 아이를 낳다가 죽은 것.. 그것도 역시 종류대로의 법칙의 역사와 관련이 있는 것입니다.

라헬이 드라빔을 훔친 것을 알지 못하는 야곱은 분노하여 라반에게 말합니다.

이제 네가 네 아버지 집을 사모하여 돌아가려는 것은 옳거니와 어찌 내 신을 도둑질하였느냐 야곱이 라반에게 대답하여 이르되 내가 생각하기를 외삼촌이 외삼촌의 딸들을 내게서 억지로 빼앗으리라 하여 두려워하였음이니이다 외삼촌의 신을 누구에게서 찾든지 그는 살지 못할 것이요.. (창 31:30-32)

야곱의 말대로 드라빔을 훔친 라헬은 얼마 후에 곧 죽었습니다. 이것이 우연일까요? 이것 역시 심은 대로, 종류대로의 법칙의 역사입니다. 라헬의 죽음과 관련되어 심겨진 것들을 간단하게 정리하면 다음과 같습니다.

1. 그녀는 자신이 아이를 낳지 못하면 죽어버리겠다고 고백을 심었습니다. 화가 난 김에 한 말이겠지만 실제로 그 말이 이루어지리라고는 생각지 못했을 것입니다. 그녀의 비극적인 죽음은 함부로 하는 언어의 표현이 얼마나 무서운 것인가를 잘 보여주고 있습니다.

2. 그녀는 훔친 신상을 엉덩이로 깔고 앉았습니다. 그녀는 아버지

라반이 중요하게 여기는 신상을 훔쳐서 자신이 복을 받고 아이도 낳을 수 있다고 생각했던 것 같습니다. 그러기에 위험을 무릅쓰고 신상을 훔쳤던 것입니다. 그녀는 복의 근원이 주님께 순복하는 것이 아닌 그런 미신과 관련된 것으로 생각했습니다.

3. 야곱은 자신의 말이 누구를 향하는지도 모르면서 그 물건을 훔친 자는 죽음을 당할 것이라고 말했습니다. 결과적으로 그의 말은 그가 가장 사랑하는 여인에 대한 저주의 선포나 마찬가지가 되어 버렸지요.

우리가 사소하게 심은 것들이 언젠가는 우리에게 돌아올 수 있다는 그러한 경고를 이 사건들은 보여주고 있는 것입니다.

우리는 삶이 형통할 때에는 기뻐하며 감사와 찬양으로 주님께 영광을 돌리고, 우리의 삶에 힘들고 어려운 일이 있을 때는 주님 앞에서 기도하고 반성하고 주를 바라보면서 이를 성장의 도구로 삼아야 합니다.

그러나 라헬은 형통하고 좋은 조건 속에서 별로 감사하지 않았으며 힘들고 어려운 조건이 왔을 때 짜증을 내고 육신적으로 반응하다가 자신의 말대로 일찍 죽었습니다.

라헬이 산고를 치르다가 죽은 곳은 에브라다 곧 베들레헴 길이었습니다. 그녀가 죽은 곳에서 오랜 세월이 흐른 후에 주 예수님이 탄생하셨습니다.

라헬은 육성을 대표하는 사람입니다. 그 육성의 사람이 죽은 곳에서 주님이 태어나셨습니다. 육성이 죽고 자아가 죽은 그 곳에 바로 주님께서 임재하시며 새 생명의 역사가 시작되는 것입니다.

환경은 주님의 메시지입니다. 고통은 주님의 가르치심입니다. 형통할 때에는 주님께 영광을 돌리며 곤고할 때는 겸손히 낮아져서 자신을 돌아보아야 합니다.

어려움이 있을 때 라헬이 겸손하게 자기를 돌아보고 주님 앞에 나아갔다면 그녀의 삶은 좀 더 달라졌을 것입니다. 그러나 그녀는 고난에 대하여 그렇게 반응하지 못했습니다.

삶은 조화이며 인생은 리듬입니다. 우리의 삶이 어떻게 전개될지 우리는 알 수 없습니다.

우리에게 때로는 형통함이 오며 때로는 고난이 옵니다. 그러나 분명한 사실은 이 모든 삶, 모든 사건들, 모든 문제들의 배후에 주님이 계시며 거기에는 섭리와 교훈이 있다는 것입니다.

주님은 우리의 성장을 위하여 때로는 문제를 때로는 형통을 우리의 삶 속에 계속 허용하십니다. 우리는 그것들을 바라보지 말고 오직 그 배후에 계신 주님을 바라보아야 합니다. 그리하여 형통 속에서도, 고난 속에서도 주님을 구하며 주님의 음성을 구해야 합니다.

계속 그렇게 나아갈 때 우리의 영혼은 눈을 뜨며 주님 앞으로 더 가까이 나아가게 될 것입니다. 그렇게 우리 영혼은 더 깊은 주님의 임재 속으로, 친밀한 교제 속으로 한없이 올라가게 되는 것입니다.

9. 근원을 향하는 삶

형통할 때가 있고 그런가 하면 곤고한 나날들이 있고 그리고 이러한 일들이 반복되는 것 - 그것은 사람은 장래 일을 알 수 없으며 그 주권자는 오직 주님이신 것을 가르치시기 위함입니다.

주님은 '너희들이 아무리 애를 쓰고 노력을 해도 소용이 없다. 모든 것들은 나로 인하여 온다. 그러므로 나를 의지하고 나에게 나아와야 한다' 고 말씀하시고 계신 것입니다. 그러므로 영혼이 눈을 떠서 환경을 보지 않고 그 배후에 계신 분을 바라보는 이는 환경을 초월한 평화를 항상 누리게 되는 것입니다.

영혼이 성장하지 않은 어린 사람일수록 환경의 배후에 계신 분을 보지 못하며 환경 자체에 그대로 휩쓸립니다. 좋은 환경에서는 마음이 높아지며 어려운 환경에서는 원망하고 낙심하고 두려워하며 그 환경이 주는 가르침과 메시지를 받지 못합니다.

기도하기보다는 인간적으로 할 수 있는 모든 방법을 동원합니다. 기도를 하더라도 주님께 무엇을 배워야 하는지 묻지 않으며 그저 무조건 고통이 사라지게 해달라고 울며불며 기도할 뿐입니다. 그것이 어린 신자들의 본능적인 반응입니다.

그러나 영혼이 자라고 주님께 순복될수록 그는 환경의 지배에서 벗어나게 됩니다. 그는 환경이 좋을 때도 그 환경에 취하지 않고 배후에 계신 주님을 바라보고 기뻐합니다. 환경의 분위기가 나쁠 때에도 그 배후에 계신 분을 바라보고 엎드립니다.

그는 환경의 지배를 받지 않고 그 근원이 되신 이를 항상 기억하고 의뢰하며 순종하여 그분의 뜻을 이루어가려고 하는 것입니다.

그는 환경의 흐름과 리듬에 거스르지 않고 자연스럽게 반응합니다. 무슨 일을 할 때 마음의 평강이 있고 환경의 흐름이 순풍을 타는 것 같으면 그는 감사하는 마음으로 앞으로 나아갑니다. 그러나 뭔가 영혼에 평안이 없고 바깥의 흐름이 좋지 않으면 그는 무리하게 무엇이든 해나가지를 않습니다.

그는 주님 앞에 엎드리고 때를 기다립니다. 왜냐하면 그 모든 흐름에는 때가 있으며 그것을 무리하게 바꾸고 거슬러 가는 것 보다는 그 흐름에 맞추어 부드럽게 흘러가는 것이 자연스럽고 열매도 많기 때문입니다. 그러므로 때와 상황을 분별하는 것이 필요합니다. 우리가 겪는 삶의 사건들, 그 모든 흐름에는 주님의 허락과 인도하심이 있는 것입니다.

우리가 사는 옆집에 입이 아주 거친 분이 계십니다. 나는 그의 얼굴을 보지는 못했지만 목소리는 많이 들었습니다. 그것은 그가 자주 새벽마다 마구 욕을 해대기 때문입니다.

그가 욕을 하는 이유는 밤새 누군가가 그의 집 앞에 쓰레기를 몰래 버리기 때문입니다. 그래서 그는 아침마다 흥분하며 누군지 잡히면 가만히 두지 않겠다고 온 동네방네에 소리를 지르며 욕을 하는 것입니다.

그에게는 몹시 화가 나는 일이겠지만 나는 새벽마다 그의 아우성을 치는 목소리를 들으면 웃음이 납니다. 그리고 안타까워집니다.

그는 우리의 삶에 우연이 없다는 사실을 모르겠지요. 누군가 남이 쓰레기를 버리는 것도 우연히 생기는 일은 아니며 무엇인가 그가 배울 것이 있기 때문에 일어나는 일이라는 사실을 알지 못하겠지요.

그렇기 때문에 그가 깨닫지 못하고 계속 욕을 해서는 그러한 일들이 반복될 수밖에 없으며 설사 그 일이 중단된다고 해도 다른 면에서 비슷한 일이 계속 생길 수밖에 없는 것입니다.

누구나 고통과 불이익을 싫어합니다. 그러나 그것에 대하여 무조건 화를 내고 불평하는 것은 본능적인 반응에 속한 것입니다.

바퀴벌레와 같은 작은 미물도 그들을 잡으려고 하면 마구 도망칩니다. 그들도 본능이 있기 때문입니다. 고통이 올 때 그런 식으로 화를 내고 폭발하는 것은 미물이 하는 것 같은 본능적인 반응에 불과한 것입니다. 고통에 대한 그러한 반응은 곤충이나 동물이라면 모를까 하나님의 형상을 지닌 지혜롭고 사려 깊은 인간으로서의 반응은 아닙니다. 이 세상에 존재하는 모든 것이 그러하듯이 필요하지 않은 것이 우리에게 올 수는 없는 것입니다.

나는 그 사람이 그리스도인이 아닐 것이라고 생각합니다. 그리스도인이라면 그렇게 온 동네에 소리를 지르며 욕을 하지는 않겠지요.

그러나 오늘날 신자들 중에는 오래 동안 신앙생활을 하고 있으면서도, 온갖 은혜의 체험을 많이 했음에도 불구하고 고통이나 환경을 통한 주님의 가르치심에 대하여 여전히 본능적이고 육신적인 반응을 하는 이들이 많이 있습니다. 그것은 우리 인생이 영혼의 성장을 위한 것이며 우리에게 다가오는 모든 일들은 우리의 성장을 돕기 위하여 하나님께서 허락하신 일이라는 사실을 이들이 알지 못하기 때문입니다.

고통과 어려움은 우리의 원수와 대적이 아닙니다. 그것은 멸절해야 할 대상은 아닙니다.

영성 발달의 초기 단계에서는 은사와 권능의 역사가 많이 나타납니다. 이 시기는 영적으로 애굽의 상태라고 할 수 있습니다. 이때는 많은 은혜를 누리고 경험하며 기적과 능력과 어느 정도의 승리를 누립니다.

그러나 아직 이때는 주님의 마음을 알고 깊은 주의 임재 가운데 들어갈 수 있는 상태는 아닙니다. 이때는 신앙이 좋아서 주님이 능력과 은총을 베푸시는 것이 아니라 영적으로 어린 아기와 같아서 인내가 부족함으로 주님이 특별한 은혜를 주시는 것이기 때문입니다.

은혜의 상태는 아름답고 좋은 것이지만 이 상태가 초보적인 것이라는 것을 이해해야 합니다. 조금 지나서 애굽을 지나 광야에 들어가게 될 때 이때부터는 주의 다루심이 시작됩니다. 더 이상 첫 번째 상태에서의 응석이 통하지 않는 것입니다.

첫 번째 상태에서는 자기에게 불리하거나 고통이 되는 모든 것들을 다 초토화하고 부수기 원합니다. 그래서 사람들은 마귀의 진을 부수고 저주를 끊고.. 하는 식의 기도에 몰두합니다.

그것이 잘못이라고 할 수는 없습니다. 그러나 조금 더 영이 성장하고 영혼의 실체에 대하여 가까워지면 진정 문제가 되는 것은 우리에게 다가오는 그러한 문제나 고통들이 아니라 바로 우리 자신에게 문제가 있음을 알게 됩니다. 문제들은 재앙이나 저주가 아니라 우리 자신의 실상을 보여주는 것이며 그것은 성장을 위하여 유익한 것이라는 사실을 우리는 인식하게 됩니다.

그러므로 고통이나 불편함은 점차로 제거해야할 저주나 악이 아니라 우리의 깨달음과 온전함을 위한 도구임을 알게 됩니다. 그리하여 우리의 신앙은 본능적인 수준에서 조화와 균형의 상태로 나아가게 되는 것입니다.

어려운 환경과 실패를 경험하면서도 이를 통하여 별로 교훈을 얻지 못하고 발전하지 못하는 이들도 많이 있습니다. 어떤 이들은 말합니다. 왜 나는 이렇게 되는 일이 없느냐고 합니다. 왜 나는 똑같은 일을 계속 해서 당해야 하느냐고 합니다. 나보다 못한 이들도 잘 되는데 나는 왜 이러냐고 너무나도 억울하다고 합니다.

그 이유는 간단합니다. 그는 실패에서 메시지를 받지 못했기 때문입니다. 그리고 동일한 고통을 반복하는 이유는 그가 훈련에서 합격하지 못해서 통과하지 못했기 때문입니다.

우리는 인생의 학교에서 많은 과목들을 배웁니다. 겸손을 배우기 위하여, 인내를 배우기 위하여 우리의 육성을 초월하는 사랑을 배우기 위하여 우리는 많은 시험을 치르게 됩니다.

사람들에게 배반을 당하기도 하고 믿었다가 속기도 하며 여러 아픔들을 겪게 되는 것이 그러한 시험의 과정입니다. 그 때에 우리가 어떻게 반응하는지에 의해서 우리는 시험을 통과하여 더 높은 학년에 진급하기도 하고 시험에 낙제하여 유급하기도 하는 것입니다.

한 과목을 이수하지 못하면 우리는 과락을 하게 됩니다. 그리고 그 과목을 이수할 때까지 동일한 시험을 계속 당할 수밖에 없습니다. 억울하고 속이 상한다는 것은 그가 아직 이수해야 할 과목을 이수하지 못하고 있는 것을 보여주는 것입니다.

그러면 그는 더 고생을 많이 할 수밖에 없는 것입니다. 더 배반당하고 더 사기를 당하고 미움을 받고 더 고통을 겪으면서 깨달을 때까지 주님 앞에서 자신을 낮추며 굴복되기까지 더 많은 시험을 통과할 수밖에 없는 것입니다.

한 가지, 두 가지 환경이 주는 메시지에 순복하며 주님을 바라보며 배워나가는 사람은 점차로 주님의 사람이 되고 영의 사람이 되고 이 물질적인 환경에서 초월적인 자유함을 누리게 됩니다.

그는 마음의 평화를 얻게 되며 영혼이 눈을 떠가게 됩니다. 그는 점차로 주님의 마음을 얻게 되며 육신적이고 자아적인 사랑에서 벗어나 자신의 폭을 초월하는 주님의 마음, 사랑을 얻게 됩니다.

그는 점점 마음이 평화스러워지며 힘든 고난도 그리 어렵게 여겨지지 않습니다. 그는 점점 환경보다도 그 배후에 계신 주님을 보고 느끼며 그 메시지에 겸허하게 순종하며 환경과 영의 흐름에 거스르지 않고 자연스럽게 그 흐름을 타는 사람이 되는 것입니다.

우리가 시험을 통과할수록 보이는 환경보다도 보이지 않지만 그 배경이 되시고 근원이 되시는 주님께 우리의 마음을 두게 됩니다. 썩어질 것보다 영원한 것들이 더 우리의 마음을 차지하게 됩니다. 우리는 사소한 사건을 통해서도, 모든 삶에서 모든 면에서 근원을 향하게 되는 것입니다.

사사기에서 반복되는 사건들은 이스라엘 백성들의 영적 수준을 보여줍니다. 그들의 영적인 근원에 대한 낮은 인식수준을 보여주는 것입니다. 그들은 환경이 편안해지면 거기에 도취해서 수시로 근원이신 하나님을 잊어버렸습니다. 그러면 재앙이 오기 시작했고 그들은 비참한 삶이 시작되면 비로소 부르짖어 하나님을 구했습니다. 그리고 나면 다시 하나님으로부터 구원이 왔고 그렇게 편해지면 다시 그들은 하나님께 등을 졌습니다. 그 지루한 반복이 사사기의 내용입니다.

아니, 그것은 오늘날의 신자들이 계속 되풀이하고 있는 신앙의 행태이기도 합니다. 그것은 영적인 근원, 환경의 배후에 계시는 주님을 보지 못하고 보이는 것에 지배를 받는 육적이고 어린 신앙인들의 한결같은 모습이기도 한 것입니다.

이스라엘 자손이 여호와의 목전에 악을 행하여 자기들의 하나님 여호와를 잊어버리고 바알들과 아세라들을 섬긴지라 여호와께서 이스라엘에게 진노하사 그들을 메소보다미아 왕 구산 리사다임의 손에 파셨으므로 이스라엘 자손이 구산 리사다임을 팔 년 동안 섬겼더니

이스라엘 자손이 여호와께 부르짖으매 여호와께서 이스라엘 자손을 위하여 한 구원자를 세워 그들을 구원하게 하시니 그는 곧 갈렙의 아우 그나스의 아들 옷니엘이라 여호와의 영이 그에게 임하셨으므로 그가 이스라엘의 사사가 되어 나가서 싸울 때에 여호와께서 메소보다미아 왕 구산 리사다임을 그의 손에 넘겨 주시매 옷니엘의 손이 구산 리사다임을 이기니라

그 땅이 평온한 지 사십 년에 그나스의 아들 옷니엘이 죽었더라 이스라엘 자손이 또 여호와의 목전에 악을 행하니라 이스라엘 자손이 여호와의 목전에 악을 행하므로 여호와께서 모압 왕 에글론을 강성하게 하사 그들을 대적하게 하시매 에글론이 암몬과 아말렉 자손들을 모아가지고 와서 이스라엘을 쳐서 종려나무 성읍을 점령한지라 이에 이스라엘 자손이 모압 왕 에글론을 열여덟 해 동안 섬기니라

이스라엘 자손이 여호와께 부르짖으매 여호와께서 그들을 위하여 한 구원자를 세우셨으니 그는 곧 베냐민 사람 게라의 아들 왼손잡이 에훗이라 (삿3:7-15)

이 사건들을 보면 이스라엘의 역사가 주기적으로 비슷하게 반복되는 것을 볼 수 있습니다. 그 순서는 이렇습니다.
1. 먼저 이스라엘이 하나님의 목전에서 악을 행합니다.
2. 그러면 이스라엘의 대적이 일어나거나 강해집니다.
3. 그들은 이스라엘을 대적하며 괴롭히고 침공을 합니다.

4. 이스라엘은 전쟁을 하지만 패하여 그들의 포로가 됩니다.

5. 고통이 한계에 이르면 그들은 비로소 하나님 앞에서 낮아지며 부르짖어 주님의 구원을 구합니다.

6. 그러면 응답이 오는데 하나님께서 그분의 임재와 살아계심을 알고 있는 영적인 지도자, 구원자를 보내십니다.

7. 그러면 그로 인하여 이스라엘은 승리하게 되고 그 지도자가 살아있는 동안에는 그러한 풍성함과 자유를 누리게 됩니다.

8. 그 지도자가 죽으면 이스라엘은 다시 하나님의 목전에서 악을 행합니다.

9. 다시 이스라엘의 대적이 일어나거나 강해집니다.

자, 그런 식으로 역사는 반복되며 그것이 곧 이스라엘의 역사이며 오늘날의 신자들의 역사인 것입니다.

성경에 나타난 이스라엘 백성의 역사와 오늘날의 신자들의 역사에 차이점이 있다면 이스라엘 백성들은 실제로 물질세계에서 대적들의 통치를 받은 것이고 오늘날의 신자들은 영적인 대적들, 마귀들에 눌려서 각종 억압과 증상을 가지고 있는 것입니다.

오늘날 많은 신자들이 영적으로 자유함을 누리지 못하고 각종 악한 영들의 포로가 되어있습니다. 음란의 영, 도박의 영, 탐욕의 영, 혈기, 무기력감, 두려움, 마음의 분주함과 쫓김 등 각종 비참한 증상과 상태를 가지고 있습니다. 이것은 이스라엘 백성들이 하나님을 버리고 그 목전에서 악을 행할 때 이방의 왕들이 그들을 포로로 잡은 것처럼 오늘날의 신자들이 세상을 사랑하고 죄를 사랑하므로 하나님의 임재를 잃어버렸을 때 악한 영들, 대적들에게 묶여서 노예생활을 하고 있는 것이라고 할 수 있는 것입니다.

이스라엘 백성의 이 비참한 악순환은 항상 이렇게 시작됩니다. '그들이 여호와의 목전에서 악을 행하여..'

과연 하나님의 목전이란 어느 장소를 말하는 것일까요? 성전일까요? 아닙니다. 이 우주 가운데 하나님의 목전이 아닌 곳은 없습니다. 그들은 여전히 예배를 드렸을 것입니다. 그러나 그들의 마음의 중심은 주님께 드려지지 않았습니다.

오늘날 하나님의 임재를 잃어버리고 있는 많은 신자들이 다 예배를 드리지 않는다고 볼 수는 없습니다. 그들은 주일이면 교회에 가서 예배를 드렸을 것입니다. 그러나 이들은 삶의 모든 순간에 하나님이 우리 곁에 임재하고 계시다는 사실을 별로 인식하지 않았을 것입니다.

과거에 이스라엘 백성이 그렇게 했던 것처럼 하나님의 임재를 인식하지 않고 함부로 살았습니다. 그리고 그것은 하나님의 임재를 소멸시키는 것입니다. 주님은 그분을 경홀하게 여기는 곳에 계속하여 계시지 않기 때문입니다.

우리가 화를 낼 때 그것은 하나님의 목전에서 화를 내는 것입니다. 그러므로 그것은 하나님의 임재를 소멸시킵니다. 문제는 하나님의 임재가 소멸된 것으로 끝나는 것이 아닙니다. 임하셨던 하나님의 영이 떠나시면 다른 악한 영이 그에게 역사하게 되는 것입니다.

여호와의 영이 사울에게서 떠나고 여호와께서 부리시는 악령이 그를 번뇌하게 한지라 (삼상16:14)

사울은 한 때 하나님의 영으로 충만함을 입어 전쟁에서 큰 공을 세우고 이스라엘을 구원한 사람입니다. 그러나 그는 나중에 마음이 높아져서 하나님의 영을 소멸시킵니다. 그러자 바로 악한 영이 그에게 역사하여 그를 괴롭히고 사로잡게 된 것입니다.

영계에는 공백이 없습니다. 한 공간에 바람이 불면 그 공간에 다른 바람이 오는 것처럼 어떤 사람에게서 하나님의 임재가 소멸된다면 다른 영들이 그에게 가까이 오게 되는 것입니다. 하나님의 영이 아닌 다른 영은 무엇일까요? 그것은 악한 영이며 세상의 영이며 미혹의 영이며 어두움에 속한 영입니다.

주님의 지배 가운데 있지 않는다는 것은 주님이 아닌 다른 영들이 그를 지배한다는 것을 의미합니다. 그것은 더러운 영들이며 세상의 영들이며 탐욕과 도박과 음란과 혈기와 불안과 두려움과 각종 악의 영들입니다.

주님은 그들이 주님을 우습게 알고 대하자 마치 이렇게 말씀하시는 것 같습니다. '너희가 나와 교제하기를 싫어하느냐? 그러면 너희들은 악한 자들을 섬길 수밖에 없단다..' 라고 말입니다.

어떤 사람이 주님의 영의 임재를 버리고 세상의 즐거움을 찾을 때 그것들이 처음부터 고통이 되는 것은 아닙니다. 세상의 영들이 들어올 때 처음에는 항상 즐거움을 주면서 들어옵니다. 그러므로 술이든 세상의 허무한 사랑이든 처음에는 다 달콤하고 즐겁게 느껴집니다.

그것은 육체에 즐거움을 주기 때문에 우리의 겉사람은 그러한 것에 매력을 느끼고 속는 것입니다. 그리고 그렇게 들어온 영들은 나중에 그를 지배하게 되고 많은 고통을 일으키게 됩니다.

그리고 그 고통의 한계가 왔을 때 비로소 사람들은 다시 주님을 찾으며 진정한 근원을 찾으며 영성을 회복하고 잃어버린 주의 임재를 얻으려고 하는 것입니다.

자, 이제 이스라엘 백성들은 하나님의 임재를 잃어버렸습니다. 그리고 삶에 여러 가지 문제와 고통들이 오기 시작했습니다. 그러나 그들은 한동안 문제가 어디에서 시작되었는지 알지 못했습니다.

고통이 한계에 이르기까지 그들은 여러 가지 해결책을 강구했을 것입니다. 그러나 그러한 몸부림들은 근원적인 문제를 보지 못한 것이기에 해결은 있을 수가 없었던 것입니다.

문제는 환경이 아니었습니다. 문제는 영적인 데에 있었습니다. 모든 문제는 우리를 지으신 주님의 의도, 그분과의 관계에서 시작되는 것입니다. 그러나 그것을 보기 전까지 우리는 문제에서 벗어나지도 자유케 될 수도 없는 것입니다.

어느 순간이 되어 그들은 비로소 하나님께 부르짖기 시작했습니다.

그들은 비로소 그들이 하나님의 목전에서 악을 행했으며 하나님의 임재를 잃어버리고 날마다 그분의 인도와 지배 속에서 살지 못했다는 것을 깨닫기 시작했습니다.

충분히 기도하고 회개하고 나서 그들은 비로소 회복되었습니다. 그들의 영은 회복되었고 그들은 자유를 찾게 되었습니다. 그 자유는 오래 갔을까요? 아닙니다. 그것은 얼마 가지 않았습니다.

그들은 다시 하나님의 임재를 잃어버렸습니다. 그들은 환경이 좋아지고 살기가 편해지자 다시 모든 것의 근원 되신 주님을 보는 시각을 잃어버렸습니다.

다시 그들은 눈에 보이는 세상과 환경을 보고 그 배후에 계시는 근원이신 주를 잃어버렸습니다. 그리고 다시 악한 자들에게 묶여지기 시작했습니다. 이 슬픈 사이클은 오늘날에도 끝없이 되풀이되고 있습니다.

우리들은 부디 눈을 떠야 합니다. 문제는 환경이 아닙니다.

영혼이 눈을 뜨지 못하고 겉사람의 본성으로 신앙생활을 하면 영원한 세계를 보지 못하며 끝도 없이 환경을 따라 오르락내리락 거릴 수밖에 없는 것입니다.

우리는 환경을 보지 말아야 합니다. 그 배후에 계신 주님의 손을 보아야 합니다.

우리에게는 즐거운 일이 있을 수도 있고 슬픈 일도 있을 수 있지만 그 모든 것들은 주님의 가르침, 주님의 인도를 내포하고 있기에 우리는 문제의 해결에 치우치지 말고 오직 주님을 붙들고 그분께 순종하면서 나아가야 하는 것입니다.

오늘도 살아계시는 주님의 목전에서 사십시오.

주님의 눈, 주님의 임재

주님의 가까우심을 의식하면서 사십시오.

그분의 임재를 잃어버리지 않을 때

우리의 영혼은 풍성해지며

날마다 그분과의 동행을 통해서

우리는 성장해가는 것입니다.

환경을 보지 마십시오.

환경의 배후에 계신 주님을 바라보십시오.

언제 어디서나

보이는 것, 나타난 것이 아닌

그 배후의 근원이신 주님을 지향하는 삶

그것이 곧 생명적인 삶의 열쇠인 것입니다.

10. 동일한 일을 겪다

영혼이 어리고 발전되지 않은 이들은 다른 사람의 마음에 둔감합니다. 그들은 자신의 마음과 입장에만 예민한 반응을 보일 뿐 다른 이들의 마음과 입장에 대하여는 별로 느낌이 없습니다.

이것에 대해서 배우고 교육을 받으면 지적으로 이해는 할 수 있습니다. 그러나 영적으로 성장하지 않은 상태에서는 그것을 자기 마음처럼 같이 느끼고 경험하지는 못합니다.

사람의 물질적인 마음, 겉사람의 의식은 마치 섬이 다른 섬과 분리되어 있는 것처럼 다른 이들의 마음과 분리되어 있습니다. 겉사람의 의식은 표면적인 의식이고 물질적인 의식이며 외적이고 환경적인 의식이기 때문에 그것은 바깥환경에 대한 인식에 능하지만 사람의 마음 속, 내면세계에 대한 인식이 불가능합니다.

그러나 속사람, 영혼의 의식은 영적이며 내면적인 것입니다. 이 의식은 내면의 깊은 곳에서 다른 이들의 마음과 교류를 가지고 있기 때문에 다른 사람의 마음을 쉽게 감지하며 영적인 세계에 대해서도, 주님의 임재와 주님의 마음을 인식하는 데도 아주 예민합니다.

의식의 수준이 겉사람, 환경에 머물러 있고 내면의 영적 세계에 대하여 나아가지 못한다면 이들은 바깥세계에서는 유능한 사람이 될 수도 있지만, 주님을 알아가고 교제하며 사람의 마음을 알고 관계를 맺는 것에는 어려움을 느끼게 될 것입니다.

의식은 겉사람의 의식에 멈추지 말고 속사람의 세계, 영혼의 세계로 나아가고 발전해가야 합니다. 그것이 곧 영적 성장입니다. 그렇게 될수록 그들은 주님과의 교제에 깊이 들어가며 다른 이들의 상태를 쉽게 감지하고 다른 이들의 마음을 느끼며 그들의 필요에 대해서 감지하게 됩니다.

그러므로 영혼, 속사람이 발전하지 않은 이들은 다른 이들을 제대로 섬길 수 없습니다. 의식이 오직 자신과 바깥 환경에 치우쳐 있으니 다른 사람의 마음을 감지할 수가 없으며 다른 이들의 마음을 모르니 섬길 수가 없는 것입니다.

그들은 의식이 어리기 때문에 오직 자기에게 집중을 하며 다른 이들을 섬기고 돕는 것에는 별 기쁨을 느끼지 못합니다. 그렇기 때문에 도처에 남에게 상처를 받았다고 아파하는 이들은 많지만 남에게 상처를 주었다고 여기는 이들은 별로 없는 것입니다.

그러면 이와 같이 어린 영혼은 어떤 훈련을 거쳐서 조금씩 영이 눈을 뜨고 의식이 자라나게 될까요? 그것이 삶에서 겪게 되는 여러 가지 상처와 부딪침의 경험입니다. 우리들은 직접 본인이 어떤 것을 겪지 않고는 아무리 많은 강의를 들어도 그것을 흡수할 수 없기 때문입니다.

나는 오랜 방황 끝에 신학대학을 늦은 나이에 들어갔습니다. 군대를 제대하고 나서 대학을 들어갔으니까 더욱 늦었지요. 그래서 제 나이에 대학을 들어온 학생들과는 나이가 여덟 살의 차이가 났습니다. 같은 학년이기는 하지만 나이차이가 있으니까 학생들은 형으로 부르며 나를 따르고 나도 그들과 재미있게 잘 지냈습니다.

그런데 조금 예의가 없는 형제가 하나 있었습니다. 이 친구는 나이와 상관없이 안하무인인 경향이 있었는데 하루는 이 친구의 지나치게 버릇이 없는 태도 때문에 나는 몹시 마음이 상했습니다. 이 친구를 혼내줄까 생각하다가 아무래도 그것은 주님의 방법이 아니라고 생각이 들었습니다.

그래서 나는 뒷동산에 기도하러 올라갔습니다. 이 사건의 의미가 무엇인지 그리고 내가 무엇을 배워야 하는지 주님께 물어보고 싶었던 것입니다.

메시지를 받는 데는 시간이 별로 걸리지 않았습니다. 거의 기도를 시작하기가 무섭게 하나의 장면이 떠올랐던 것입니다.

불과 얼마 전에 나도 똑같은 일을 한 적이 있었습니다. 나도 연상의 형제에게 예의 없이 행동했던 것입니다. 나는 내가 심었던 잘못에 대하여 반성할 수 있도록 주님께서 나를 훈련하시는 것을 깨달았습니다.

깨닫자마자 나는 그 친구에 대한 불쾌감이 사라졌습니다. 나는 그 친구가 나를 깨우치기 위하여 악역을 맡은 것임을 알았습니다.

동산에서 기도를 드리며 나는 주님께 용서를 구했습니다. 그리고 아주 편안해진 마음으로 산에서 내려왔습니다. 내려오자 나는 그 친구가 나에게 사과를 하기 위해서 나를 찾아다니고 있는 것을 보게 되었습니다.

그는 평소 같으면 사과를 할 사람이 아니었습니다. 그러나 내가 깨닫고 주님 앞에서 회개를 하고 반성을 했기 때문에 그는 무례한 영으로부터, 그러한 역할로부터 벗어날 수 있게 되었던 것입니다. 만일 내가 주님께 묻지 않고 기분이 나쁜 상태에서 그에게 한 마디 했다면 아마 그것은 좋은 열매를 맺지 못했을 것이고 상황은 악화되었을 것입니다.

왜 우리는 이와 같이 자신이 직접 겪지 않으면 깨달을 수 없는 것일까요? 그것은 영혼이 아직 어린 상태에 있기 때문이라고 말할 수밖에 없는 것입니다.

많은 경우에 우리들은 억울하다고 생각합니다. 우리가 불합리한 경우를 당하고 있다고 생각합니다. 그 사건을 하나만 놓고 생각하면 그럴지도 모릅니다. 그러나 우리가 삶에서 겪는 하나하나의 사건들은 제각각 독립된 것이 아닙니다. 그 모든 사건들은 다 서로 연결되어 있으며 인과 관계를 가지고 있습니다.

우리가 이번에는 억울할지도 모릅니다. 그러나 지나간 삶을 생각해 보면 우리도 남을 그와 같이 억울하게 만들었는지도 모릅니다.

또한 억울하다는 인식은 그 영혼의 성장 수준과 밀접한 관계를 가지고 있는 것입니다. 어린 영혼은 남에게 10가지 해를 입히고 나서 자기가 겪은 1가지의 해를 가지고 억울하다고 분노합니다. 또한 조금 성장한 영혼은 남에게 10가지를 베풀고 나서 1가지의 폐를 끼친 것 때문에 미안해하고 죄송스러워합니다. 그러한 반응은 영혼의 수준과 상태에 달려 있는 것입니다.

우리의 영혼이 어려서 아직 잘 경험되지 않는다고 하더라도 모든 영혼들은 서로 연결되어 있습니다. 그러므로 남에게 해를 끼치는 사람들은 결단코 행복할 수 없습니다. 그의 겉사람이 모를 뿐이지 그의 속에 있는 영혼은 고통하고 괴로워합니다.

하나님이 지으신 이 세상은 그 법칙과 원리를 따라 자신이 심은 것이 일점일획도 어김이 없이 자신에게 돌아오도록 합니다. 성경은 말합니다.

너를 고발하는 자와 함께 길에 있을 때에 급히 사화하라 그 고발하는 자가 너를 재판관에게 내어 주고 재판관이 옥리에게 내어 주어 옥에 가둘까 염려하라 진실로 네게 이르노니 네가 한 푼이라도 남김이 없이 다 갚기 전에는 결코 거기서 나오지 못하리라 (마5:25-26)

이 말씀을 단순히 개인적인 인간관계나 채무관계만을 언급하는 것으로 보아서는 안 됩니다. 바로 앞 구절에서는 '형제를 비난하거나 미련한 놈이라고 하는 자는 지옥 불에 들어가게 되리라' 고 말씀하고 있습니다.

이 부분들은 단순히 세상에서의 관계를 넘어서 영적인 세계의 심판도 포함하고 있는 것입니다. 자신이 심었던 악은 반드시 대가를 지불하게 되며 고통을 겪게 된다는 것입니다. 그렇기 때문에 자신이 심었던 불친절과 무례함과 미움과 판단과 함부로 했던 말들은 때가 되면 그대로 자신이 거두게 되는 것입니다.

자신이 심었던 악의 열매를 이 땅에서 거두는 이들은 그 순간이 비록 아프다고 하더라도 행복한 것입니다. 그들은 반성하고 대가를 지불함으로써 영혼이 그 짐에서 벗어나 성장할 수 있으니까요. 그러나 영원한 곳에서 지옥 불에 떨어져 그 열매를 거두는 이들은 너무나 비참한 것이며 그들에게는 다시 기회가 없는 것입니다.

나도 예전에 알지 못했을 때에는 사람들에게 함부로 대한 적이 많이 있었고 내가 잘 모르는 것에 대해서도 함부로 이야기한 적이 많았습니다. 남을 비판하는 것에도 별로 죄책감을 느끼지 않았습니다.

그러나 한 치도 어김없이 운행되는 영계의 법칙을 이해하고 나서는 나는 아주 조심합니다. 그리고 오직 좋은 것들을 심기 원합니다. 그 모든 것들은 돌고 돌아서 우리에게 오기 때문입니다.

어떤 이가 남을 불쾌하게 만듭니다. 그는 화가 나서 화풀이를 했는지도 모르지요. 그러나 그의 잘못으로 인하여 상대방은 마음이 상했고 그 상함은 또 다른 이들에게 퍼져나갈 것입니다. 그 다른 이는 또 다른 사람에게 그 악과 분노를 퍼뜨릴 것입니다. 그리고 그것은 이 세상을 돌고 돌아서 나중에는 그 근원지인 자신에게 돌아올 것입니다. 그것은 자신이 처음에 심었을 때보다 훨씬 더 강력한 힘으로 돌아옵니다.

다른 이들에게 사랑과 친절을 베푼 이들도 그 사람이 베푼 즐거움은 다시 다른 이들에게 퍼져나가게 되고 언젠가는 근원지인 본인에게 돌아오게 될 것입니다. 콩 심은데 콩이 나오고 팥을 심은 대로 팥이 나오는 것이 당연하다면 이와 같은 이치도 지극히 당연한 것입니다.

이 세상에 우연이란 없습니다. 그리고 이 세상에 불합리한 일이란 없습니다. 이 세상에 억울한 이도 없습니다.

그 모든 것들이 부분적으로 표면적으로 보면 억울하고 불합리할지도 모릅니다. 그러나 인생 전체, 영원의 시각으로 보게 되면 그 모든 퍼즐들은 조각처럼 맞아떨어지게 되며 그 모든 것들은 우리의 깨달음을 위하여 존재한다는 것을 우리는 알 수 있을 것입니다.

십자가 옆의 한 강도는 불평하고 있는 다른 강도에게 이렇게 말했습니다.

> 네가 동일한 정죄를 받고서도 하나님을 두려워하지 아니하느냐 우리는 우리가 행한 일에 상당한 보응을 받는 것이니 이에 당연하거니와 이 사람이 행한 것은 옳지 않은 것이 없느니라 (눅23:40-41)

그렇습니다. 그의 말이 맞습니다. 우리 중에는 아무도 억울한 사람이 없습니다. 우리는 어려움을 겪을 때 십자가의 강도처럼 말해야 합니다.

'오, 주님, 옳습니다. 저는 이렇게 당해도 싼 사람입니다.' 그렇게 말해야 합니다. 그것이 빨리 고난을 통과하는 방법입니다.

오직 이 우주 안에 유일하게 억울하신 분이 계십니다.
그 분은 바로 주님이십니다.
그러나 주님은 그 고난을 억울하다 여기시지 않고
우리를 위하여 기쁨으로 그것을 감당하셨습니다.
그리하여 사랑을 심고 용서를 심고
은혜를 심으셨습니다.
그리하여 미움과 판단과 저주와 재앙,
그러한 모든 악순환을
사랑의 순환으로 축복의 순환으로
바꾸셨습니다.
이제 그분이 우리를 그분과 같은 형상으로
훈련시키기를 원하십니다.
그러므로 삶 속에서 그분의 음성을 듣고
자신을 돌아보며 순복하는 이들은
모두 그분과 가까워지게 되며
점점 더 아름답고 놀라운
주님의 사람이 되어갈 것입니다.

11. 자랑스럽게 여기는 것의 종말

사람들은 누구나 아름다움을 좋아합니다. 여성들은 아름다움을 가꾸는 데에 많은 관심과 노력을 기울이지요. 그것은 아름다운 사람이 그만큼 좋은 대접을 받기 때문입니다. 대부분의 사람은 아름다운 여인에게 친절하게 호의를 가지고 대하는 것이 보통입니다.

그러나 미인이 대접을 받는 것은 여성의 경우만이 아닌 것 같습니다. 남자들도 잘 생긴 사람이 인기를 끕니다. 여성들은 자신이 아름다운 사람이 되기를 원하지만 또한 멋지게 잘 생긴 남자를 좋아합니다.

그래서 배우자를 위하여 기도를 드릴 때 주님을 사랑하는 사람을 원한다고 기도를 하기는 하지만 막상 주님께 헌신된 사람이 별로 잘 생기지 않았거나 매력적이지 않다면 그녀들은 주저하게 됩니다. 반면에 주님께는 관심이 없으나 잘 생기고 멋진 남자를 보면 쉽게 마음을 빼앗기는 것입니다.

그처럼 젊은 나이에는 사람의 내면을 볼 수 있는 시각이 부족함으로 외모에 점수를 많이 주게 되고 겉 사람의 매력에 끌리게 되며 그로 인하여 많은 세월을 눈물로 보내게 됩니다.

우리는 들릴라에게 마음을 빼앗겨서 비참한 최후를 맞이했던 삼손의 이야기를 잘 알고 있습니다. 그녀의 외모는 분명히 매력적인 요소를 가지고 있었을 것입니다.

우리는 신앙이나 성품과 같은 내면의 요소에 의하여 끌리지 않고 외적인 매력에 빠진 삼손을 육적인 사람이라고 흔히 생각할 것입니다.

그러나 그것은 삼손의 문제만이 아니며 우리 모두의 모습이기도 합니다.

들릴라는 흔히 요부로 묘사되지만 그것은 알 수 없는 일입니다. 어쩌면 그녀는 아주 순결해 보이는 이미지를 가지고 있었을 수도 있습니다.

분명한 것은 삼손이 그녀를 단순히 육적인 쾌락의 도구로만 여긴 것이 아니라 진정으로 그녀를 사랑했다는 것입니다.

그렇게 외적인 분위기와 매력에 빠져서 마음의 중심을 함께 나눌 수 없는 사람을 사랑하게 되는 것 - 그것은 우리의 삶을 피곤하게 만드는 중요한 요소이기도 합니다. 그것은 우리의 중심이 아직 주님께 온전히 드려지지 않은 것을 보여주고 있는 것입니다.

아름다움이란 그 자체는 좋은 것입니다. 그러나 내면의 아름다움이 아닌 외면의 아름다움은 그것이 주님의 손에 잡히지 않을 때는 오히려 비극의 씨앗이 될 수도 있는 것입니다.

압살롬이라는 사람이 있었습니다. 그는 다윗 왕의 아들입니다. 다윗 왕에게는 많은 아들이 있었으나 그 중에서도 그는 가장 악을 행한 아들이었습니다.

왕자라는 위치는 많은 사람들에게 섬김을 받으니 정신적으로 성숙하기가 쉽지 않은 위치일 텐데 게다가 그는 좋은 조건이 또한 많이 있었습니다.

그는 지혜가 많고 리더십도 뛰어난 사람이었습니다. 성경을 보면 그가 사람의 마음을 잘 파악하여 심리전을 쓰고 여러 번 그의 소원을 성취하는 것을 볼 수 있습니다. 그런데다가 그는 용모도 아주 뛰어난 사람이었습니다. 당연히 그는 인기가 아주 좋았습니다.

온 이스라엘 가운데에서 압살롬같이 아름다움으로 크게 칭찬 받는 자가 없었으니 그는 발바닥부터 정수리까지 흠이 없음이라(삼하14:25)

자, 성경이 이처럼 최상급으로 그 용모의 아름다움을 묘사하고 있는 사례는 거의 없을 것입니다. 그는 도대체 어느 정도로 잘 생겼기에 그 정도로 묘사되었을까요? 그런데 그의 용모의 아름다움에 대한 그 이상의 구체적인 언급은 없지만 아주 흥미로운 구절이 그 뒤에서 이어집니다.

그의 머리털이 무거우므로 연말마다 깎았으며 그의 머리 털을 깎을 때에 그것을 달아본즉 그의 머리털이 왕의 저울로 이백 세겔이었더라 (삼하 14:26)

압살롬의 용모의 탁월함에 대하여 이야기하면서 그의 머리칼에 대하여 언급한 것은 보기 드문 일입니다. 성경이 머리칼에 대하여 언급한 것은 삼손의 이야기에 나왔던 정도입니다.

압살롬의 뛰어난 외모와 관련하여 그의 머리칼이 언급된 것은 그의 머리칼이 아주 매력적이고 아름다운 모습으로 멋지게 보였기 때문이 아닌가 싶습니다.

그의 머리칼은 숱이 몹시 많았는데 압살롬은 아마 자신의 머리칼에 대하여 애착을 가지고 자랑스러워했던 것 같습니다. 그는 매년 머리칼을 깎고 왕의 저울로 무게를 달아보기까지 했지요. 아무튼 그의 머리칼은 그의 아름다운 용모를 돋보이게 했고 대표하는 것이었습니다.

사람의 외모가 뛰어난 것이 결코 흠이 되는 것은 아닐 것입니다. 주님은 아름다움을 창조하신 분이며 우리는 누구나 다 자연스럽게 아름다움을 즐기고 추구하는 속성을 가지고 있습니다. 그러나 문제는 그러한 외적인 아름다움, 겉사람의 아름다움이 내면의 아름다움, 영혼의 아름다움을 겸비하면 좋겠지만 대체로 그 반대의 경향을 가지고 있다는 것입니다.

우리는 앞에서 라헬의 용모가 뛰어났지만 그녀의 성품은 별로 다듬어지지 않았으며 그로 인하여 어려운 삶을 살게 된 것을 살펴보았습니다.

그와 같이 외적으로 뛰어나서 쉽게 사랑과 인정을 받게 되면 사람은 일반적으로 온유와 겸손과 온전한 사랑 등의 내면적인 덕을 얻기가 어렵게 됩니다.

병아리가 나오기 위해서는 겉껍질이 깨어져야 하는데 그와 같은 인정받음과 평탄한 환경은 그의 겉사람을 강건하게 해서 속의 생명의 아름다움이 흘러나오기가 쉽지 않기 때문입니다.

하나님이 지으신 세상의 이치를 보아도 바깥의 성분과 안의 성분은 다른 것이 일반적입니다. 한쪽에 빛을 받으면 반대쪽에는 그림자가 생기기 마련입니다.

겉이 단단한 조개는 속살이 부드럽습니다. 바깥의 모습이 아름다운 버섯은 독버섯이며 바깥의 모습이 아름다운 뱀도 독성이 강한 뱀입니다.

그러나 별로 아름답지 않은 뱀은 독이 없으며 버섯도 그렇습니다. 이와 같이 안의 성분과 바깥의 성분은 다른 것이 보통이어서 외모가 아름다우면서 내면의 덕을 가지는 것은 그리 쉽지 않은 것입니다.

주님의 외모는 보잘 것이 없었습니다. 그는 학벌도 집안도 보잘 것이 없었습니다. 그 때문에 그를 따르는 이들은 하나같이 보잘 것 없는 이들 뿐이었고 당시 세상에서 잘 나가는 사람들은 그의 외적인 모습만을 보고 그를 따르지 않았습니다.

내면의 영혼이 눈을 뜰 때에야 비로소 사람들은 주님의 참 모습을 알게 되고 진정 주를 사랑하고 따를 수 있는 것입니다.

초보적인 영혼의 상태에서는 주님 자신이 아니라 주님이 주신 기도의 응답이나 선물, 그러한 외적인 부분에 의해서만 즐거움을 누리게 되는 것이지요.

어떤 이들은 사람을 한번 척 보면 어떤 사람인 줄 알 수 있다고 말을 합니다. 그러나 그것이 가능한지 나는 의문입니다. 살아오면서 많은 이들을 접하면서 나는 사람들이 그가 풍기는 외모의 분위기와 너무 다른 것을 많이 경험하여 왔습니다.

어떤 이들은 첫 인상이 몹시 좋지 않았고 성품도 나빠 보였습니다. 그러나 그들과 지내다보면 그들에게서 도저히 찾아보기 어려울 것 같은 사랑과 정을 보게 된 적도 많았습니다.

또한 좋은 인상을 가지고 있고 주님을 사랑하는 것 같은 분위기와 외모를 가지고 있었지만 막상 접촉을 해보면 내적인 교만이나 타인에 대한 정죄감 등으로 가득 차 있는 영혼들도 많이 있었습니다. 그것은 그들이 영적으로 성숙되지 않은 것을 보여줍니다. 결론적으로 그 영이 충분히 성숙하여 보이지 않는 세계를 느끼고 알 수 있지 않는 한 우리는 사람을 겉으로 보고 알 수 없다는 것입니다.

자, 그러면 그 외모가 뛰어난 압살롬의 마지막은 어떻게 되었을까요? 그는 많은 이들의 칭송과 칭찬에 도취되어 스스로 왕이 되려고 반역을 일으킵니다. 그리하여 아버지인 다윗 왕과 전쟁을 하게 되지요.

그러다가 그는 그 전쟁에서 패하여 죽게 됩니다. 그가 마지막으로 죽는 장면은 몹시 인상적이지요.

> 압살롬이 다윗의 부하들과 마주치니라 압살롬이 노새를 탔는데 그 노새가 큰 상수리나무 번성한 가지 아래로 지날 때에 압살롬의 머리가 그 상수리나무에 걸리매 그가 공중과 그 땅 사이에 달리고 그가 탔던 노새는 그 아래로 빠져나간지라 (삼하18:9)

> 요압이 이르되 나는 너와 같이 지체할 수 없다 하고 손에 작은 창 셋을 가지고 가서 상수리나무 가운데서 아직 살아 있는 압살롬의 심장을 찌르니 요압의 무기를 든 청년 열 명이 압살롬을 에워싸고 쳐죽이니라 (삼하 18:14-15)

압살롬은 전투에서 패하여 달아나다가 그만 머리털이 나무에 걸려서 잡히고 말았습니다. 그가 머리털이 그렇게 길지 않았더라면 그는 도망가서 살아남았을지도 모릅니다. 그가 만약 죽지 않고 포로로 잡혔다면, 자식 사랑이 특별히 끔찍했던 다윗의 성품상 그는 죽임을 당하지는 않았을 것입니다.

그는 아들 압살롬과의 전투에 출정하는 부하들에게 승리를 기원하는 것보다 아들 압살롬을 너그러이 봐 달라고 부탁을 했을 정도니까요. 그런데 압살롬이 그렇게 자랑스럽게 여기던 그 머리털이 나무에 걸리는 바람에 그는 비참한 죽음을 맞게 되었던 것입니다.

압살롬은 머리털 때문에 상수리나무에 매달려서 오래 동안 고통을 당하다 죽어간 것으로 보입니다.

그는 나무에 매달린 상태에서 무슨 생각을 했을까요? 그가 자신의 아름다운 용모와 머리털을 거울 앞에서 자랑스럽게 보곤 했던 모습이 그의 뇌리에 스쳐 지나가지는 않았을까요?

아름다운 용모, 멋진 머리털.. 그러나 그 멋진 머리털 때문에 결국 비참한 죽음을 당한 압살롬.. 그것은 우연일까요?

그렇지 않습니다. 성경에 기록된 모든 이야기에, 그리고 우리가 사는 세상에 우연이란 없습니다. 이것도 종류대로 심은 대로 역사하는 법칙에 속한 것입니다.

압살롬은 죽을 때 요압이 그의 배를 찔렀으며 요압의 부하인 열 명의 군사들이 그를 에워싸고 쳐 죽였습니다. 이러한 그의 죽음은 그의 과거 행적과 관련이 있다고 볼 수 있습니다. 압살롬은 그의 아버지인 다윗을 배반했으며 그의 어머니뻘인 아버지의 후궁 열 명과 동침했습니다.

다윗이 예루살렘 본궁에 이르러 전에 머물러 왕궁을 지키게 한 후궁 열 명을 잡아 별실에 가두고 먹을 것만 주고 그들에게 관계하지 아니하니 그들이 죽는 날까지 갇혀서 생과부로 지내니라 (삼하20:3)

압살롬의 삶에서 나타난 인과관계의 모습을 간단하게 정리해보면 이런 것입니다.

1. 그는 화려한 용모를 자랑하고 인기를 끌다가
그 결과 그로 인하여 반역을 꾀하게 되었다.
2. 그는 자신의 머리털을 자랑스러워하다가
그 결과 그 머리털 때문에 죽게 되었다.

3. 그는 아버지를 배반하고

그 결과 아버지의 오른 팔인 사람에게 배를 찔리게 되었다.

4. 그는 아버지의 후궁 열 명과 동침하고

그 장수의 부하 열 명에게 쳐 죽임을 당하였다.

원인과 결과에 대한 이러한 유사성은 우연이라고 보기에는 너무 선명합니다. 이것도 심은 대로, 종류대로의 법칙을 잘 보여주고 있는 것입니다.

사람은 어떤 탁월함이 있다 할지라도 그것은 스스로 만든 것이 아니며 하나님께로부터 받은 것입니다. 그러므로 그는 그것을 제 것이라고 주장할 수 없으며 그것으로 인하여 자신을 높일 수 없습니다. 오직 모든 영광은 주님께 돌려야 하며 그 받은 것으로 어떻게 봉사할 것인지에 대해서 기도해야합니다.

그러나 압살롬은 지혜와 외모와 많은 재능을 가지고 있었지만 그것으로 하나님께 영광을 돌리지 않고 스스로를 높였습니다. 그리하여 그가 자랑스러워하던 장점으로 인하여 멸망하고 말았습니다.

우리가 근원이신 주님을 바라본다면 조그만 장점이나 단점 때문에 우월감을 가지지도 않을 것이며 열등감을 가지지도 않을 것입니다. 그는 장점으로 인하여 자기를 드러내지 않고 주를 높일 것이며 단점으로 인하여 좌절하지 않고 주를 바라볼 것입니다.

압살롬은 그것을 배우지 못하고 실패하였습니다. 그러나 우리는 배워야 할 것입니다. 그리하여 더욱 더 낮아지고 겸손해지며 삶을 통하여, 환경을 통하여, 여러 조건들을 통하여 말씀하시는 주님께로 더욱 더 가까이 가야 할 것입니다. 그렇게 우리는 성장해가야 합니다.

당신이 어떤 장점이 있다 하더라도.. 날카롭고 예리한 지성, 또는 아름다운 외모, 남들이 가지고 있지 않은 탁월한 재능, 언변과 친화력.. 등 그 어떤 장점이 있다 하더라도 결코 자신을 높이지 마십시오.

그것을 자랑스러워하며 상대적으로 열등하다고 보이는 이들을 무시하지 마십시오. 오직 그것을 주신 주님께 경배하며 그분의 영광을 드러내십시오. 그리할 때 당신의 장점과 재능은 아름답게 사용될 수 있습니다.

압살롬의 케이스는 우리 모두에게 주어지는 겸손하고 지혜로운 삶에 대한 살아있는 교훈인 것입니다.

12. 자신의 발견

　주님께 순종을 하려고 결심하기 전까지 우리는 우리 안에 얼마나 많은 자기 고집과 불순종의 요소가 내재하고 있는지 잘 모릅니다. 그러나 순종을 하겠다고 결심하는 순간 우리는 우리 자신의 참 모습을 발견하게 됩니다.

　이상하게도 순종을 하려고 하면 우리 안에서 불순종의 기운이 올라옵니다. 감사의 삶을 살려고 굳게 마음을 먹기만 하면 우리는 그것이 참 쉽지 않으며 우리 안에 가득한 자기중심적인 요소와 원망, 불평에 대해서 깨닫게 됩니다. 사랑을 하려고 마음을 먹으면 이상하게도 우리의 환경에 우리가 도저히 사랑할 수 없는 사람이 등장하게 되며 사랑하고 싶지 않은 상황이 생기곤 합니다.

　그 이유는 무엇일까요? 아마 주님께서는 우리 자신의 미약함을 보여주시기를 원하시는 것 같습니다. 직접 부딪쳐보고 실패하지 않았을 때 사람들은 '오, 나는 사랑할 수 있어. 나는 감사할 수 있고 용서할 수 있어. 나 같으면 이렇게 할 텐데.. 왜 다들 그렇게 못할까..' 그렇게 말합니다. 그들은 자신의 무능에 대해서 깨닫지 못하고 있는 것입니다.

　그러나 실제의 많은 경험과 실패를 통과한 사람은 반대로 말합니다. '오, 나는 할 수 없어. 나는 그렇게 할 수 있는 사람이 아니야.. 나는 스스로는 아무 것도 할 수 없어..'

　그러므로 실패의 경험이 없을 때는 함부로 남을 비판하고 자신은 남들과 다른 존재로 생각할 수 있으나 실패의 경험이 쌓이고 나면 함부로 남의 연약함에 대하여 말할 수 없게 됩니다. 그리고 자신이 나은 존재라고 여기지 않게 됩니다. 그것이 실패의 교훈이며 유익인 것입니다.

주님께서는 이렇게 말씀하시는 것입니다.

'네 혼자 힘으로 해 보아라. 쉬울 것 같지만 쉽지 않지? 기억하거라. 내가 도와주면 쉽단다. 하지만 너 혼자 힘으로는 아무 것도 할 수 없으며 결단코 승리의 삶을 살 수 없단다.'

그렇게 주님은 우리가 충분히 절망하고 오직 주님의 능력과 은혜를 의지하기를 기다리십니다. 그러므로 그분은 우리의 노력과 애씀과 좌절을 한 걸음 떨어져서 지켜보시는 것입니다. 우리가 철저하게 낮아져서 항복을 하고 그 분께 온전히 의탁할 때까지 말입니다.

모세의 삶의 여정은 그러한 모습을 잘 보여줍니다.

그가 젊었을 무렵, 그는 자신감으로 가득 차 있었습니다. 또한 사명감으로 충만해있었지요. 그는 실패해본 적이 없었습니다. 그의 힘, 웅변, 지혜, 첨단의 지식.. 그에게는 항상 찬사가 따랐고 그에게 있어서 불가능은 없어 보였습니다.

그는 고통으로 신음하고 있는 그의 민족을 구원하기를 원했습니다. 그러나 그는 작은 실패를 통하여 갑자기 전의를 상실하고 모든 용기를 잃게 됩니다. 그가 동족을 도와주었으나 그들은 모세에게 별로 고마워하지도 않고 오히려 그 일로 그의 목숨이 위험해지기만 했기 때문입니다.

모세는 큰 충격을 받습니다. 그는 자신이 지금까지 가지고 있었던 자신의 능력과 지혜와 힘에 대한 자부심이 얼마나 보잘 것 없고 부질없는 것인지 통렬하게 깨달았던 것입니다. 거대한 애굽의 힘과 바로의 힘과 부딪치면서 그는 자신의 왜소한 모습을 비로소 깨닫게 된 것이지요. 막상 부딪쳐 보니 애굽과 바로는 그의 상대가 아니었습니다.

그는 에티오피아 원정이나 다른 여러 전쟁에 참여해서 혁혁한 공을 세우고 승리한 것으로 알려지고 있습니다. 그래서 더 자신감이 넘쳤을 것입니다. 그러나 애굽과 바로는 그러한 전쟁과 비교할 수 없는 강력한 존재였습니다.

그는 비로소 깨닫습니다. 막상 자신의 힘이 얼마나 보잘 것 없는지를.. 그리고 자신의 모든 힘과 권세는 애굽과 바로가 그에게 부여해준 것이며 자기 스스로는 아무 것도 아님을 비로소 알게 되는 것입니다. 충격을 받은 그는 광야로 도피합니다. 무슨 거창한 명분이 있어서 망명을 하는 것이 아니고 그냥 살고 싶어서 도망친 것입니다.

거기서 그는 위축되고 비참한 상태로 많은 시간들을 보냅니다. 그리하여 하나님께서 그에게 찾아오셨을 때에도 그는 과거의 자신감은 어디로 사라졌는지 나는 안 한다고 못한다고, 죽어도 애굽으로는 돌아가지 않을 거라고 아우성을 쳤던 것입니다.

모세의 나이 80세에 하나님이 그에게 찾아오시지요. 그에게 있어서 80세란 무엇을 의미할까요? 그가 유일하게 썼던 시편 90편을 보면 우리는 그의 마음을 이해할 수 있습니다.

다윗은 감상적인 데가 많아서 죽기 살기로 바쁘게 쫓기는 마당에서도 열심히 시를 썼습니다. 울면서 웃으면서 자기의 느낌을 열심히 표현했지요.

그러나 모세는 별로 감상적이고 시적인 사람이 아니어서 시편을 꼭 한편 썼습니다. 그것이 90편입니다. 그런데 거기에 이런 내용이 나옵니다.

우리의 연수가 칠십이요 강건하면 팔십이라도 그 연수의 자랑은 수고와 슬픔뿐이요 신속히 가니 우리가 날아가나이다 (시90:10)

그의 인생은 전반부에는 잘 나갔지만 나중에는 참 많은 고생을 하게 됩니다. 광야에서의 고생, 사역을 하면서의 고생.. 그래서인지 그의 글에도 슬픔과 피곤이 배어있는 것 같습니다. 기나 긴 인생의 여정을 보낸 늙은 영성인, 하나님의 사람이 하나님 앞에서 파노라마처럼 뇌리를 스치고 지나가는 자신의 삶을 돌아보고 있는 것입니다. 그런데 그 내용 안에 이 말이 있습니다. 사람의 수명이 보통은 칠십이며 강건한 사람은 팔십까지 산다..

우리는 모세가 120세까지 살았던 것을 기억하고 있어서 당시의 사람들의 수명이 대충 그 정도 되었다고 생각하는 경향이 있지만 그것은 하나님의 특별한 은총의 결과이며 결코 평균적인 것은 아닙니다.

그 당시의 평균 수명도 지금과 비슷하여 모세의 말대로 보통 사람은 칠십, 아주 건강하면 팔십 정도 사는 정도였습니다.

이 고백에 의하면 모세에게 있어서 팔십이면 이미 인생이 끝난 나이인 것입니다. 모세는 광야에서 팔십이 되어 '이제 내 인생은 끝났다. 이제 얼마 안 있어서 나는 이 땅을 떠나겠지..' 하고 있는데 하나님이 나타나셔서 나의 사역을 하거라.. 하니까 기가 막히는 것입니다.

모세가 자기의 삶이 끝났다고 여기는 그 때에 찾아오신 하나님.. 그것은 무엇을 의미할까요?

그것은 우리가 절망하고 낙담하고 나는 이제 끝났다고 시인할 때 비로소 우리의 힘이 되시고 능력과 지혜와 모든 것이 되시는 주님의 은혜가 우리에게 임하신다는 것을 보여주시기 위한 것입니다. 태양이 떠오르기 직전이 가장 어둡다고 하는 것처럼 주님은 우리의 지독한 절망의 때에 비로소 오실 수 있는 것입니다.

나에게도 그러한 절망의 순간들이 많이 있었습니다. 그것은 주님께서 내 안에 가득한 불순종과 고집과 악성을 보여주시고 그것들을 그분의 손안에 다루시고 굴복시키시기 위하여 허락하신 것들이었습니다.

여러 실패들을 경험하기 전에는 나도 내 자신이 대체로 괜찮은 사람이라고 생각했습니다. 그러나 어느 누구든지 어느 정도의 훈련을 경험하고 실패를 겪은 후에는 자신에게 정말로 실망하게 되고 그러므로 자신에게는 아무 소망이 없고 오직 주님의 뜻과 인도만을 구해야 한다는 것을 절실히 깨닫게 되는 것입니다.

대학을 다니던 시절 나는 어느 날 저녁 학교의 강당에서 기도를 하고 있었습니다. 그런데 기도를 하는 중에 이상하게도 갑자기 아내가 보고 싶어졌습니다.

그 때는 결혼을 하기 전이었는데 우리는 같이 충현교회의 청년부에 다니면서 임원을 하다가 사귀게 되었습니다. 우리는 일주일에 한두 번 정도 만나서 데이트를 했는데 그 날은 약속이 없었습니다. 그런데 기도를 하는 도중에 갑자기 불현듯이 그녀를 만나고 싶은 마음이 드는 것이었습니다.

미리 약속한 데이트도 즐겁지만 전혀 예상하지 못했을 때 불쑥 나타나는 것도 참 즐거운 일입니다. 내가 가끔 그렇게 하면 그녀는 아주 즐거워했습니다.

아내는 당시에 이대의 미술대학원에 다니고 있었는데 마침 그녀가 전공하고 있는 도자기 축제가 여의도에서 개최되고 있었습니다. 그것은 큰 행사였는데 그녀도 거기에 참여하고 있었던 것이지요. 내가 기도하고 있던 학교의 강당은 사당동이고 행사장은 여의도니까 가까운 거리였습니다. 나는 곧 기도를 마치고 그녀에게로 가려고 하고 있었습니다. 그러나 그 순간 나는 선명한 메시지를 듣게 되었습니다.

'지금 가지 말고 계속 기도해라. 나와 같이 교제하자. 그리고 너는 지금 가도 그녀를 만날 수 없을 것이다.'

그것은 귀로 들리는 음성은 아니었지만 분명히 느낄 수 있는 메시지였습니다. 대부분의 젊은이들이 그렇겠지만 나도 연애를 할 때 그 감정을 온전히 주님께 맡기는 것이 쉽지 않았습니다. 나는 항상 우선순위를 지키려고 노력했지만 집에 오자마자 그녀에게 전화를 먼저 하기도 하는 등 실제적으로는 그녀를 주님보다 먼저 놓는 경우도 많이 있었습니다.

그렇게 전화를 걸면 통화중이거나 통화가 되지 않았습니다. 그래서 '주님, 왜 통화가 안 되는 거죠?' 하고 주님께 물으면 '너의 가장 중요한 우선순위가 무엇이냐?' 하는 질문이 떠오르는 것을 느꼈습니다. 그러면 나는 주님께 죄송하다고 고백하고 기도를 드리며 말씀을 읽고 묵상하고.. 그 후에 전화를 하면 바로 통화가 되고.. 그러한 훈련을 나는 많이 경험하였습니다.

그러나 그 날은 달랐습니다. 나는 선명한 주님의 메시지를 들으면서 짜증이 났습니다. 그리고 솔직히 말하자면 웃음도 조금 나왔습니다.

'하지만, 기도는 지금 말고도 나중에도 할 수 있는 거잖아.. 그리고 기도는 장소가 중요한 것이 아니고 마음이 중요하니까 가면서 기도해도 되는 거고.. 그런데.. 내가 지금 가도 그녀를 만날 수 없다고?

아이고.. 여기서 여의도라면 코 닿을 곳인데 왜 만날 수가 없담? 버스만 한번 타면 몇 정거장 되지도 않는데.. 아무리 주님이시라도 이 짧은 거리에서 내가 만날 수 없다는 것은 너무 심하신 것 아닌가? 그녀의 퇴근 시간을 뻔히 알고 있는데, 시간도 충분한데.. 나는 갈 거야. 그리고 충분히 만날 수 있어.'

내가 이해하는 한 주님은 우리의 자유를 필요 이상으로 억제하시지는 않습니다. 그러나 주님은 가끔 그의 사람들을 그분의 손앞에 굴복하게 하고 순종시키는 훈련을 시키십니다. 그것만이 유용한 사람이 될 수 있는 길이기 때문입니다.

나는 계속 제지하시는 주님을 느꼈습니다. 그것은 엄하고 요구하시는 메시지가 아니라 부드럽고 따뜻한 사랑의 권유였습니다. 그러나 나는 이상하게도 갑자기 반항을 하고 싶어졌습니다. 이상하게 나는 갑자기 완악해져서 급하게 강당을 뛰어서 내려왔습니다.

나는 버스정류장에 와서 버스를 기다렸습니다. 그러나 그 자주 오는 버스가 이상하게도 한참을 걸려도 오지 않았습니다. 참으로 이상한 일이었습니다. 그런데 마음이 비뚤어져 있으니까 나는 더 화가 났습니다. 그리고 속으로 생각했습니다.

'주님.. 이런다고 제가 포기할 것 같아요? 저는 그래도 그녀를 만날 겁니다.'

한참을 기다린 후에 버스가 왔습니다. 나는 급하게 올라탔습니다.

버스는 달렸지만 나는 기분이 즐겁지 않았습니다. 나는 요나가 어떤 마음일지 알 것 같았습니다. 마음속에 이것은 옳지 않다는 느낌이 있었지만 내 안에 또한 내 멋대로 하고 싶고 불순종하고 싶은 요소가 있었습니다.

긴장이 지나쳐서 피곤해서 그랬을까요. 나는 잠시 깜박 잠이 들어버렸습니다. 그러다가 내가 내려야 할 정류장을 한참 지나쳐 버리고 말았습니다. 아주 가까운 거리인데 정말 기가 막힐 일이었습니다.

그런데 그쯤에서 깨달을 만도 한데 나는 더 화가 났습니다. 오히려 오기가 생겼습니다.

이제 날은 아주 어두워졌습니다. 그러나 아직도 퇴근시간에는 여유가 있었습니다. 그래도 빨리 뛰어가면 그녀를 충분히 만날 수 있었습니다. 나는 회개는 나중에 할 때 하더라도 지금은 꼭 그녀를 만나야겠다고 생각했습니다.

나는 달리고 또 달렸습니다. 나는 마치 주님과 싸워서 이기려는 용사처럼 열심히 숨이 턱에 닿도록 달렸습니다.

여의도가 눈에 들어왔습니다. 이미 컴컴해진 여의도 그 넓은 벌판을 나는 힘차게 달리고 있었습니다. 이제 조금만 더 가면 행사장에 도착할 수 있었습니다.

그런데 갑자기 어떤 사람이 나타났습니다. 그는 전경이었습니다. 그는 갑자기 어디서 나타났는지 잠시 검문이 있겠다고 하면서 책가방을 달라고 신분증을 보여 달라고 하는 것이었습니다.

나는 기가 막혔습니다. 도대체 이 넓은 여의도 허허벌판에서 그가 갑자기 어디서 튀어나왔는지가 신기했습니다.

아무도 없는 여의도의 넓은 밤거리에는 나와 그 사람 둘 밖에 없었습니다. 그는 어떤 임무로 거기를 지키고 있는지는 몰랐지만 어두운 밤에 어떤 학생이 열심히 뛰어가고 있는 모습이 수상하게 보인 모양이었습니다.

당시에는 학생들이 여기저기서 데모를 많이 했고 그래서 전경들이 학생으로 보이는 사람들을 불러 세워서 책가방을 열게 하고 소지품을 검사하는 것은 흔한 일이었지요. 그러나 하필 왜 그때란 말입니까?

그는 내가 몹시 수상했는지 나의 소지품을 정성스럽게 하나하나 뒤져보았습니다. 나는 분통이 터져 죽을 지경이었지요.

하여튼 그는 한참을 나를 붙잡고 놓아주지 않았습니다. 그는 내가 아내를 만나지 못하도록 하는 사명을 가지고 온 것 같았습니다.

간신히 그에게서 놓여나자 이제는 시간 여유가 별로 없었습니다. 나는 다시 더 빨리 달리기 시작했지요. 주님께서 막으시는 것을 충분히 알고도 남았지만 이제는 오기가 생겨서 누가 이기나 보자 하는 마음이 들었던 것입니다.

다행히도 행사장에 도착해보니 아직 문을 닫기 전이었습니다. 나는 회심의 미소를 지었지요. 드디어 내가 이겼으니까요. 그때는 퇴근시간이었고 나는 일을 마치고 나오는 그녀를 만날 수 있을 것입니다.

행사장은 아주 넓었습니다. 그리고 행사장에는 앞문과 뒷문이 있었습니다. 앞문과 뒷문의 거리는 엄청나게 멀었습니다.

나는 사람들이 앞문으로 나오면서 퇴근하는 것을 이미 그녀에게 들어서 알고 있었기 때문에 당연히 앞문으로 있는 힘을 다하여 뛰어갔습니다. 그러나 기가 막히게도 앞문은 굳게 닫혀있었습니다.

나중에 알았지만 유일하게 그 날만은 이상하게도 모두 다 뒷문으로 나왔다는 것입니다. 나는 다시 전력을 다해 뒷문을 향해서 달려갔습니다. 뒷문에서 사람들이 한 두 사람이 걸어 나오는 것을 보았습니다. 그러나 그녀는 없었습니다.

나는 다시 그녀가 버스를 타는 정류장으로 달려갔습니다. 거기에도 그녀는 없었습니다. 그녀는 바로 직전에 버스를 타고 집으로 갔던 것입니다.

어두컴컴한 여의도 광장.. 거기에는 나밖에 아무도 없었습니다. 나는 너무나 지치고 피곤해서 그 자리에 쓰러지듯 주저앉았습니다. 까닭 없이 설명할 수 없는 굵은 눈물이 눈에서 쏟아져 나오기 시작했습니다.

나는 그저 아무 말도 못하고 그냥 그 자리에 엎어져 울고 있었습니다. 나는 너무 화가 났습니다. 그리고 너무 실망했습니다.

나는 내 안에 이토록 주님을 향하여 반항적이고 고집 센 모습이 있으리라고는 생각하지 못했습니다. 주님이 허락하시지 않으면 내 스스로 아무 것도 할 수 없다는 것을 나는 아직도 충분히 깨닫지 못하고 있었던 것입니다.

나의 고집과 나의 불순종과 나의 악성과 나의 무모함 때문에 나는 그 자리에서 오래 동안 흐느껴 울면서 일어나지 않았습니다.

나는 그저 '주님.. 죄송해요.. 죄송해요.. 죄송해요..' 하고 되풀이할 뿐이었습니다.

오랜 시간이 지나서 나는 그 자리에서 일어났습니다. 그 사건 이후로 나는 그녀의 문제에 대하여 초연해지게 되었고 나의 감정과 사랑을 주님의 손에 맡기게 되었습니다.

지금 이 시간에도 어둑어둑한 그날 밤 여의도의 거리, 그 자리에서 엎어져 있었던 나의 모습, 기도하던 나의 모습을 회상하면 가슴이 아련해집니다. 나는 그 때 주님이 인도하시지 않는 것, 막으시는 것은 아무리 될 것 같아도 전혀 되지 않는다는 것을 배웠습니다. 그리고 주님께 철저하게 순복하고 따라가야 하는 것을 배웠습니다.

그러나 그러한 깨달음은 결코 하루아침에 완성되는 것은 아니었습니다. 그 이후에도 나는 비슷한 교훈을 계속 반복하면서 배워야만 했습니다. 영혼이 충분히 자라기까지 순종이란 사랑이란 쉬운 것이 아니며 그러한 배움을 위하여 우리의 인생은 존재하는 것이기 때문입니다.

우리는 악하고 무지하고 한심스럽기 짝이 없지만 그러나 그러한 우리를 주님은 한없는 사랑과 은혜로 인도하시고 가르치십니다. 그 사랑의 주님께 감사와 영광과 존귀를 올려드립시다. 할렐루야.

13. 불편한 인간관계의 의미

　우리가 살아가면서 맺게 되는 많은 인간관계들.. 그것은 우리의 삶을 즐겁고 행복한 것으로 만들어 주기도하고 때로는 고통과 슬픔이 가득한 것으로 만들기도 합니다.
　대인 관계에도 누구나 자기만의 취향이 있습니다. 그래서 어떤 스타일은 좋아하고 어떤 스타일은 싫어합니다.
　만일 항상 우리가 아주 좋아하는 사람, 우리의 기질에 맞는 사람들과만 교제를 하고 사랑을 하면서 산다면 우리는 자신이 너무 행복할 것이라고 생각하겠지요. 실제로 경험해보면 그렇지 않을 수도 있겠지만 일단 사람은 누구나 자신이 좋아하는 기질의 사람과 함께 하고 싶을 것입니다.
　그런데 만약 우리가 가장 싫어하는 스타일의 사람들을 계속 접해야 하는 상황이 된다면? 아니, 그러한 사람이 우리의 배우자라면? 그것은 참으로 비극적인 일일 것입니다. 하지만 이상하게도 현실에서는 그와 같이 우리의 마음과 취향과는 정반대의 상황이 많이 생겨나는 것 같습니다.
　이상하게도 사랑하는 이들은 서로 만나기가 어렵고 또 별로 그리 보고 싶어 하지 않는 이들은 자주 대하게 되는, 그러한 상황이 세상에는 많이 있는 것 같습니다.
　성경에도 우리의 현실의 삶과 같이 서로 아귀가 맞지 않는, 서로 어긋난 사랑의 모습이 많이 등장합니다.

두 사람이 다 서로 사랑하고 좋아한다면 이는 이상적인 일일 것입니다. 그런데 이상하게도 한쪽은 다른 쪽을 좋아하고 다른 쪽은 마음이 또 다른 곳에 가 있어서 서로 어긋나 있습니다.

야곱의 아내인 레아의 경우도 바로 그런 경우였습니다.

그녀는 남편인 야곱을 몹시 사랑했습니다. 비록 결혼은 좀 이상한 경위로 하게 되었지만 그녀는 항상 자기가 야곱의 진정한 부인이며 동생인 라헬이 그녀의 남편인 야곱의 사랑을 여우같이 꼬드겨서 빼앗았다고 생각했습니다. 라헬이 생각하기에는 말도 안 되는 이야기였지만 레아는 실제로 그렇게 생각하고 있었습니다.

레아가 그에게 이르되 네가 내 남편을 빼앗은 것이 작은 일이냐 그런데 네가 내 아들의 합환채도 빼앗고자 하느냐 (창30:15)

그녀는 오직 남편의 사랑을 얻고 싶어서 안달이 나 있는데 그러한 그녀의 소망을 짓밟는 라헬의 소위가 괘씸하기만 할 뿐입니다.

그러나 그녀의 애절한 마음에도 불구하고 야곱은 그녀에게 별로 관심을 기울이지 않습니다. 그의 관심은 오직 라헬 밖에 없습니다. 라헬에 대한 야곱의 그러한 일편단심은 레아에게는 몹시 잔인한 일이었겠지요.

한편 야곱의 입장에서 보면 그는 라헬을 몹시 사랑하지만 라헬은 야곱에게 그리 애정으로 보답하는 것 같지 않습니다. 보답은커녕 자신이 아기를 낳지 못한다고 야곱에게 짜증만 내고 있는 것입니다.

언니인 레아로부터 합환채를 빼앗기 위하여 자기 마음대로 야곱을 언니에게 넘기는 등 그녀는 안하무인의 자세를 보이고 있는데, 이것은 남편인 야곱을 전혀 존중하는 자세가 아닌 것입니다.

그러니 이 세 사람의 관계를 보면 레아는 야곱을 향하고 있고 야곱은 라헬을 향하고 있는데 라헬은 아들문제에만 관심이 기울어져 있습니다. 다 같이 서로 아귀가 맞지 않는 것입니다.

이와 같이 서로 어긋나 있는 사랑의 모습은 성경에서 많이 등장합니다. 사무엘의 어머니인 한나가 처한 상황도 그러합니다.

그녀의 남편의 또 다른 부인인 브닌나는 남편인 엘가나를 열심히 사랑합니다. 그러나 남편 엘가나는 브닌나에게는 관심이 없고 오직 한나에게만 잘 해줄 뿐입니다.

그러니 브닌나의 입장에서 생각하면 자기는 아이도 잘 낳고 남편에게도 지극하게 잘 하는데 남편 엘가나가 아이도 낳지 못하는 한나에게 지극 정성으로 잘 하는 것을 보면 속이 뒤집어지지 않을 수가 없는 것입니다.

엘가나가 아이를 낳지 못하는 한나에게 위로하면서 '어찌하여 슬퍼하느뇨.. 내가 열 아들보다 낫지 아니하뇨..' 하고 말할 때 브닌나는 '아이고, 정말 못 봐주겠네..' 하면서 속으로 치를 떨었을 것입니다.

성경이 한나의 입장에서 쓰여 있으니 브닌나를 대적으로 취급했지만 브닌나의 입장에서는 참 기가 막힌 일이었을 것입니다.

그런데 브닌나의 마음은 엘가나를 향하고 또 엘가나의 마음은 한나를 향하는데 역시 한나도 엘가나에게 마음이 향하지 않고 위로를 받지 않습니다. 그녀의 마음은 역시 다른 곳에 가 있지요. 그녀의 마음은 남편의 위로와 사랑에도 치유가 되지 않습니다. 그녀는 자신이 아이를 낳지 못한 슬픔과 고통으로 인하여 남편과 여유 있게 사랑과 마음을 주고받을 상황이 아니라는 것입니다.

삼손도 이와 비슷한 상황을 경험합니다. 그는 처음으로 들릴라에게 진정한 사랑을 느끼는데, 그러나 들릴라는 삼손에게 관심이 없고 그의 사랑을 이용하여 돈을 벌고 싶은 마음뿐입니다.

우리의 현실에도, 성경에도 이와 같이 서로 어긋나는 안타까운 사랑의 이야기, 그런 상황이 반복하여 등장합니다. 진정 사랑하는 대상은 자꾸 멀어지고, 별로 좋아하지도 않는 대상은 자꾸 가까워지는.. 그러한 상황 말입니다.

그러한 어긋남의 상황은 야곱의 일생을 살펴보면 더욱 더 선명하게 반복됩니다. 그가 일편단심으로 사랑했던 라헬은 젊은 나이에 죽습니다. 그녀와 연애하던 7년을 수일같이 여겼던 야곱의 입장에서는 그녀와 함께 살았던 20여 년의 세월이 결코 길지 않게 느껴졌을 것입니다.

야곱은 그의 사랑하는 아내 라헬이 죽은 후 라헬이 낳은 두 아들을 라헬을 사랑하듯이 끔찍이 사랑합니다. 그런데 또 이어서 라헬이 낳은 아들이자 그가 가장 특별하게 사랑하던 요셉을 어린 나이일 때 잃어버리게 됩니다. 그 후 13년을 그는 요셉의 생사도 모른 채 살았었지요. 그리움과 회한만을 안고 말입니다.

이제 남은 것은 베냐민뿐입니다. 그가 사랑하던 라헬의 흔적은 이제 마지막 남은 아들 베냐민 밖에 없습니다. 그는 야곱의 마지막 사랑이며 생명입니다. 베냐민은 라헬이 낳다가 죽은, 라헬의 생명과 바꾸었던 두 번째 아들입니다.

그런데 참 이상하게도 야곱의 마지막 남은 사랑인 베냐민의 신변에도 자꾸만 위협이 오는 것입니다. 그것도 보통의 위협이 아니라 세계 최대의 강대국인 애굽에서 2인자인 총리의 지위를 가진 이가 자꾸 그를 데려와야만 양식을 준다니 정말 기가 막히는 일인 것입니다. 야곱은 그랬을 것입니다. 도대체 왜 나는 이리도 일이 안 풀리는가.. 내가 사랑하는 이들은 다 나를 떠나고 기껏 하나 남아있는 아이마저 나에게서 **빼앗아** 가고자 한다.. 도대체 이게 무슨 일인가? 그는 하나님께 항의하고 싶었을 것입니다. '하나님.. 도대체 왜 이러십니까?

물론 그러한 훈련은 그의 육신적인 사랑, 인간적인 애정을 다루시는 주님의 손길이었습니다. 그는 그 시점에서 비로소 지금껏 자신이 사랑이든 무엇이든 인생을 자기 마음대로 살아왔으며 하나님은 지금 그를 다루시고 있다는 사실을 깨닫게 되는 것입니다.

자, 그런데 묘하게도 자신이 아주 사랑하고 좋아하는 사람들은 떠나가는 반면에 자신이 그리 좋아하지 않는 사람은 오히려 더 가까이 다가오는 상황이 성경에도, 우리의 삶에도 적지 않게 등장합니다.

야곱의 경우를 보면 그가 별로 애정도, 관심도 기울이지 않았던 레아의 경우 아이도 잘 낳고 라헬처럼 몸이 약하거나 하는 문제도 없이 야곱의 옆에서 오래 오래 건강하게 잘 삽니다. 그러나 야곱은 레아에게 별로 애정이 없었을 뿐 아니라 그녀가 낳은 아들들에 대해서도 별다른 애정을 나타내지 않습니다. 제대로 아들로 대하지도 않았었지요. 야곱의 언사를 보면 그것을 잘 알 수 있습니다.

야곱이 가로되 내 아들은 너희와 함께 내려가지 못하리니 그의 형은 죽고 그만 남았음이라 만일 너희가 가는 길에서 재난이 그에게 미치면 너희가 내 흰 머리를 슬퍼하며 스올로 내려가게 함이 되리라 (창42:38)

이것은 어처구니없는 표현입니다. 야곱은 말하기를 요셉과 베냐민은 '내 아들'이고, 다른 아들에 대해서는 '너희'라고 합니다. 아무리 자기가 사랑하지 않은 여인이라고 하더라도 분명히 자신이 아버지인데 그런 식으로 아들들을 대하는 것은 너무 심했습니다.

야곱도 편애하는 가정에서 자랐습니다. 그의 어머니는 동생인 야곱을 좋아했고 그의 아버지는 형인 에서를 더 좋아했지요. 그러므로 아버지의 사랑과 인정을 받지 못하고 자란 아들 야곱은 그것이 몹시 서운했을 것입니다.

그러나 막상 그도 아버지가 되고 나니 똑같이 자신도 자신의 기호에 따라 자식들을 편애하고 공평하지 않게 대했던 것입니다. 아무튼 야곱은 레아가 낳은 자식들을 별로 좋아하지 않았는데 그들은 별 문제도 없이 평안하게 잘 지냈던 것입니다.

이러한 상황은 어떠한 이유에서 오는 것일까요? 왜 우리는 삶에서 우리가 좋아하지 않는 이들을 더 가까이 접촉하게 되고 좋아하는 이들과는 멀어지게 되는 상황이 생기는 것일까요?

나는 어떤 부인에 대한 이야기를 들은 적이 있습니다.

그녀는 남편과 도무지 성향이 맞지 않았습니다. 신앙도 성격도, 모든 것이 달랐습니다. 남편은 가장으로서의 책임을 제대로 행하지 않으면서도 그녀의 신앙을 많이 핍박하였습니다.

그녀가 남편을 위하여 많이 기도하였으나 그는 변화되지 않았습니다. 그녀는 참다못하여 헤어지려는 마음을 품기도 하였으나 그것도 마음대로 되지 않았습니다.

그러나 그녀의 기도가 응답되지 않는 것은 사실 당연한 것이었습니다. 이와 같은 경우에 대부분의 사람들은 배우자가 어서 정신을 차리고 변화되기를 기대하지 자신이 변화되기를 원하지는 않습니다.

깨어져야 할 것은 상대방이며 자신은 피해자이며 희생자라고 생각합니다. 그러나 그와 같은 마음의 자세로는 환경을 통해서 고통을 통해서 마땅히 알아야 할 것을 배울 수가 없습니다. 그것은 그러한 사람을 만나도록 인도하신 주님을 거스르는 것이기 때문입니다. 그러므로 기도의 자세, 마음의 자세를 바꾸지 않고는 아무리 작정기도, 철야기도, 금식기도를 많이 한다고 해도 응답이 오지 않습니다. 기도란 우리가 주님께 설득되는 것이며 우리가 주님을 설득하는 것이 아니기 때문입니다.

이런 경우에는 '주님.. 왜 저 사람을 내게 보내셨습니까? 제가 배워야 할 것이 무엇입니까?' 하고 기도하는 것이 문제를 푸는 시작이며 비결입니다. 그러나 오늘날 그렇게 기도하는 이들은 그리 많지 않습니다. 그래서 고생을 계속하는 것입니다.

그 부인은 남편에게서, 기쁨이 없는 가정생활에서 벗어나기 위하여 교회에 자주 갔고 신앙생활에 몰두했습니다. 그리고 신앙을 방해하는 남편의 행동을 사탄의 짓이라고 생각했습니다.

그녀는 남편으로부터 어떻게든 떨어져있고 싶었지만 이상하게도 상황은 갈수록 정반대가 되었습니다. 남편이 중병이 걸려서 그녀는 그를 간호해야 하기 때문에 떨어지기는커녕 잠시 한 순간도 그를 떠나 있을 수가 없게 되었던 것입니다.

나는 이러한 사례들을 많이 접하였습니다. 사람들은 아이러니하게도 싫어하는 사람들을 피하면 피할수록 그들과 더 가까이 할 수밖에 없는 상황들을 겪곤 했습니다. 이것은 인생의 아이러니지만 동시에 귀중한 교훈을 내포하고 있는 것이기도 합니다.

이와 비슷한 이야기를 우리는 수없이 듣고 접할 것입니다. 나는 어떤 부모님이 그들이 애지중지했던 자식들과는 거의 만나지도 못하는 상황이 되고 그들이 별로 애정을 기울이지 않는 자식에게는 막상 효도를 받는 그러한 경우들을 많이 보았습니다. 인생의 펼쳐지는 방향은 사람의 성향과 생각과 너무나도 많이 다른 것 같습니다.

그 이유는 무엇일까요? 왜 우리는 보고 싶은 사람은 쉽게 만날 수 없으며 별로 보고 싶지 않은 사람과는 많은 시간을 같이 보내야 할까요? 주님은 무엇을 위하여 우리에게 그러한 훈련을 허락하실까요?

이 이야기에 대한 답을 나누기 전에 성경의 이야기를 잠깐 살펴보겠습니다.

야곱의 열두 아들 중에 유다라는 사람이 있습니다. 그의 자손 중에서 예수그리스도가 오셨지요. 그런데 그에게는 불길한 일들이 계속 해서 일어났습니다. 맏아들이 다말이라는 여인과 결혼을 했는데 그가 아들도 보지 못한 채 죽은 것입니다.

성경에는 그가 죽은 이유를 명백하게 기록하고 있지 않습니다. 다만 그가 여호와의 목전에 악하였다고 기록이 되어있지요.

이스라엘의 법은 형이 자식을 얻지 못했을 경우에 그 동생이 형수에게 씨를 주어 형의 가계를 잇도록 되어있습니다. 우리나라에서도 부족 국가 시대에 부여라는 나라에서 같은 법이 있었지요.

그래서 그는 형을 대신하여 형수를 취하였습니다. 그러나 그는 그 씨가 자신의 자식이 안 될 것을 알고 고의로 땅에 설정을 하고 이 일로 인하여 죽게 됩니다.

졸지에 두 아들을 잃은 유다는 고민에 빠지게 됩니다. 이제 마지막 아들이 하나 남았는데 그 마저 다말에게 주면 혹시 그도 같이 죽지 않을까 생각이 든 것이지요.

그러나 묘하게도 그는 불만을 품은 다말의 계교로 인하여 그녀와 관계를 맺게 되고 결국 그의 며느리에게 자기의 씨를 주게 되고 말지요.

이러한 구약의 사건들은 하나의 모형을 보여주는 것입니다. 유다와 다말의 관계는 시아버지, 아버지뻘의 관계인데 그가 졸지에 남편이 되어 버리지요.

즉 그는 아버지이자 남편입니다. 우리의 아버지이신 하나님께서 이 땅에 오셔서 우리를 구원하실 뿐만 아니라 우리의 신랑이 되셨지요. 유다와 며느리와의 연합은 주님과 우리의 연합을 상징적으로 보여주는 것입니다.

그러나 그것은 영적인 해석이고 현실적으로 보자면 유다는 역사적으로 망신을 당하는 입장이 되어버렸습니다. 정말 꼴이 말이 아니게 되어버렸지요.

자, 그러한 망신은 어떤 의미가 있을까요? 왜 그는 그러한 일을 겪게 되었을까요? 하나님은 왜 그에게 그러한 망신을 허락하셨을까요?

아마 유다는 다말과 결혼한 자신의 아들들이 죽음을 당하자 그녀에 대하여 불길한 여자, 재수 없는 여자.. 그런 판단을 하고 있었던 것이 아닐까요? 고통스러운 환경을 통하여 반성하고 깨닫기보다는 '뭐 저런 것이 우리 집안에 들어와서 재앙을 가져오는가..' 하는 시각을 가지고 있었던 것이 아닐까요?

하나님께서는 그러한 그를 보면서 '그래? 네가 그녀를 그렇게 판단할 정도로 옳으냐? 그렇다면 네가 그녀에게 씨를 주도록 해주마..' 하시는 것이 아닌가 싶은 것입니다.

주님께서는 결코 맹세를 하지 말라고 하셨습니다. 그저 '그렇다', '아니다' 정도로 말을 할 것이며 강하게 맹세까지 하면서 말을 하지는 말 것을 가르치셨습니다.

나는 실제로 맹세 비슷하게 강하게 말을 하게 되면 오히려 그 말이 제대로 이루어지지 않는 것을 많이 보았습니다.

어떤 이가 '나는 죽어도 무엇을 안 할 거야.' 하고 말하면 얼마 가지 않아서 자기가 죽어도 안 하겠다는 것을 하게 되는 것을 보았습니다.

유다의 마음속에 '너 같은 것을 가까이 하나 봐라..' 하는 마음이 있었던 것은 아니었을까요? 우리가 그렇게 마음을 먹고 나면 우리는 이상하게도 더욱 더 상대방을 가까이 접하게 되거나 상대방과 비슷한 역할을 하는 사람을 계속 해서 만나는 일이 인생에서 되풀이되는 것입니다.

주님은 강하게 맹세하는 이들의 말이 이루어지지 않게 하셨습니다. 이스라엘 백성이 가나안 땅을 악평하며 그들의 자녀들은 다 사로잡힐 것이라고 불평하자 하나님께서는 말씀하셨습니다.

너희가 사로잡히겠다고 말하던 너희의 유아들은 내가 인도하여 들이리니 그들은 **너희가** 싫어하던 땅을 보려니와 (민14:31)

주님은 이렇게 말씀하시는 것입니다.

그래? 너희의 자손들이 다 사로잡힐 것이라고? 천만에. 나는 그들이 무사히 가나안 땅에 들어가게 할 것이다. 라고 말입니다.

주님은 우리의 악한 맹세와 고집을 꺾으시는 것입니다. 우리가 '나는 죽어도 저 사람을 다시는 안 볼 거예요..' 하면 주님은 '그래? 다시 안 볼 수 있나 볼까?' 하시는 것입니다.

'나는 죽어도 안 합니다.' 하면 '그래? 과연 네가 하지 않는지 두고 볼까?' 하시는 것입니다. 그분은 이 우주의 주인이 누구인지 과연 주권자가 누구인지 우리에게 보여주시는 것입니다.

과연 그렇게 우리의 생각과 다르게 인도하시는 그분의 이유는 무엇일까요? 우리의 성향과 반대로 겪게 되는 이러한 일들의 의미는 무엇일까요?

그것은 간단하고 명료한 것입니다. 우리의 이기적인 사랑, 자아적인 사랑, 우리 눈에 맞는 사랑을 넘어서 조건을 초월하는 주님의 사랑, 주님의 마음, 주님의 눈을 그분은 우리에게 주시기를 원하시는 것입니다. 그분은 너무나도 좁고 또 좁은 우리의 심령을 넓히시기 위해서 우리의 삶에 계속 원수를 파송하시는 것입니다.

'네가 그를 사랑할 수 없느냐? 너는 언제까지 네가 좋아하는 사람, 너에게 잘해주는 사람만을 사랑하겠느냐?' 하고 주님은 물으시는 것입니다.

나는 목회를 하면서 논리를 초월하고 상상을 초월하는 이들을 많이 경험했습니다. 때로는 그들을 감당하기가 너무나 힘이 들어서 주님께 하소연을 하기도 했습니다. '주님.. 너무나 힘이 듭니다. 제발 저 사람은 다시는 보지 않았으면 좋겠습니다.'

그러나 그러한 나의 항변에 대해서 응답하시는 주님의 음성, 그분의 메시지는 나를 기절할 정도로 놀라게 만드는 것이었습니다.

'내 아들아.. 내가 그를 얼마나 사랑하는지 아느냐?'

그것은 잘 알고 있었지만 머리로만 알고 있었던 지식 중에 하나였습니다. 나는 그 메시지에 거꾸러져서 울었습니다. 그리고 나면 상대방은 변화되지 않았지만 상대방을 보는 나의 눈이 변화되기 시작했습니다.

이러한 일이 반복되면서 나는 웬만한 일에는 별로 상처를 받지 않게 되었습니다. 상처란 사랑하지 않을 때 용서하지 않을 때 생겨나는 것이기 때문입니다.

아내는 한 때 어떤 분에게 한동안 상처를 받았었습니다. 그녀가 울면서 주님 앞으로 나아갔을 때 주님께서는 꼭 한마디를 해 주셨습니다.

"내가 그를 위하여 죽었다.."

그 음성을 듣고 아내는 한없는 눈물을 흘렸으며 그리고 난 뒤 아내는 회복이 되기 시작했습니다.

왜 우리는 도저히 사랑할 수 없는 사람을, 도저히 우리의 체질에 맞지 않는 사람들을 계속 우리의 삶에서 접하게 될까요? 그것은 주님의 인도이며 훈련이기 때문입니다.

우리가 싫어하는 사람을 계속 만나게 되는 이유는, 그리고 주님께서 그것을 허용하시는 이유는 우리가 그들을 통해서 배울 것이 있기 때문입니다. 그들을 통해서 우리가 변화 받아야 할 것이 있기 때문입니다. 그렇기 때문에 그것을 우리가 배우기 전까지는 우리가 아무리 그들을 피하여 도망을 쳐도 그들은 따라오게 되며 그들이 아니더라도 비슷한 역할을 하는 사람이, 아니 더 심한 사람이 따라다닐 수밖에 없는 것입니다.

주님은 문제는 상대방에게 있는 것이 아니라 우리의 안에 있는 것을 가르치시기를 원하십니다. 우리의 마음에, 우리의 시선에 문제가 있는 것을 가르치시는 것입니다.

그러한 사람이 아니었으면 우리는 우리 안에 미움과 판단이 있는 것을 잘 몰랐을 것입니다. 우리는 우리가 괜찮은 사람이라고 생각했을 것입니다. 그러나 우리를 분노하게 하고 미워하게 하는 사람을 보면서 우리는 자신이 어떠한 존재인지, 자신의 안에 어떠한 것이 있는지를 똑똑히 보게 되고 절망하게 되는 것입니다.

주님은 상대방이 아니라 우리 자신을 변화시키시기 원하십니다. 주님은 우리가 사람들을 용납하고 사랑할 수 없는 자신의 모습을 보고 절망하기를 기다리고 계십니다.

그리고 나서 비로소 주님은 말씀하시는 것입니다.

'자, 이제 네가 어떤 존재인 줄을 알았지? 그리고 너는 아무리 힘을 쓰고 애써도 사랑하고 용납할 수 없는 것을 알았지? 네가 얼마나 속이 좁고 이해가 부족한 사람인지 이제 알았지? 이제부터는 나를 의지하고 바라 보거라. 너는 할 수 없지만 내가 이제 너를 통해서 사랑할 수 있도록 도와주마..' 그렇게 주님은 말씀하시는 것입니다.

주님은 말씀하셨습니다.

너희가 너희를 사랑하는 자를 사랑하면 무슨 상이 있으리요 세리도 이같이 아니하느냐 (마5:46)

그렇습니다. 우리를 사랑하는 자를 사랑하는 것은 엄밀히 말하면 자기 사랑의 연장입니다. 그것은 자기의 체질에 맞고 자기에게 유익이 되니까 사랑하는 것입니다. 그것은 진정한 의미에서 사랑이 아닙니다.

또한 사랑할 만한 자를 사랑하는 것도 진정한 의미에서 사랑이라고 할 수가 없는 것입니다. 그것은 누구나 다 할 수 있는 것입니다.

주님께서는 우리의 사랑을 업그레이드 하시기를 원하십니다. 그것이 바로 주님의 마음으로 사랑하는 것입니다. 주님께서 우리를 이와 같이 훈련하시는 이유는 천국이 곧 사랑의 나라이기 때문입니다. 그러므로 우리는 천국의 생활을 준비하기 위하여 이 땅에서 좀 더 사랑하는 사람이 될 수 있도록 훈련하는 것입니다.

오늘날에도 너무나 많은 사람들이 주님의 훈련을 피해서 도망칩니다. 그들은 무례한 사람, 우리를 힘들게 하는 사람들을 피해서 원망하고 하소연하며 도망칩니다.

그들은 자기에게 잘해주고 친절하고 자신을 섬길 수 있는 사람을 달라고 주님께 하소연하며 아우성칩니다. 그러나 우리가 주님의 훈련을 통과하지 못한다면 우리는 아무리 좋은 사람을 만난다고 해도 결코 행복하지 않을 것입니다. 왜냐하면 천국은 환경이나 다른 사람으로 인하여 오는 것이 아니라 우리의 마음에서 시작되기 때문입니다.

우리의 모든 사소한 일상에서 주님께 훈련을 받아야 합니다.
부디 당신의 모든 삶에서 주님의 훈련을 받으십시오.
그리고 그 훈련에 순종하고 감사하며 주님의 은혜를 구하십시오.
도피하지 말고 주님께 어떻게 해야 하는지 무엇을 배워야 하는지 물으십시오. 당신이 깨닫고 변화된다면, 당신을 괴롭히는 이를 정죄하지 않고 불쌍히 여긴다면 당신은 곧 그 고통에서 해방될 수 있을 것입니다. 왜냐하면 상대방은 당신을 변화시키기 위하여 주님께서 파송한 사람이며 당신이 주님께 순복하고 깨닫게 된다면 상대방은 계속 그 악역을 할 필요가 없기 때문입니다.

그러나 당신이 계속 변명하며 말하기를 상대방이 얼마나 악한 사람인지 그가 당신에게 얼마나 악한 일을 하였는지를 계속 이야기하며 다른 이들에게 동조와 위로를 구하고 있다면 당신은 아직 좀 더 고생을 해야 할 것입니다.

삶은 훈련입니다.
만남도 훈련입니다.
그 모든 것들은
우리 안에
주님의 생명과 형상과 사랑을
심기 위한 것입니다.
부디 감사함으로
이 훈련을 통과하십시오.
한 단계씩 계단을 올라갈 수 있을 때
당신은 예전에 알 수 없었던
주님의 기쁨, 주님의 영광
새로운 천국을
경험하게 될 것입니다.
할렐루야.

14. 기도가 응답되지 않을 때

　삶에서 부딪치는 여러 문제들과 어려움을 통해서 우리는 우리를 다루시는 주님의 의도를 조금씩 알아가게 됩니다.
　누구나 처음에는 주님께 다루어지지 않은 자기의 성향과 욕망들을 가지고 있지요. 그래서 입으로는 주님을 원하며 주님의 영광을 구한다고 하지만 실제로는 자신의 유익이나 기분이나 감정을 따라 움직이는 부분이 많이 있습니다. 하지만 당시에는 그것이 잘 보이지 않습니다. 자신의 동기가 순수하지 않고 순결하지 않았다는 것은 시간이 지나고 영적으로 조금 더 성장했을 때 비로소 조금씩 깨닫게 되는 것입니다.
　우리의 영이 아직 어릴 때에는 아무리 많은 책을 읽고 아무리 많은 설교를 듣고 아무리 많은 훈련을 받아도 지적으로 여러 가지를 이해하고 있을 뿐 열매를 잘 맺지 못합니다.
　그렇기 때문에 주님께서는 우리 자신의 실제 모습을 보여주시기 위해서 여러 어려움들을 허용하시고 그것들을 통하여 우리를 다루시며 한 가지씩 우리에게 실제적인 교훈을 주십니다. 주님은 그렇게 우리를 그분의 품으로 가까이 이끄시는 것입니다.
　우리가 어려움에 부딪힐 때마다 즉시로 주님의 가르치심을 깨닫고 주님께 나아가며 성장해 갈 수 있다면 얼마나 좋을까요.
　그러나 대다수의 사람들은 그렇게 하지 않습니다. 인간이란 존재는 처절하게 낮아지고 실패하기 전까지는 주님께 온전히 복종하며 나아가기가 어렵습니다. 아주 영리하고 탁월한 사람도 설교나 여러 가지

일에 유능함을 나타낼 수는 있어도 자신을 쳐서 주님께 복종시키지는 못합니다. 사소한 일로 쉽게 낙심하고 두려워하며 쉽게 기분이 나빠지고 주님의 뜻과 상관없이 자기의 입장과 체면 때문에 마음이 상하게 되지요. 지식으로 알고 있는 것과 실제로 삶 속에서 주님의 손에 굴복된 것과는 엄청난 차이가 있는 것입니다.

나는 환경을 통한 주님의 가르치심과 의도에 대하여 많이 가르치고 전하여왔습니다. 그래서 사람들은 내가 쉽게 주님의 의도를 발견하고 그 즉시로 순종하는 것으로 생각하는 것 같습니다.

그러나 사실은 그렇지 않았습니다. 어느 때에는 주님으로부터 메시지를 받고 교훈을 얻는 것이 쉬웠지만 어느 때에는 깨닫는 것이 쉽지 않았고 순종하는 데도 시간이 오래 걸렸습니다.

만일 우리가 즉시로 깨닫고 즉시로 순종한다면 우리는 많은 시간들을 낭비하지 않을 것이며 불필요한 많은 고통을 당하지 않아도 되었을 것입니다.

나는 신학대학과 신학대학원을 다니면서 사역지를 얻기 위해서 오래 동안 기도했습니다. 나는 자신이 유능하다고 생각했고 자신감이 넘쳐 있었습니다. 그러나 사역할 곳은 생기지 않았습니다.

전도사 자리도 구할 수 없었습니다. 가려고 했던 곳도 꼭 무슨 사정이 있어서 결국은 못 가게 되었었습니다. 나는 이 문제에 대하여 많은 시간을 들여서 기도했지만 아무런 음성도 없었고 길도 열리지 않았습니다.

반면에 거의 기도해본 적이 없었던 결혼 문제라든지, 다른 문제들은 다 잘 풀려갔습니다. 나는 도대체 주님의 뜻이 어디 있는지, 이럴 거라면 왜 나를 부르셨는지 속이 상하고 답답했습니다.

기도를 하면 나의 사역에 어떤 벽이 보이는 것이 느껴졌습니다. 그 벽은 무겁고 둔탁한 담과 같은 것이었는데 도대체 그것이 의미하는 것이 무엇인지 알 수가 없었습니다.

나는 할 수 없이 일정한 교회를 정하지 않고 다녔습니다. 아내와 같이 여기저기서 예배를 드렸습니다. 신대원시절, 전도사시절에 많은 이들이 그렇게 느끼듯이 당시 나에게도 대부분의 설교들이 한심스럽게 느껴졌습니다. 그 때는 자신의 지식이나 시각에 대해서 한참 자신감이 있을 때입니다.

나는 집에 오면 설교자가 설교한 성경의 본문을 가지고 아내에게 일장연설을 시작하곤 했습니다.

'세상에.. 그 본문을 가지고 그렇게 설교를 하다니.. 그게 본문의 내용과 무슨 상관이 있는지.. 나 같으면 그렇게 하지 않을 것이다.. 그 메시지는 무엇이냐 하면..' 나는 그런 식으로 열심히 떠들기 시작하고 그러면 아내는 듣다가 졸다가 했지요.

나는 설교를 하고 싶었습니다. 하지만 설교를 할 기회는 없었습니다. 지금이야 설교의 초청이 많고 초청을 받는 대로 가지도 못하는 형편이지만 그 때는 몹시 설교를 하고 싶었지만 기회가 없었습니다.

밤이 되어 잠자리에 들면 내가 강단에 서서 말씀을 외치는 상상을 하면서 밤을 보내곤 했습니다. 상상 속에서 여러 편의 설교를 마치고 나면 동이 훤히 터 오곤 했습니다.

결혼을 하고 나서도 나는 기도를 계속 했지만 여전히 사역지는 생기지 않았습니다. 나는 무엇이 문제인지 여전히 알지 못하고 그저 아무 대책 없이 기도만 하고 있었습니다.

주님께서는 우리의 생활 속에서 임재하셨고 내가 사람들을 도울 때 그들이 성령의 임재를 경험하고 문제가 해결되고 영적인 도움을 받도록 나를 사용하시기도 했습니다. 그러나 사역지에 대해서는 전혀 풀리는 기미가 없었습니다.

그러던 어느 날 나는 나의 사역이 막히는 이유를 알게 되었습니다. 그것은 너무나 쉽고 간단한 것이었습니다. 하지만 나는 그것을 아는 데에 너무 오랜 시간이 걸렸습니다. 무려 6년 동안이나 말입니다.

내가 다른 모든 기도 제목들이 거의 즉시로 응답받는 것에 비해서 사역에 대한 기도가 6년이나 응답받지 못했던 이유는 아주 간단한 것이었습니다.

나는 어느 날 어떤 책을 읽었습니다. 나는 현실의 교회에서는 영적인 도전이나 충격을 받은 적이 별로 없었습니다. 유명하고 성공적이라는 많은 교회를 찾아가 보았지만 내 영혼의 만족을 느낄 수 없었습니다.

나는 대부분의 예배와 집회에서 내가 평생을 추구해왔던 주님의 깊은 임재, 살아계신 주님과의 친밀한 만남을 경험할 수 없었습니다.

나는 대부분의 은혜를 책을 통해서 받았습니다. 리즈 하월즈, 허드슨 테일러, 기도의 사람 하이드, 성프란시스코, 웨슬레, 찰스 피니, 이용도 목사.. 그들의 책을 읽으면 나는 그들 가운데서 임하시고 역사하시는 주님의 실제에 대하여 감동이 되고 흥분이 되었습니다. 나는 그들의 책을 읽다가 많이 울었으며 나도 이들처럼 주님을 개인적으로 가까이 아는 사람이 되고 싶다고 기도하곤 했습니다.

그 날 내가 읽었던 책은 쿠르트 코흐가 쓴 〈타오르는 부흥의 불길〉이라는 책이었습니다. 그 책은 인도네시아에 있었던 놀라운 부흥의 역사에 대한 기록의 책입니다. 성령님께서 어떻게 임하시고 사람들을 변화시키시고 놀라운 일들이 일어나고 있는지에 대하여 기술하고 있는 책입니다. 나는 부흥에 대한 책을 이미 많이 읽고 도전을 받았었습니다. 그런데 내가 깨어지고 엎드러진 것은 평소에도 수없이 지나쳤을 아주 단순한 내용에서였습니다.

거기에 이런 내용이 있었습니다. 그곳에서 일어난 부흥은 인위적인 것이 아니었으며 철저하게 주님의 인도와 지배 속에서 이루어졌다는 것입니다.

부흥의 과정에서 많은 전도와 치유의 역사들이 이루어졌는데 전도자들은 전도하면서 동시에 치유를 위한 기도를 하였고, 많은 이들이 복음도 받아들이며 치유의 역사도 경험하였습니다.

그런데 전도자들은 치유를 위한 기도를 하기 전에 이러한 이야기를 하였습니다.

'우리는 하나님께 당신의 병을 고쳐달라고 기도할 것입니다. 하나님께서 병을 고치실지 안 고치실지 우리는 알지 못합니다. 그러나 당신은 병이 낫든지 낫지 않든지 회개하여야 합니다.'

이 단순한 메시지에 나는 큰 충격을 받았습니다.

'우리는 기도하겠다. 그러나 병이 나을지 안 나을지 우리는 모르겠다. 그것은 하나님께 달린 일이다..' 그 말은 나를 사로잡았습니다.

나는 병의 치유와 믿음과의 관계에 대한 글은 많이 읽었습니다. 대부분의 글에서 우리는 병이 낫기 전에 그것을 믿어야 하며 그 믿음이 병을 치유한다는 것이었습니다.

물론 그 메시지는 성경에도 많이 나와 있는 것이며 결코 그 메시지가 틀렸다고 할 수 없는 것입니다. 그러나 지금의 이 메시지는 더욱 더 강하게 나의 심령을 찔렀습니다.

어찌 보면 병이 나을지 안 나을지 모르겠다는 말은 믿음이 없어 보이기도 했습니다. 무조건 나을 것을 믿어야 한다는 말에 비해서는 말입니다.

그러나 기도를 하지만 그 결과로 병이 낫든 안 낫든, 병을 고치든 고치지 않든 그것은 주님의 일이며 우리의 일이 아니라는 이야기는 나의 중심에 깊은 충격을 주었습니다. 결과는 오직 하나님의 뜻에 달려 있는 것이며 우리의 애씀과 수고에 의한 것이 아니라는 메시지가 나에게 새삼 충격을 주었습니다.

나는 하나님의 뜻과 주권에 대하여 그때까지는 아직 충분히 깨닫지 못하고 있었던 것 같습니다. 나는 하나님께서 길을 열지 않으시면 사람은 아무것도 할 수 없으며 모든 것은 오직 하나님의 뜻에 달려있다는 것에 대하여 중심으로 통렬하게 느끼지 못했던 것 같습니다.

나는 자신이 아주 유능한 사람이라고 생각하고 있었습니다. 그러므로 나와 같이 유능한 종을 사용하지 않으면 하나님이 손해일 것이라는 생각을 하고 있었습니다.

그러므로 나는 아주 높은 마음을 가지고 있었습니다. 유명한 모든 사역자에 대하여도 나는 별로 존경하지 않았습니다. 나는 누구는 무엇이 잘못되었고 누구는 무엇이 부족하며 누구는 이게 틀렸다고 아주 쉽게 이야기하곤 했습니다. 적어도 그러한 것들이 나의 삶에 사역에 재앙과 문제를 가지고 온다는 것에 대해서는 전혀 알지 못했습니다.

이 깨달음 앞에서 나는 거꾸러지기 시작했습니다.

나는 갑자기 내가 너무 비참하고 한심한 존재이며 아무 것도 아님을 알았습니다. 내가 너무 완악한 존재이며 하나님 앞에서 자신을 많이 높였다는 것을 알았습니다. 온 세상에서 나같이 악하고 보잘 것 없고 교만하고 못된 사람이 없는 것을 나는 깨닫기 시작했습니다.

나는 울기 시작했습니다. 하루 이틀이 아니고 한 달이 넘게 울었습니다. 기도를 시작하기만 하면 나의 교만과 판단과 악이 너무나 크고 선명하게 부딪쳐서 도저히 견딜 수가 없었습니다.

나는 사역에 대한 기도를 포기했습니다. 나는 나의 죄가 평생을 회개해도 다하지 못할 죄라고 생각했습니다. 지금 생각하면 어처구니없지만, 나는 날마다 울면서 제발 나를 지옥으로 보내달라고 기도했습니다. 하나님을 우습게 알고 사람들을 판단하며 자신을 하늘처럼 높인 나는 도저히 천국으로 갈 수 없다고 울면서 애원하고 또 애원했습니다.

나는 다시는 사역의 길을 열어달라고 기도하지 않았습니다. 나는 다시는 그러한 기도를 하지 않을 것이며 나 같은 사람은 도저히 사역을 할 자격이 없다고 느끼고 고백했습니다. 실제로 나는 설교와 사역에 대한 모든 꿈을 접었습니다. 나 자신에 대하여 너무나 정이 떨어져서 사역이란 꿈도 꾸고 싶지 않았습니다.

회개의 기도가 두 달이 가까워졌을 때의 일이었습니다. 나는 그것이 특별하게 회개라고 생각하지 않았습니다. 그저 마음이 너무 괴로워서 그렇게 기도를 드리며 슬퍼하고 있었을 뿐입니다.

어느 날 나는 어느 대학의 도서관에서 성경을 읽고 있었습니다. 그 부분은 예레미야의 한 부분이었습니다.

보라 내가 그들을 북쪽 땅에서 인도하며 땅 끝에서부터 모으리라 그들 중에는 맹인과 다리 저는 사람과 임태한 여인과 해산하는 여인이 함께 있으며 큰 무리를 이루어 이곳으로 돌아오리라 그들이 울며 돌아오니 나의 인도함을 받고 간구할 때에 내가 그들을 넘어지지 아니하고 물 있는 계곡의 곧은 길로 가게 하리라 나는 이스라엘의 아버지요 에브라임은 나의 장자니라 (렘31:8-9)

성경을 읽고 있는데 갑자기 이 부분에서 글자가 튀어나오는 것 같이 느껴졌습니다. 그리고 가슴이 마구 방망이 치듯이 두근거리는 것을 느꼈습니다. 그러면서 나는 울기 시작했습니다.

그것을 설명할 수 있는 길은 없습니다. 그러나 나는 이 말씀을 읽으면서 주님께서 나를 용서하셨다고 느꼈습니다. 그리고 사역의 문을 열어주시고 허락하신다는 것을 알았습니다. 그것은 설명이 불가능합니다. 그냥 아는 것입니다.

내가 사역을 열심히 구할 때는 주님은 전혀 응답하지 않으셨습니다. 그러나 내가 포기하고 나자 주님은 응답하신 것입니다.

'북편 땅..' 나는 주님께 서울의 강북 지역에 나를 인도하셔서 사역을 시작하게 되리라는 것을 알았습니다.

흥분한 내가 단숨에 집으로 뛰어가서 아내에게 그 이야기를 했을 때 아내는 고개를 갸웃거렸습니다. 그녀는 물었습니다. '이 성경 구절과 당신이 강북에서 사역을 시작한다는 것과 무슨 상관이 있어요? 라고요. 그러나 나는 그것을 설명할 수 없었습니다. 그냥 알뿐입니다.

우리는 그 때 수원에서 살고 있었습니다. 태어나서 줄곧 서울에 살았었기 때문에 서울 외의 다른 곳은 낯설었습니다. 우리는 항상 서울로 돌아가고 싶었는데 성경에서 '북편' 이라는 말을 듣자 그냥 강북 쪽이다.. 하는 느낌이 왔습니다. 실제로 가게 된 곳은 마포였는데 그 곳도 강북이라고 할 수 있었습니다.

'소경, 절뚝발이, 해산하는 여인' 그러한 언급을 보면서 마음과 심령이 피곤하고 힘든 이들을 대상으로 사역을 하겠구나. 싶었습니다. 실제로 그러했고 진짜로 다리를 저는 이도 있었습니다.

12절에는 '높은 곳' 이라는 언급이 나옵니다. 그래서 나는 아마 높은 지역에서 사역을 하나보다 싶었는데 우리가 시작한 장소는 4층이었습니다.

13절에는 '처녀들이 춤추며 즐거워하겠고' 라는 구절이 있어서 처녀들이 많겠구나.. 싶었는데 실제로 90%가 처녀들이었고 그들은 예배를 드리면서 실제로 춤을 추며 즐거워하곤 했습니다.

아내는 이러한 나의 확신에 대하여 잘 납득이 가지 않는 것 같았습니다. 그러나 나는 그러한 비슷한 응답을 많이 받았었기 때문에 그 말씀이 나의 것이라고 믿고 있었습니다.

나는 어떤 문제가 있고 어떻게 해야 할지 알 수 없을 때에 그냥 무심코 성경을 읽어 내려가다 보면 내가 처해있는 상황에 대한 자세한 설명과 의미의 분석이 나오고 그냥 저절로 해답이 주어지는 경험이 많이 있었습니다. 성경은 결코 몇 천 년 전의 이야기가 아니라 오늘 나에게 해당되는 이야기인 것을 알고 있었습니다.

조금 이상한 이야기인 것 같지만 심지어 성경을 읽다보면 오늘 누구를 만나게 되겠구나.. 하는 느낌을 받게 되기도 했습니다.

일주일 후에는 주님께서 아내에게도 다른 말씀을 통해서 확증을 주셨습니다. 아내는 이사야 60장의 1-4절을 받았는데 그녀는 이 말씀이 우리에게 주어진 것을 깨달았고 그러자 비로소 기쁨이 충만케 되어 나의 말이 맞다고 시인하였습니다.

말씀을 받은 지 약 2주일쯤 되어 서울 마포에 있는 교회를 아는 전도사님을 통하여 소개를 받았습니다. 우리는 하나님의 인도와 뜻이라는 것을 확신했기 때문에 바로 일을 추진시켰습니다. 그리하여 약 1개월 정도가 지났을 때 사역을 시작할 수가 있었습니다.

그 때까지 여러 가지의 많은 경험을 했지만 이때의 경험은 나에게 있어서 잊을 수 없는 충격이었습니다. 나는 주님에게 있어서 그 어떤 죄보다도 교만과 비판이 가장 무서운 죄인 것을 알았습니다.

그리고 그 어떤 막힘이 있다 할지라도 주님 앞에 엎드려 눈물로 회개하고 주님의 용서와 은혜를 구하면 사랑과 자비의 주님은 모든 것들을 회복시켜주시고 하늘 문을 여시는 것을 깨닫게 되었습니다.

물론 그 후에도 내가 교만한 마음을 순식간에 버리고 남을 비판하는 것을 완전히 그만 둔 것은 아닙니다. 그러나 그 때 워낙 많이 혼이 났기에 항상 조심하고 또 조심하려고 노력합니다. 그리고 혹시나 조금이라도 내 마음이 높아졌다 싶으면 그 때를 기억하고 다시 엎드립니다.

사실 많은 이들이 함부로 쉽게 남을 비난합니다. 그러나 영계의 법칙은 한 치의 오차도 없이 본인에게 돌아와서 자신이 비판을 심은 대로 자신이 대가를 지불하게 되는 것을 알게 된다면 사람들은 함부로 말하고 판단하지 못할 것입니다.

살아가면서 주님께 무엇인가를 배워나갈 수 있다는 사실만큼 행복하고 기쁜 것이 없습니다.

하나의 깨달음을 얻기 위하여 오랜 시간이 필요하고 고통이 필요하기도 합니다. 무지하고 어리석고 또 고집이 세기 때문에 시간과 마음을 많이 낭비하게 됩니다.

하지만 우리의 그러한 고집과 어리석음에도 불구하고 주님의 인도와 가르치심은 결코 중단되지 않습니다. 우리 모두는 그러한 주님의 가르치심을 더 깊이 추구하며 사모하여 나아가야 합니다.
　한가지 씩 깨닫고 적용이 될수록 우리는 천국과 가까워집니다. 그리고 예전에 알지 못했던 평화와 사랑, 통찰력들을 경험하게 됩니다.
　그래서 인생은 학교입니다.
　주님이 가르치시는 아름다운 학교입니다.
　영원한 나라를 준비하기 위해서
　날마다 새롭게 배워 가는 학교입니다.
　우리는 언젠가 그 분 앞에 직접 설 때까지
　계속 배우면서 성장하면서
　그분 앞에 가까이 나아가야 할 것입니다.

15. 미물을 통한 가르치심

    한번 주님의 다루심을 받으면 교만이 완전히 없어질까요? 그러면 좋겠지만 그것은 그렇게 순식간에 이루어지지 않습니다.
    교만이란 수준과 차원의 문제입니다. 어떤 사람도 교만이 완전하게 사라졌다고 할 수 있는 사람은 없습니다. 아무리 겉사람이 처리를 받고 발전을 해도 그는 전보다 조금 나아진 것이지 완전한 수준에 이르렀다고 할 수는 없는 것입니다. 사람은 그의 영혼이 성장하고 발전한 수준만큼 겸손해지며 모든 것에서 항상 주를 바라보고 순복할 수 있는 것입니다.
    영적으로 어릴 때에는 자신이 선하고 좋은 사람이라는 생각을 가질 수도 있습니다. 그러나 눈이 떠 갈수록 주님만이 선하시며 자신에게는 아무런 소망이 없으므로 모든 일에 주님을 의뢰하고 주님의 영으로 살아가야 사랑도 겸손도 온유도 용서도 가능하다는 것을 알게 됩니다.
    성프란시스코는 자신의 죄인됨을 항상 고백하며 울다가 너무 많이 눈물을 흘려서 나이 사십이 되었을 때 눈이 멀었다고 하였습니다. 그것은 그의 죄가 다른 이들보다 특별하게 더 많기 때문은 아닐 것입니다. 어두운 곳에 있을 때는 아무 것도 보이지 않지만 빛의 세계에 가까이 나아갈수록 많은 것들이 보이는 것처럼 주님의 영광과 그 거룩한 임재에 가까이 다가갈수록 우리의 위선과 악한 동기와 더러움들은 속속들이 드러나게 되어 그 불결함에 대해서 고통하며 슬퍼하게 되는 것입니다.

그러나 우리의 미숙함에 대하여 그리 절망하고 낙심할 필요는 없을 것입니다. 우리의 부족함을 주님께서 잘 아시면서도 용서하시고 사랑하시며 우리의 수준에 맞추어서 한 걸음씩 가르치시고 인도하시기 때문입니다.

마치 한 살, 두 살의 아기가 싸고 뭉개지만 그래도 엄마의 눈에는 사랑스럽고 아름다운 것처럼 주님께서는 그러한 은혜의 시각으로 우리를 보아주시고 있는 것입니다.

목회사역을 시작한 지 얼마 되지 않아서 나는 비교적 규모가 있는 교회에 주일 저녁 예배의 헌신 예배강사로 초청을 받았습니다. 당시로서는 아주 즐거운 일이었지요.

그 동안 작은 교회에서 몇 십 명의 성도 앞에서 설교를 하다가 큰 강단에 올라가 많은 성도님들 앞에서 설교를 하려니 신이 났습니다.

보통 주일 저녁에 드려지는 헌신예배는 한 시간 정도를 드리는 것 같습니다. 그러나 나는 세 시간 정도의 예배에 익숙해있었기 때문에 모처럼 얻어지는 기회이기도 하고 해서 사회자가 성경을 봉독하고 나서 내게 강단을 넘기자 한 시간 반 정도 부흥사처럼 폭포수와 같이 말을 쏟아내었습니다.

설교에 대한 반응은 그리 나쁘지 않은 것 같았습니다. 장로님, 권사님들이 나와 악수를 하려고 줄을 섰습니다. 그들은 90도로 허리를 굽히면서 격려와 인사말을 던졌습니다.

어떤 분은 허리를 굽히면서 말했습니다.

"이렇게 시원한 설교는 처음 들어봅니다."

나는 겸손하게 대답했습니다.

"아이고, 별 말씀을 다하십니다."

하지만 속으로는 이렇게 대답했습니다.

"사실, 저도 그렇게 생각합니다."

어떤 분은 허리를 굽히면서 말했습니다.

"정말 은혜 많이 받았습니다. 어쩌면 젊은 분이 그렇게 설교를 잘 하세요."

역시 나는 겸손하게 대답했지요.

"감사합니다. 하나님의 은혜지요."

하지만 역시 속으로는 이렇게 대답했지요.

"그 정도는 보통입니다."

집회 후에 교회의 어른들과 같이 다과를 나누면서 나는 겸손을 떨기 위해서 노력했습니다. 그리고 나는 의기양양해서 집으로 돌아왔습니다. 하지만 집에서 기다리는 아내에게는 겸손을 떨지 않았습니다. 나는 아내와 못하는 이야기가 없으니까요. 나는 아내에게 손가락으로 브이자를 그리면서 자랑스럽게 말했습니다.

"여보, 있잖아.. 나 오늘, 스타 됐다!"

그러면서 나는 거드름을 피우면서 오늘의 조그만 성공담에 대해서 신이 나서 이야기를 하기 시작했습니다. 아내도 같이 기분이 좋아서 나의 이야기를 거들었습니다.

지금은 이미 많은 집회를 해보았고 집회 중에서 주님의 역사로 인하여 수많은 이들이 울고 웃으며 눈물과 통곡의 바다가 되고 쓰러지며 다양한 역사가 일어나는 것을 많이 보았기 때문에 별로 신기할 것은 없었습니다. 그러나 당시로서는 아주 즐겁고 신이 났었습니다.

하지만 그렇게 이야기하면서도 왠지 불안한 느낌이 들기도 했습니다. 즐겁기는 했지만 뭔가 찜찜한 구석이 있었던 것이지요.

그날 밤은 정말 잊을 수 없는 밤이 되었습니다. 나는 밤을 뜬 눈으로 보낸 것 같았습니다. 집게벌레인지 무엇인지가 나를 밤새 물어뜯는 것이었습니다.

나는 자다가 깨어서 이불을 들치고 어떤 놈들이 나를 무는 것인지 찾으려고 애썼습니다. 그러나 아무 것도 찾을 수 없었습니다. 포기하고 자려고 하면 또 무엇인가가 물었습니다. 그래서 다시 일어나 불을 켜고 이불을 뒤지고.. 그렇게 반복하면서 밤을 보냈습니다.

아침이 되어 벌레에게 물린 자국을 조사해보았습니다. 대강 열대여섯 군데가 물린 것 같았습니다. 물린 자국을 보면 집게벌레 같은데 이 놈들이 어디에 숨었는지 도무지 알 수가 없었습니다.

하지만 나는 이 집게벌레들이 왜 나타났는지, 그리고 내가 왜 물렸는지 짐작할 수 있었습니다. 이와 비슷한 일을 많이 당해 봤기 때문입니다. 그 이유는 내가 어젯밤 온갖 잘난 척을 했기 때문이라는 것을 나는 곧 깨달았습니다.

아내도 같이 벌레에 물렸습니다. 아내도 나의 이야기에 동조를 했었으니까요. 그러나 아내는 주범이 아니었기 때문에 나처럼 많이 물리지는 않았습니다. 아내는 대여섯 군데를 물렸습니다.

아내는 아침에 일어나자마자 이불을 다 새로 빨아야겠다고 말했습니다. 그리고 강력한 살충제를 사와야겠다고 했습니다. 그러나 나는 고개를 저었습니다. 그리고 말했습니다.

"여보.. 그럴 필요 없어. 나만 회개하면 돼.."

그리고 나는 강대상으로 올라가서 무릎을 꿇었습니다. 그리고 기도했지요. '주님.. 죄송합니다. 다시는 까불지 않을 테니까 한번만 봐 주세요.' 라고요.

기도하면서 나는 주님의 그러한 메시지를 느꼈습니다. '벌레만도 못한 너를 내가 사랑하고 용서하고 사용하였는데 네가 그렇게 자랑할 것이 있느냐? 내가 움직이지 않으면 너는 저 벌레보다 나을 것이 없는 존재인데 네가 그렇게 자신을 높이겠느냐?'

나는 너무나 죄송해서 찍소리도 못하고 엎어져 있었습니다. 주님은 곧 나를 용서해주셨지요. 그 다음날부터 벌레에 물리는 일은 없었지요. 그런 일은 전에도 후에도 없었습니다.

나는 이 이야기를 쓸까 말까 망설였습니다. '과연 사람들이 이 이야기를 믿을까?' 싶어 걱정이 되었기 때문입니다. 그러나 결국 믿거나 말거나 쓰기로 했습니다. 분명한 것은 주님께서는 우리에게 깨우침을 주시기 위해서 벌레까지도 사용하신다는 사실입니다.

성경에도 요나를 가르치시기 위하여 벌레를 사용하시는 내용이 기록되어 있지요. 성경에 있는 일들은 오늘날에도 여전히 동일하게 일어나고 있습니다. 주님은 하찮은 아주 작은 것들을 통해서도, 아주 작은 사건을 통해서도 우리에게 경고하시고 가르치실 수 있습니다. 또한 그렇게 하고 계십니다.

그분은 아주 부족한 이들을 통해서 일하시는 것을 즐거워하십니다. 그것은 영리하고 유능한 이들과는 달리 그들은 주님의 영광을 도둑질하지 않기 때문입니다. 그러므로 우리는 그분의 음성, 환경을 통해서 말씀하시는 그분의 가르치심에 대하여 민감하게 반응하여야 합니다.

우리는 사소한 일에 대하여서도 교훈을 얻기를 힘써야 하며 보잘 것 없어 보이고 지혜가 없어 보이는 사람들에게서도 주님의 가르치심을 얻기 위하여 주의하여야 합니다. 그들을 통해서 주님께서 말씀하실 수 있기 때문입니다.

우리가 그렇게 작은 것을 통하여 주님의 메시지에 주의할 때 우리는 좀 더 주님을 경험할 수 있게 될 것입니다. 좀 더 영적인 삶, 조화롭고 따뜻하며 부드럽고 자연스러운 삶으로 가까이 갈 수 있을 것입니다.

부디 어떤 작은 성공을 했다고 하더라도
절대로 자신을 높이지 마십시오.
부디 하찮은 것을 무시하지 말고
주님의 교훈을 받으십시오.
우리의 인생은, 우리의 하루는
그러한 주님의 가르침으로
가득 차 있습니다.
이렇게 무지하고 부족한 우리들을
훈련하시고 가르치셔서
그분의 품으로 가까이 이끄시는 그분께
감사와 찬양을 드리십시다.
지금은 부족한 우리의 모습일지라도
주님은 우리의 모습을
점점 더 아름답고 놀라운 모습으로
바꾸어주실 것입니다.
오, 주님.. 할렐루야!.

16. 영혼의 평화

　은사적인 경험과 영혼의 경험은 비슷해 보이지만 다른 것입니다. 이것을 많이 이야기했지만 사람들은 잘 이해하지 못하는 것 같습니다. 경험하지 않고는 그 차이점에 대하여 이해하는 것이 쉽지 않을 것입니다.

　사람은 육체와 영혼으로 만들어져 있습니다. 영혼을 영과 혼으로 나누는 분들도 있지만 그것은 기능적인 설명을 위한 것이고 영의 몸과 혼의 몸이 따로 존재하는 것은 아닙니다. 사람은 보이는 부분인 육체와 보이지 않는 부분인 영혼으로 나누어집니다.

　사람은 보이는 육체가 죽어서 소멸되면 보이지 않는 영혼만이 남게 됩니다. 보이지 않는 부분을 영과 혼으로 나눈다고 해서 사람이 죽은 후에 영은 이리로 가고 혼은 저리로 가는 것이 아닙니다. 사람은 단일적인 존재입니다.

　보이는 몸인 육체에 임하는 주님의 역사가 은사이며 외적인 경험입니다. 보이지 않는 영, 또는 영혼에 임하는 주님의 역사가 영혼의 경험이며 내적인 경험이라고 할 수 있습니다. 그러므로 은사적인 경험을 외적인 경험이라고 할 수 있으며 영혼의 경험을 내면적인 경험이라고 할 수 있습니다.

　은사적인 경험은 9가지 은사와 함께 몸으로 경험할 수 있는 여러 현상들을 포함할 수 있을 것입니다. 몸의 진동이라든지 뜨거운 느낌이라든지 몸이 굳어지거나 입신을 한다든지 하는 경험들을 총괄적으로 이야기할 수 있을 것입니다. 신자들은 육체로 느낄 수 있는 그러한 여러 가지 경험을 하게 되면 그것을 대단한 것으로 여기며 아주 영적인 것으로 생각합니다.

그러나 사실 그러한 것들은 그리 영적으로 깊은 것들이 아니며 오히려 초보적인 것이라고 할 수 있습니다. 그것은 넓게 포함시키면 영성이라고 할 수는 있지만 영혼의 영성이 아니며 육체의 영성, 은사적이고 외적이며 초보적인 영성의 경험입니다.

그러한 육체의 영성의 경험은 아직 영혼의 기능이 충분히 눈을 뜨지 않았기 때문에 일시적으로 주님께서 육체에 임하시는 것입니다.

그러므로 기적을 행한다든지, 예언을 한다든지, 치유 사역을 한다든지.. 하는 부분들은 외적인 육체의 영성으로서 인격적인 것이 아니라 기능적인 것이며 영의 성숙과는 상관이 없는 것입니다.

그렇다고 은사적인 경험을 무시하거나 의미가 없다고 할 수는 없습니다. 그것은 초보적인 경험이지만 필요합니다. 그리고 추구해야 마땅합니다. 다만 그것은 영적 성장의 시작일 뿐이며 변화된 삶의 열매를 위해서는 영혼의 경험, 내적인 성숙을 향하여 나아가야 한다는 것을 기억해야 합니다.

은사적인 경험은 육체로 감지할 수 있는 경험이며 이 수준에서는 아직 영혼의 기능이 눈을 뜨지 않았기 때문에 아직 영혼이 육체를 지배하지 못합니다. 이 상태는 그러므로 자아적인 욕망과 죄에서 해방되지 못하며 말씀에 대하여 많은 것들을 이해해도 그것이 실제로 이루어지는 해방과 승리의 삶을 살지 못합니다.

은사가 많이 나타나는 이들은 다른 이들에게서 신앙이 좋은 것으로 인정받기도 하지만 그러나 자신의 개인적인 삶에는 별로 자유함이 없습니다. 가족들과의 관계나 사람들과의 관계에서 많이 부딪치며 성품이 별로 다듬어지지 않았기 때문에 상처를 많이 주고받게 됩니다.

그러나 은사적인 경험은 영적 성장의 과정에 있어서 필요한 경험이기 때문에 반드시 이를 통과하여 가야합니다. 은사적인 경험을 무시하고 영혼의 경험, 내면적인 경험만을 추구하게 되면 영이 약해지며 악한 영들에게 자주 눌릴 수 있습니다.

은사적인 경험은 바깥의 경험이며 영혼의 경험은 내면적인 경험입니다. 그러나 이것은 때가 되면 자연적으로 은사적인 경험이 내면적으로 변화 발전하여 가는 것이지 인위적으로 한쪽에 치우치는 것은 좋지 않습니다.

은사적인 경험은 강력한 것이며 권능적인 것입니다. 그 경험은 성질면에서 바깥에 속한 것이므로 바깥은 강건해지지만 내적으로는 별 유익이 없습니다. 그러므로 내면의 변화가 생기지 않습니다.

그러므로 원수를 사랑하게 된다든지, 환경을 초월한 평강을 누리게 된다든지, 내면에 하나님의 깊은 임재를 경험한다든지 하는 경험을 별로 하지 못합니다. 자신의 성질도 잘 다스리지 못합니다.

그러므로 은사적인 사역이나 경험이 오래 되면 나중에는 공허함과 허무감을 느끼게 되고 회의에 빠지기도 하게 되는데 그것이 바로 다음 단계로 나아갈 준비가 된 상태인 것입니다. 그러나 그렇다고 해서 은사가 소멸되는 것은 아니며 은사적인 부분에 생명적이고 내면적인 영혼의 흐름이 가미되는 것입니다.

은사적인 경험은 대체로 뜨겁고 강하고 열정적입니다. 반면에 영혼의 경험은 부드럽고 깊고 자연스러우며 아름답습니다.

은사의 경험이 강력한 것이라면 영혼의 경험은 평화로움에 가깝습니다. 그것은 강렬한 환경의 폭풍우가 몰아닥쳐도 흔들리지 않는 평화입니다. 그런 상태이기 때문에 스데반과 같이 돌에 맞아죽으면서도 얼굴이 천사와 같이 빛이 나고 기쁨 가운데 승천하는 것입니다.

은사적인 경험은 바깥의 경험이며 온전한 것이 아니므로 내면의 세계, 내면의 경험으로 가까이 가야하는데 여기서 중요한 열쇠가 안정된 마음, 평화로운 마음의 상태입니다.

은사의 경험은 일종의 흥분 상태라고 할 수 있습니다. 그러나 그러한 흥분 상태는 사역적으로는 의미가 있지만 내면적인 차원에서는 방해가 될 수 있습니다. 흥분은 그것이 즐거운 흥분이든 고통스러운 흥분이든 영혼에는 방해가 될 수 있으며 영혼의 평화를 소멸시킬 수도 있습니다.

이것과 관련된 재미있는 경험이 있습니다.

아내가 오래 전에 어떤 영성 세미나에 다녀온 적이 있었습니다.

그녀는 은혜를 많이 받은 듯 아주 즐거운 표정이었습니다. 그녀는 들떠서 그 곳에서의 여러 가지 체험에 대하여 이야기를 하였고 나는 흥미롭게 듣고 있었습니다.

그 날은 그렇게 지나갔는데 그 다음날 작은 문제가 생겼습니다. 아내가 인감도장이 필요한 일이 있어서 찾았는데 그것이 없어진 것입니다. 아내는 하루 전부터 도장이 필요해서 가지고 다녔는데 그것을 길에서 떨어뜨린 것 같았습니다. 아내가 어제 조금 흥분한 일이 있어서 길에서 도장을 떨어뜨린 모양이었습니다.

아내는 그전 날 아들 주원이와 같이 외출을 했다가 물건을 사러 잠시 어떤 가게에 들어갔는데 바깥에서 기다리고 있을 줄 알았던 주원이가 없어졌던 것입니다. 아내는 깜짝 놀라서 한동안 여기 저기 두리번

거리며 아이를 찾아다녔습니다. 그렇게 한동안 아이를 찾아다녔는데 나중에 보니 주원이가 집에 와 있었습니다.

주원이는 다섯 살이었는데 아이가 엄마가 없어진 줄 알고 큰길의 횡단보도를 두 번이나 건너서 집으로 혼자 간 것입니다. 아내는 놀라서 아이를 찾느라고 정신없이 다니다가 도장을 떨어뜨린 것 같았습니다.

우리는 난처했습니다. 기도를 했지만 그 이유를 잘 알 수 없었습니다. 기도하는 중에 온 느낌은 아내가 이번에 영성 집회를 다녀온 후에 도장을 잃어버렸기 때문에 그것과 관련된 교훈이라는 것이었습니다. 그러나 정확한 것은 알 수 없었습니다.

우리는 도장을 찾으러 나갔습니다. 인감도장을 다시 만들면 되기는 하지만 돈도 들고 그것은 번거로운 일이었습니다. 무엇보다도 은행에 가서 통장을 다시 갱신해야 하는 것도 귀찮았습니다. 우리는 잔고는 거의 없었지만 그래도 통장은 여러 개를 가지고 있었습니다.

우리는 하루 종일 길에서 도장을 찾고 다녔습니다. 눈에 불을 키고 찾았지만 찾을 수 없었습니다. 이런 식으로는 찾을 수 없다는 느낌이 들었습니다.

주님의 역사는 항상 자연스럽게 진행되며 이렇게 아무런 깨달음이 없이 그저 무턱대고 찾는다고 잃어버린 것을 찾을 수 있는 것은 아니기 때문입니다. 이렇게 길에서 헤매고 다니는 것은 뭔가 무리하고 억지스럽다는 느낌이었습니다.

영혼의 열매는 항상 자연스럽습니다. 순풍이 부는 것처럼 부드럽고 자연스럽게 이루어지는 것이 보통입니다. 그래서 주님의 은혜로 하는 사랑은 아주 쉽습니다. 저절로 악한 사람도 사랑스럽게 보이고 저절로 용서가 됩니다. 그러나 아직 영혼이 성숙하지 않은 상태에서는 억지로

의지를 사용해야 하며 용서하는 것도, 사랑하는 것도, 인내하는 것도, 감사하는 것도.. 다 힘이 듭니다.

그렇기 때문에 영혼이 성장하고 발전해야 하는 것입니다. 그렇게 되면 그 모든 것들이 자연스럽게 되고 쉬워지기 때문입니다.

결국 우리들은 고생만 하고 포기를 했습니다. 그리고 어쩔 수 없이 도장을 새로 만들기로 했습니다. 그래도 나는 아쉬운 마음에 하루만 더 기다리자고 했습니다.

그리고 그 다음날 새벽기도 시간에 나는 다시 주님께 물었습니다.

'주님. 우리는 왜 도장을 잃어버렸습니까? 여기에는 어떤 메시지가 있으며 우리는 무엇을 배워야 합니까?' 그렇게 기도하면서 조용히 답을 기다렸습니다. 한참 묵상을 하고 있는데 이 날은 새벽 시간이라 마음이 조용한 안정의 상태여서 그런지 곧 응답을 받을 수 있었습니다. 그것은 이러한 메시지였습니다.

'도장은 권세를 의미하는 것이다. 도장이 없으면 예금을 찾을 수가 없다. 그러므로 도장은 영적인 권세와도 연관이 있는 것이다.

그런데 너희는 어제 흥분하다가 도장을 잃어버렸다. 그것은 어떤 영적인 능력을 받았다고 하더라도 쉽게 흥분하고 마음의 안정을 잃어버리면 그 영적인 권세는 사라져버리는 것을 보여주는 것이다. 영적인 권세를 유지하려면 마음의 평화를 반드시 유지하여야 한다.'

메시지는 선명했습니다. 나는 기도하다 말고 이것을 열심히 수첩에 받아 적었습니다. 잠시 후에 아내가 은행에 가야할 일이 있다면서 도장을 만들러가겠다고 했습니다. 나는 도장을 찾을 수 있을 것 같으니 가지 말라고 했습니다. 그러자 아내는 놀라면서 어제 하루 종일 찾아도 찾지 못했는데 어디서 찾느냐고 물었습니다.

나는 어디 있는지는 모르지만 주님의 교훈을 깨달았기 때문에 아마 찾을 수 있을 것 같다고 말하고 집에 가서 가장 가까운 곳을 다시 찾아보라고 했습니다.

어제의 경험을 보면 아이가 없어져서 온 거리를 찾아 헤맸지만 아이는 집에 와 있었습니다. 그런 것을 보면 도장은 길에 떨어진 것이 아니고 아마 집안에 가장 가까운 곳에 있을 것 같다고 이야기했습니다. 우리에게 일어나는 사소한 일들은 다 하나의 메시지이며 예언과 같은 것이기 때문입니다.

내 말을 듣고 집으로 간 아내는 금방 도장을 찾았습니다. '세상에, 여기 있는 것을 왜 못 보았지?' 하면서요.

우리가 삶에서 교훈을 받고 어떤 것을 깨달았다면 그 문제가 풀리는 것은 아주 자연스러운 일인 것입니다. 우리는 삶 속에서 그러한 일들을 너무나 많이 겪었으니까요.

사건은 비록 미미한 것이지만, 그러나 이것을 통하여 배운 메시지의 교훈은 작지 않았습니다. 이 사건 후에는 영적인 권세와 마음의 안정과 평화의 관계에 대한 메시지가 마음속에서 떠나지 않았습니다. 그래서 나는 특히 평화로운 마음을 유지하기 위하여 더욱 애쓰게 되었습니다.

평화로운 마음에 대한 다른 기억이 나는 이야기가 있습니다. 언젠가 나는 기도 중에 주님이 주신 평안을 맛본 적이 있었습니다.

그것은 흔히 경험할 수 있는 평화와는 종류가 달랐습니다. 그것은 마치 세상을 초월한 듯한 느낌이었습니다. 말로 표현하기가 힘들었고 기쁨과는 또 다른 아주 깊은 곳으로부터 오는 것 같은 안정감이었습니다.

나는 그것이 영혼의 평화라고 느꼈습니다. 그리고 그것은 세상의 여러 가지 일들, 삶과 죽음, 이혼, 사별, 전쟁 아니 그 이상의 어떤 것이 오더라도 흔들리는 성질의 것이 아님을 나는 알 수 있었습니다.

나는 그 평화를 체험한 후에 내가 평소에 얼마나 불안한 상태에 있었는지 알게 되었습니다. 뿐만 아니라 대부분의 사람들이 본인이 느끼지 못하고 있을 뿐 너무나 많은 불안과 쫓김과 두려움과 염려 속에 잠겨 있다는 것을 인식하게 되었습니다.

주님이 주신 순결한 평화, 천국으로부터 오는 그 평화의 물결은 너무나 압도적이고 강력한 것이어서 거기에는 세상의 근심이 같이 있을 수 없는 것이었습니다.

그것은 바로 천국이며 영광의 세계였습니다. 나는 그 세계를 놓치고 싶지 않았습니다. 나는 각 사람이 영혼이 발전된 만큼의 평화를 맛볼 수 있다는 것을 알게 되었습니다. 우리는 우리의 영혼이 좀 더 깊은 곳으로 성장하고 자라갈수록 더 깊은 차원의 온전한 안식, 평화를 누릴 수 있게 될 것입니다.

어느 날 나는 어떤 여전도사님과 교회에서 상담을 하고 있었습니다. 그러던 중 집에서 아내에게서 전화가 걸려왔습니다. 그녀는 급한 목소리로 말하기를 아들 주원이가 사고가 났는데 아마 발가락뼈가 골절이 된 것 같으니 병원의 응급실에 가봐야 된다는 것이었습니다. 주원이가 다섯 살 때였습니다.

내가 전화를 받고 생각에 잠기자 전도사님은 무슨 일이냐고 물었습니다. 내가 조용한 목소리로 아이가 뼈가 부러진 것 같다고 대답했더니 전도사님은 놀라서 빨리 가봐야 하지 않겠느냐고 하셨습니다.

기도로 상담을 마치고 나는 집으로 갔습니다. 그리고 걸을 수 없는 아들을 안고 택시를 잡았습니다. 가까운 종합병원의 응급실에 가면서 나는 이 사건의 의미가 무엇인지를 주님께 물었습니다.

나는 명백한 메시지를 받을 수 없었습니다. 다만 '평화'라는 단어만이 느껴졌습니다. 그래서 나는 평안을 위하여 기도했고 주님께서 이상하게도 놀라운 평안을 허락해주셨습니다. 나는 아이가 뼈가 부러졌다는 데도 감기에 걸린 정도로도 별로 요동이 되지 않는 것이 신기했습니다.

우리가 걱정한다고 좋은 일이 생기는 것도 아니고, 모든 것은 주님의 손에 있기 때문에 어려운 일을 당한다고 해도 염려하는 것은 좋지 않습니다. 그러나 영혼이 발전하지 않으면 그것을 머리로는 이해하면서도 마음은 바쁘고 급하며 쫓기게 됩니다.

나는 다시 주님의 그 놀라운 평화의 물결이 내게 임하는 것을 느꼈습니다. 그것은 어떠한 상황이든, 그 환경을 초월할 수 있는 평강이었습니다.

우리는 주원이의 발에 엑스레이를 찍었습니다. 잠시 후 의사는 안도의 숨을 쉬며 말하는 것이었습니다. 참 다행이라고.. 두 달 동안 기브스를 하기는 해야 하지만 조금만 옆으로 다쳤어도 뼈의 성장판에 문제가 생겨서 평생 동안 다리를 절고 다닐 뻔했다고 아주 다행이라고 말하는 것이었습니다. 우리는 감사를 드리며 병원에서 나왔습니다.

이 사건을 통하여 받은 메시지는 지금까지도 선명합니다. 우리가 살아가면서 우리에게 어떤 재앙이나 환란이 다가온다고 하더라도 우리가 주님을 바라보며 우리 마음의 평안을 잃어버리지 않는다면 그 어둠의 세력은 우리에게 그 이상의 해를 끼칠 수 없다는 것을 말입니다.

나는 살아오면서 많은 환란과 어려움을 겪었습니다. 어려움이 있어도 내 영혼이 요동하지 않을 때는 그것들은 아무런 힘을 발휘할 수 없었습니다. 그러나 내 영혼이 요동치며 불쾌해하고 근심하고 억울해하거나 흥분하는 식으로 반응했을 때는 그러한 문제들이 더 심해지거나 어렵게 되는 것을 경험하곤 했습니다.

이제 나는 항상 영혼의 평안을 유지할 것을 사람들에게 가르칩니다.

아내에게도 자주 마음의 평강을 지키라고 이야기합니다. 그러면 문제가 생겼을 때 곧 그 문제가 가라앉는 것을 경험하게 됩니다.

이 세상에서 파도와 같이 보이는 것이 있다 할지라도 부디 영혼의 평화를 유지하십시오. 주님은 태산 같은 파도 속에서도 편안하게 잠을 주무셨습니다.

그리고 그분이 깨어서 고요하게 명령하셨을 때 파도는 잠잠해 졌습니다. 그와 같이 파도 속에서 흔들리지 않은 사람은 그 파도가 잠잠해지는 것을 보게 될 것입니다.

무엇보다 더 안심할 것은 그 파도의 뒤에는 주님이 계시다는 사실입니다. 그 파도가 우리를 덮치며 우리의 생명을 상할 것같이 보일지라도 그 뒤에서 주님의 사랑의 손길이 파도를 붙들고 있다는 사실입니다.

그러므로 파도를 두려워하지 말며 오직 마음의 평화를 지키십시오.

그 때에 당신의 영혼은 영계의 높은 곳을 날게 되며

한없는 자유, 은총의 세계,

영광의 세계를 맛보게 될 것입니다.

할렐루야.

17. 만물에는 듣는 귀가 있다

앞장에서 나는 벌레와 같은 미물도 주님이 사용하신다는 이야기를 하였습니다. 그것은 신기한 이야기 같지만 사실 별로 신기하다고 할 수 없는 것입니다.

주님은 이 세상의 모든 것들을 창조하셨으며 그것들을 다스리고 계십니다. 그리고 만물은 주님께 복종합니다. 그러므로 어떠한 미물들도 주님의 명령에 따라 무엇을 행한다는 것, 주님이 그들을 사용하시는 것이 특별한 일이라고는 할 수 없는 것입니다.

출애굽기에서 주님은 바로와 애굽인들을 굴복시키기 위하여 이나 파리와 같은 곤충을 사용하셨습니다. 주님은 필요에 따라서는 얼마든지 그들을 사용하실 수 있습니다. 주님께 복종하지 않는 것은 오직 인간들뿐인데 그렇기 때문에 인간의 삶이 참으로 피곤하고 복잡한 것입니다.

영혼의 눈이 조금씩 열려가면서 나는 주님이 지으신 이 우주는 모두가 근본적으로 하나의 근원에서 왔으며 그래서 서로 통한다는 인식이 선명해지게 되었습니다. 만물에는 귀가 있으며 그것들은 하나님의 음성과 사람의 이야기를 잘 듣는 것 같이 느껴졌습니다.

동물에게도 마음이 있고 감정이 있는 것을 구체적으로 느꼈던 적이 있었습니다. 그 때는 신혼 때였습니다.

우리가 신혼 초부터 살았던 집은 오래 된 연립이어서 여기저기에 구멍이 많이 있었습니다. 그리고 그 구멍 사이로 쥐들이 들락거리고 있었습니다. 우리는 어떻게 이 쥐들을 처리해야 할지 고민하다가 쥐덫을 놓기로 했습니다.

전문가들의 이야기로는 쥐들의 청력이 아주 뛰어나다고 합니다. 그래서 낮의 말은 새가 듣고 밤의 말은 쥐가 듣는다는 속담이 생겼는지도 모르지요. 그들은 말하기를 쥐들이 인간의 언어 중에서 약 16-7개의 언어를 알아듣는다고 합니다. 특히 '쥐' 나 '쥐약' 이라는 말은 잘 알아듣는다고 합니다. 그래서 쥐약을 놓을 때는 쥐약이라는 말을 하지 말아야 된다고 합니다. 그들은 서로 다니면서 인간의 욕을 많이 하고 다닌다고 하더군요. 그 말이 사실인지 아닌지는 확인할 길이 없지만 말입니다.

어쨌든 우리는 쥐덫을 놓았는데 하루 밤을 자고 나니까 덩치가 큰 쥐가 한 마리 잡혀 있었습니다. 그 놈은 포기를 했는지 발버둥치지도 않고 조용히 있었습니다.

조금 미안하기는 했지만 어쩔 수가 없어서 우리는 그 놈을 물속에 집어넣어서 익사를 시킨 후에 쓰레기통에 버렸습니다. 그리고 우리는 잊어버렸지요. 그러나 쥐들은 그것을 잊어버리지 않았습니다.

며칠이 지난 후의 일이었습니다. 우리는 같이 외출을 했다가 집에 와서 기겁을 하고 놀랐습니다. 집안이 아수라장이 되어 있었던 것입니다. 집안은 온통 쥐의 자국, 쥐똥 투성이었습니다.

그 놈들은 소파에 올라가서 깨끗한 소파에 엄청나게 많은 똥을 싸놓았습니다. 그 분량을 보면 이것은 수십 마리의 분량이었습니다. 그 뿐만 아니라 그들은 식탁에 올라가서 커피 통, 프림 통을 다 엎질러 놓았습니다. 숟가락, 젓가락들도 다 땅바닥에 떨어뜨렸습니다. 그리고 신발장에도 모든 신발 안에도 다 똥을 싸놓았습니다.

보일러실에 들어가서는 전선을 끊어버렸습니다. 나는 나중에야 그것을 알았습니다. 연탄보일러가 잘 돌아가고 있는데 방이 전혀 뜨듯하지가 않아서 그 이유를 몰랐는데 나중에 보니 전선의 여러 군데가 날카로운 이빨로 끊어져 있었습니다.

온 집안에는 쥐들이 휩쓸고 지나간 흔적, 먼지 자국이 자욱했습니다. 나는 이런 일은 영화에서나 일어나는 일인 줄 알았습니다. 그러나 막상 당하니 어처구니가 없었습니다.

그들은 복수를 하러 온 것 같았습니다. 그날 잡힌 쥐가 덩치가 몹시 큰 것을 보면 아마 할아버지뻘 쯤 되는 쥐였는지도 모릅니다. 그는 그날 밤 그의 덫 가까이로 온 식구들에게 원수를 갚아달라고 부탁했을까요?

아무튼 우리는 집안을 깨끗이 청소했습니다. 다행하게도 그 소동은 더 이상 일어나지 않았고 쥐들은 더 이상 우리 집에 나타나지 않았습니다. 그것으로 복수는 충분했다고 생각한 모양입니다.

이 사건은 내게 깊은 인상을 주었습니다. 쥐 같은 미물도 부분적으로는 마음이 있고 감정이 있다는 것입니다.

동물들이 마음이 있고 듣는 귀가 있다는 것에 대한 일화를 나는 많은 경우에 들을 수가 있었습니다. 잘 아시는 집사님이 이런 이야기를 최근에 해주셨습니다.

그분은 집에서 강아지를 한 마리 키웠는데 2년 동안 살면서 아주 정이 들었다고 합니다. 이 강아지를 '봉'이라고 불렀는데 하루는 이 강아지 때문에 문제가 생겼습니다.

이 집사님이 자주 외출을 하시는 편이라 강아지가 집에서 혼자 지낼 때가 많았는데 이 강아지가 마당에 오줌을 누는데 그 집 마당에 경사가 져서 그 강아지의 오줌이 항상 옆집으로 흘러가는 것입니다.

어느 날 옆집에 사시는 분이 오셔서 마구 화를 내면서 이 강아지를 잘 알아듣게 훈련을 시키든지 아니면 강아지를 내다 버리라고 마구 항의를 하는 것이었습니다.

집사님은 마음이 아팠지만 어떻게 해야 할지 몰랐습니다. 집사님은 안타까운 표정으로 강아지에게 말을 했습니다.

"봉이야.. 어떡하니.. 네가 오줌을 조심해서 싸든지.. 안 그러면 너랑 같이 살수가 없단다.."

그런데 이 강아지가 그 말을 듣더니 눈물을 흘리더라는 것입니다. 집사님은 깜짝 놀랐다고 합니다. 그리고 그 다음날 이 강아지가 가출을 했다고 합니다. 그리고 다시는 돌아오지 않았지요. 집사님은 강아지에게 괜히 그 말을 했다고, 강아지가 상처를 받은 것 같다고 몹시 후회하는 것이었습니다.

그것은 우연일까요? 하지만 나는 그와 비슷한 이야기들을 많이 들었습니다. 나는 동물에게도 듣는 귀가 있으며 의식이 어느 정도는 있다는 것을 느끼게 되었습니다. 그러나 듣는 귀가 있다고 느껴지는 것은 동물뿐이 아니라고 생각되었습니다.

나는 내가 주님께 순종하지 않을 때, 그래서 마음의 평화가 깨어지고 영혼의 그 자연스러운 흐름에서 벗어나고 있을 때 모든 일들이 어긋나고 꼬이게 되는 것을 많이 경험하였었습니다.

그런데 그렇게 꼬이고 막히는 것은 환경이나 사건들만이 아니었습니다. 우리 집안에 있는 가전제품들이 망가지는 경우가 참 많았던 것입니다.

내가 주님께 순종하지 않고 있을 때 집의 TV가 고장 나고, 이어서 세탁기가 망가지고, 다음에는 보일러가 터지고.. 이런 일들이 한 두 번이 아니었습니다.

그러면 아내는 내게 '여보.. 제발 회개해.. 고치는 데 돈이 너무 든단 말이야..' 하고 말하곤 했습니다. 그런데 그럴 때 주님 앞에서 잘못한 것을 고백하고 회개를 하고 나면 고장 난 가전제품이 이상하게도 저절로 멀쩡해지는 경우도 있었습니다.

나는 이러한 경험이 반복되면서 만물에는 귀가 있다는 것을 느끼게 되었습니다. 주님이 지으신 모든 만물에 마치 의식이 있고 귀가 있는 것처럼 생각이 되었습니다.

나와 아내는 거의 부부싸움을 한 적이 없었는데 아내가 어쩌다 나에게 불쾌한 마음을 품고 있으면 설거지를 하다가 컵을 깨기도 하는 등 사건들이 생기기 때문에 아내는 놀라서 곧 마음을 바꾸곤 했었습니다. 마치 유리컵까지도 우리의 마음이 상하면 같이 마음이 상하는 것처럼 느껴지기도 했습니다.

우리는 딸 예원이가 어렸을 때 세 살인가 쯤 되었을 때 같이 자주 다니는 가까운 산으로 데리고 간 적이 있었는데 그 때 예원이가 보이는 모든 것들에게 인사를 하는 것을 보고 몹시 흥미를 느꼈습니다.

예원이는 전선대 위의 등불을 보고 말했습니다.

"등불아, 안녕? 우리는 산에 간다."

예원이는 가다가 닭을 보고는 또 인사를 했습니다.

"꼬꼬야, 안녕? 나는 엄마 아빠랑 같이 산에 간다."

나는 그것을 보면서 타락하지 않은 순수한 상태의 어린이들은 모든 자연을 인격적인 존재로, 하나의 친구처럼 느끼는 것을 알게 되었습니다.

인간은 아마 어쩌면 타락을 한 이후에 하나님과의 교류를 잃어버리면서 영적인 세계와도 단절이 되었고 또한 다른 모든 피조물과도 대화가 단절된 것이 아닐까요?

인간은 모든 만물 중에서 오직 인간만이 사고할 수 있고 지성적인 존재이며 다른 모든 것들은 그저 물질에 지나지 않는다고 생각합니다.

하지만 그러한 인간의 오만이 모든 영의 세계와 하나님의 지으신 아름다운 피조물과의 관계를 단절시킨 것은 아닐까요?

인간관계에서도 상대를 인정하지 않고 무시하면 상대의 이야기를 들을 수 없고 상대방도 기분이 상해서 자신을 드러내지 않을 테니까요.

모든 만물은 오직 하나의 근원, 즉 하나님으로부터 왔습니다. 그러므로 우리는 자연을 하나의 형제와 같이 여기며 하나님을 찬양하고 예배하고 순종하며 서로 사랑하고 조화를 이루어야 하는 한 식구로서 느끼는 것이 어쩌면 더 자연스러운 것인지도 모릅니다.

그렇게 여겨서인지 성 프란시스코는 새들과도 대화를 했다고 하며 동물, 식물도 형제자매로서 대하였다고 전해지기도 합니다. 그는 '물 자매, 물고기 형제..' 그런 식으로 대화를 나누곤 하였지요.

내가 작년에 서울 대방동에 있는 보라매공원의 회관에서 집회를 할 때였습니다. 경북 예천에서 목회하시는 H목사님이 집회를 몹시 사모하셨기 때문에 참석을 위하여 차를 몰고 올라오시다가 사고를 당하고 말았습니다. 차가 충돌해서 뒤집혀지는 큰 사고가 났지요.

그 사고로 인하여 차는 완전히 망가져서 폐차할 정도가 되었는데 하나님의 은혜로 사람은 거의 다치지 않았습니다.

목사님은 뒤집혀진 차 속에 갇혀서 나올 수가 없었는데 그것은 손목이 차체에 깔려서 도저히 뺄 수가 없었기 때문입니다. 목사님은 아무리 손을 빼려고 시도해도 손을 뺄 수가 없었는데 마치 흑암의 세력이 짓누르는 것 같은 느낌을 받았다고 하셨습니다.

목사님은 그 상태에서 조용히 예수의 이름을 불렀는데 그리고 나서 불과 5분도 안 되어 크레인이 등장하여 차체를 들어 올려서 손목을 뺄 수 있었다고 합니다.

목사님은 이런 고백을 하셨습니다. 자기의 힘으로 아무리 해도 손을 빼낼 수가 없었는데 주의 이름을 부르자 곧 크레인이 와서 손을 뺄 수 있도록 해 준 것처럼 스스로의 힘으로 아무리 애써도 어둠의 권세에서 벗어날 수 없으나 주의 이름을 부르면 주님께서 모든 저주와 흑암의 권세를 깨뜨리신다는 메시지를 느낄 수 있었다고 합니다.

그러면서 또 이런 재미있는 이야기를 해 주었습니다.

사고가 나는 순간에 '아, 이 자동차가 내 이야기를 듣는구나.' 하는 생각이 들었다는 것입니다. 왜냐하면 평소에 '아이고 이놈의 엉터리 차.. 폐차를 시키든지 말든지 해야지 원..' 하고 말하곤 했다는 것입니다. 그러면서 조금씩 영혼의 세계를 느끼고 경험하게 되면서 조금이라도 불평이나 원망의 말을 하면 그 말과 관계된 좋지 않은 일이 생기는 것 같다고 하셨습니다.

또한 얼마 전에도 자장면을 먹으면서 자장면이 퉁퉁 불었다고 불평을 했더니 한 번도 전에는 그런 일이 없었는데 자장면을 먹고 얼마 후에 온 몸에 두드러기가 났다는 것이었습니다.

이런 이야기를 계속 경험하고 접하다 보면 정말 만물에 귀가 있는 것처럼 느껴집니다. 물론 그들이 실제로 마음이 있고 생각을 하는 것은 아니겠지요. 주님께서 우리의 깨달음을 위하여 그러한 경험들을 우리에게 허락하시는 것일 것입니다. 그러나 그런 일을 겪다보면 마치 자동차나 음식에 마음이 있고 귀가 있어서 우리의 태도에 따라서 마음이 상하고 토라지는 것처럼 느껴지기도 하는 것입니다.

아내가 최근에 사소한 일로 조금 불평을 하였습니다. 그리고 나서 일어난 사건은 다음과 같습니다.

먼저 컴퓨터가 완전 스톱이 되어버렸습니다. 그 다음에는 전화기의 녹음 장치가 고장이 나 버렸습니다. 수없이 많이 오는 전화가 녹음이 안 되니 난처하게 되었지요. 그 다음에는 팩스가 멈춰버렸습니다. 여기 저기 팩스를 보내고 받을 일이 있는데 곤란하게 되어 버렸지요.

이러한 일은 많이 겪었기 때문에 나는 아내에게 평화로운 마음을 가지고 반성할 것을 권면했습니다.

아내는 나의 이야기를 잘 듣는 편입니다. 어떤 문제가 생기면 내가 그 영적인 원인과 이유에 대하여 설명하고, 그리고 그 말대로 하면 문제가 풀리는 경험을 많이 해왔으니까요. 우리 가정은 거의 평화로운 상태가 유지되기 때문에 가전제품들도 어쩌다가 그 평화가 깨지면 아마 민감하게 반응하는 모양입니다.

물론 모든 고장에 대하여 우리가 영적으로만 해석하고 대응하는 것은 아닙니다. 오래 사용한 물건은 당연히 고장이 날 수가 있고 일반적이고 자연적인 문제들은 A/S를 통하여 고침을 받아야할 것입니다.

아내는 나와 대화 후 평화로운 마음이 많이 회복되었고 영적으로도 많이 자유로워졌습니다. 그리고 나서 문제가 생긴 세 가지의 가전제품이 A/S를 받을 필요도 없이 그냥 해결되어 버렸습니다.

전화의 녹음은 그냥 자기가 알아서 회복이 되어 버렸고 팩스는 우리가 연결을 잘못한 것을 발견하게 되었습니다. 그리고 컴퓨터는 연결하는 도구에서 접속 불량이 되는 것 같아서 그것을 바꾸었더니 멀쩡해지게 되었습니다.

　우리는 어떤 문제가 있었을 때 그것의 영적인 원인을 찾고 해결하려고 하곤 합니다. 그 때마다 문제가 극적으로 해결되는 것을 보곤 하는데 막상 다시 이런 일을 경험하게 되면 또 다시 신기하고 재미있으며 주님의 가르치심과 인도하심이 감사할 뿐입니다.

　그러나 아내의 평화는 또 깨어질 뻔했습니다. 문제가 수습되어 기분이 아주 좋아졌는데 이번에는 보일러가 완전히 정지해버린 상태가 되었던 것입니다.

　이 보일러는 수명이 아주 오래되었고 그래서 고장이 아주 많았습니다. 우리는 몇 년간 이 집에 살면서 부품을 많이 교체하느라고 돈을 많이 썼습니다. 그러나 주인은 돈을 몹시 아끼시는 분이라 새것으로 바꿔줄 생각을 하지 않았습니다.

　최근에는 보일러의 소음이 너무 심해졌고 온수도 거의 사용할 수가 없어서 아내가 할 수 없이 주인집에 내려갔는데 주인 할아버지의 반응으로 인하여 또 다시 화가 나려고 했던 것입니다.

　나는 회복이 되고 있던 아내가 다시 마음의 평정을 잃는 것이 안타까워서 다시 그녀에게 마음의 평화를 지키라고 이야기했습니다. 마음의 평화를 잃어버리면 모든 재앙이 시작된다고, 절대로 흥분하지 말라고 그녀에게 조용히 권면을 하기 시작했습니다.

　"여보.. 절대로 누구든지 나쁜 판단을 하지 말아요.. 만물에는 귀가 있어요. 우리가 무슨 이야기를 하든지 다 들어요. 우리의 영혼이 듣고 주님이 듣고 하늘이 듣고 땅이 들으며 상대방의 영혼이 듣게 되어요.

　그래서 앞에서 다른 이에게 불평을 이야기하는 것보다 뒤에서 불평을 하는 것이 더 위험해요. 왜냐하면 앞에서 이야기하면 그의 겉 사람이 주로 듣지만 뒤에서 이야기하면 그의 영혼이 들으니까요."

나는 아내에게 지금 주님이 당신에게 환경을 초월하는 평안을 주시는 훈련을 하고 계시다고 말했습니다. 그러므로 마음의 평안을 계속 유지하고 있으면 잘 될 것이라고 이야기했습니다.

그녀는 나의 이야기를 잘 듣는지라 얼마 되지 않아서 다시 마음의 안식을 되찾았습니다. 그런데 그 날 저녁에 주인집 할아버지가 우리 집에 찾아 오셨습니다. 여기 저기 보일러 하는 곳을 알아보았다고 하면서 당장 보일러를 갈아주겠다고 하는 것입니다.

우리는 놀래서 기절하는 줄 알았습니다. 이분은 어찌나 근검절약을 하시는 분인지 백 원 하나도 잘 쓰시는 분이 아니었기 때문입니다.

우리는 그 다음날에 새 보일러를 설치하게 되었습니다. 우리 집은 겨울에 특히 너무나 추웠고 보일러를 틀어도 비용만 많이 나올 뿐 난방 효과가 아주 적었는데 갑자기 소음도 거의 없고 잘 움직이는 보일러를 보면서 우리는 감사하는 마음이 가득해졌습니다. 그동안 뜨거운 물이 제대로 나오지 않아서 고생했던 아내는 새 보일러를 보고 기뻐서 어쩔 줄을 몰랐습니다.

우리 집은 많이 추워서 아내와 아이들은 겨울을 두려워했습니다. 그러나 이제 물도 잘 나오고 방도 따뜻하게 될 것 같아서 우리들은 이제 더 이상 겨울을 두려워하지 않게 된 것입니다.

이러한 비슷한 일을 많이 겪으면서도 우리는 그 때마다 신기해집니다. 펑펑 잘 나오는 물, 그리고 잘 돌아가는 보일러.. 그것은 마음의 평화를 훈련시키시는 주님의 감동에 순종했고 그 평화를 흔들기 위하여 애쓰던 악한 영들과의 전투에서 승리한 아내의 전리품이었습니다.

우리는 아직도 배워야 할 것이 너무나 많을 것입니다. 그러나 지금 이 순간은 이 한가지의 메시지를 계속 반복하고 학습하는 것으로 충분할 것입니다.

그것은 다음과 같은 것입니다.

'만물에는 귀가 있다. 그러므로 일체의 비난이나 불평을 해서는 안 된다. 그러면 만물이 그것을 들으며 아름답지 않은 열매가 나타나게 된다.

그러므로 언제 어떠한 상황에서도 감사를 해야 하며 누구든 비난해서는 안 된다. 그리고 항상 마음의 평화를 지켜야 한다. 그러할 때 주님은 우리의 환경에도 평강과 안식을 주실 것이다.'

지금은 그저 이 단순한 메시지로도 충분했습니다. 왜냐하면 내일 또 배워야 할 것은 그 때 또 배우면 되기 때문입니다. 내일 우리에게 필요한 지식은 주님께서 또 가르치시고 깨닫게 하실 것이니 그저 오늘의 가르침에 순종하고 주님께 나아가면 되는 것입니다.

날마다 배울 것이 있기 때문에 인생은 행복합니다.

우리의 순종과 경험과 지혜와 영혼의 감각이 자랄수록 우리는 주님께 가까워지며 유용한 주님의 사람이 될 수 있을 것입니다.

하루하루 날마다 이렇게 배워가면서 우리는 주님 앞으로 더 가까이 갑니다. 우리의 인생에서 그것처럼 놀라운 축복은 다시없을 것입니다.

오, 주님.. 감사합니다..

할렐루야.

18. 타인의 고통에 대하여

　최근 얼마 전에 아내가 갑자기 귀가 너무 아프다며 울상을 지었습니다. 아내는 병원에 다녀오더니 귀가 아픈 것이 이렇게 고통스러운지 몰랐다고 하는 것이었습니다.
　아내는 이비인후과에 갔는데, 아주 긴 봉과 같은 것으로 귀에다 집어넣어서 후비는데 어찌나 아픈지 눈물이 막 나왔다고 했습니다.
　의사는 귀속에 이 물질이 들어간 것 같다고 했습니다. 그런데 문제는 병원에서 치료를 받고 왔지만 여전히 귀속에서 덜거덕거리는 소리가 나고 통증이 멈추지 않는다는 것이었습니다.
　아내는 고통이 너무 심하게 되자 나에게서 늘 듣는 것을 적용해보았습니다. 귀가 아픈 것은 내가 귀를 통해서 뭔가 잘못하는 것이 있기 때문이 아닐까? 내가 최근에 다른 이들의 이야기를 제대로 듣지 않은 것이 있을까? 생각하자 아내는 즉시로 떠오르는 것이 있었습니다.
　우리 집에는 독자들의 전화가 참 많이 옵니다. 지난 1년 간 아마 천 통은 더 왔을 것입니다. 주로 책을 읽고 감사하다는 내용의 전화들이지만 상담을 요청하는 전화도 꽤 많습니다. 전화통을 붙들자마자 우시는 분들도 계십니다. 어떤 때는 하루에 십여 통이 오기도합니다.
　그러다 보니 처음에는 될 수 있는 한 전화를 많이 받았지만 나중에는 모든 전화를 다 받는 다는 것이 불가능해졌습니다. 어떤 날은 아침부터 밤까지 전화통을 붙들고 있다가 목이 쉬기도 했고 전화를 받다보면 하루 종일 아무 일도 할 수가 없었습니다.

그래서 어쩔 수 없이 전화를 받는 것은 주로 아내가 맡게 되었습니다. 그러다 보니 아내는 주로 악역을 해야 합니다. 죄송하지만 목사님은 지금 전화를 받을 수가 없다고, 메일로 해주시라고.. 그렇게 대답을 합니다.

시간과 상태에 여유가 있을 때는 내가 직접 받지만 그렇지 못할 때가 많이 있습니다. 또한 직접 출판사를 내서 책을 만들고 있기 때문에 독자님들이 직접 책을 신청하는 경우도 많습니다.

그런데 어떤 분들은 책을 신청하면서도 상담을 요청하기도 하고, 책을 주문할 때도 어느 책을 지정하지 않고 어떤 책이 좋으냐고 내용이 무엇이냐고 한참을 물어보다가 나중에 주문하겠다고 전화를 끊곤 합니다. 이런 일들이 반복되면서 아내는 많이 지쳤던 것 같습니다.

그 날도 아내는 어떤 분의 전화를 받고 있었습니다. 그 날 아내는 몹시 바빠서 밖으로 나가려고 하는 중이었습니다.

상대방이 책을 주문하겠다고 해서 아내는 종이와 펜을 들고 기다렸습니다. 그러나 상대방은 책은 주문하지 않고 자신의 신상 이야기를 천천히 느린 목소리로 계속 하기 시작했습니다.

시간이 없었던 아내는 마음이 조급해졌던 것 같습니다. 그래서 그녀가 말을 하고 있는 중에 '무슨 책을 주문하실 건데요?' 하고 물었습니다. 아내는 그녀의 말을 중단시키려는 의도보다는 그녀가 책을 주문했기 때문에 일단 내용을 적은 다음에 이야기를 계속 들으려고 했다고 합니다.

하지만 그녀는 갑자기 말을 멈추었습니다. 그리고는 '다음에 다시 전화하겠습니다.' 하고는 전화를 끊었습니다. 그녀는 마음이 상한 것이 분명했습니다.

그녀는 자기의 고통스러운 문제에 대하여 이야기했는데 아내가 마음을 다하여 듣지 않는다고 생각하고 기분이 나빠진 것 같았습니다.

아내는 그녀가 오해를 한 것 같은데, 오해의 소지를 제공한 것이 미안했지만 이미 어쩔 수 없는 일이라 할 수 없이 밖으로 외출을 하였습니다. 그리고 나서 얼마 후부터 귀가 아프기 시작했던 것입니다.

아내는 아픈 귀를 붙잡고 상대방의 고통에 대하여 둔감하게 행동했던 자신의 과오를 주님께 고백하고 회개했습니다. 그리고 바로 그 순간 귀의 고통이 순간적으로 사라져버렸습니다.

고통에서 벗어난 아내는 몹시 기뻐하면서 이런 이야기를 하는 것이었습니다. 주님께 묻고 나서 '아, 이거다..' 하는 마음이 들 때는 순간적으로 느낌이 오며 즉시로 모든 것이 회복된다는 것입니다.

나도 그와 비슷한 경험을 많이 했었습니다.

가장 최근의 일로는 치통으로 인하여 오래 고생한 일이 있었습니다.

갑자기 양쪽 어금니 이빨이 몹시 아프기 시작했습니다. 고통으로 인하여 밤에 도저히 잠을 이룰 수가 없어서, 병원에 가는 것을 아주 싫어했지만 할 수 없이 치과에 가게 되었습니다.

그 고통은 10일이 넘게 지속되었는데 나는 어리석게도 이번만큼은 내가 이빨을 제대로 관리하지 않아서 겪는 자연적인 고통이라고 생각했습니다. 그러나 고통이 하도 오래가니까 이상한 느낌이 들었습니다.

이빨이 한쪽만 아니고 양쪽이 아프니까 음식을 제대로 먹을 수 없었습니다. 그런데 병원에서는 동시에 양쪽을 치료하지 않고 한쪽이 끝나야 다른 쪽을 치료한다고 하였습니다.

나는 먼저 오른쪽을 치료받고 있었습니다. 그러나 치료받기 전보다 아픈 것이 낫지도 않았고 치료받지 않고 있는 왼쪽은 더 아팠습니다.

하도 아프게 되니까 그 때야 나는 비로소 아픈 이유에 대해서 주님께 물어보게 되었습니다. 그리고 아내가 받았던 비슷한 응답을 받았습니다. 주님께서 내가 다른 이들의 고통에 대하여 아파하지 않고 그저 심드렁하게 넘겼던 일이 있음을 보여주셨습니다. 그리고 깨닫는 즉시 통증이 멎어버렸습니다.

나의 경험에 의하면 어떤 부분에 대하여 깨닫게 되면 거의 순간적으로 문제가 해결되곤 했습니다. 일단 주님이 가르치시고자 하는 진리를 발견하게 되면 기도를 많이 하지 않아도 간단한 고백만으로도 주님은 고통에서 해방시켜주시곤 했습니다.

나는 그래서 오른쪽만 치료가 끝나자 왼쪽은 치료를 받지 않았습니다. 진작 주님께 물어보았으면 그동안 쓸데없이 고생을 하지 않았을 텐데요..

이런 종류의 경험을 많이 했으면서도 막상 현실에 문제가 생기면 주님께 기도하고 물으며 메시지를 받아야 하는 것을 깜박 잊어먹고 단순히 환경적인 문제이거나 자연적인 것으로 여길 때가 여전히 많이 있었습니다. 그게 문제입니다! 그래서 항상 고생을 하는 것입니다.

주님께서 우리에게 이러한 반복적인 경험들을 통해 가르치시는 메시지는 분명했습니다. 우리는 결코 다른 이들의 고통에 대하여 마음을 닫아서는 안 된다는 것입니다. 그들의 고통은 곧 우리의 고통이며 우리는 서로 하나라는 것입니다.

이러한 경험이 반복될수록 우리는 모든 인간이 동일한 근원, 하나님으로부터 왔으며 하나님의 형상으로 지음 받은 한 식구임을 깨닫게 되는 것입니다.

아직 영혼의 의식이 깨어나지 않은 어린이들, 육신적이고 자아적인 의식 속에서 살아가는 이들은 남들이 괴롭든 말든 자기만 행복하면 된다고 생각합니다. 그러나 육성이 약해지고 영성이 발전되어갈수록 우리는 문자 그대로 하나라는 것을 점점 더 분명하게 인식하게 됩니다.

현대인들이 가지고 있는 각종 정신병적인 증상들.. 고독, 소외감, 불안감, 두려움.. 등의 현상은 많은 경우에 이 시대에 만연한 개인주의, 이기심과 관련이 있는 것입니다. 사람이란 결코 다른 이들의 행복을 구하지 않고는 행복할 수 없는 존재이기 때문입니다.

남들이 괴롭든 말든 자신의 문제에만 몰두하고 있는 것은 영혼이 병들었거나 거의 발전하지 않고 육체의 본성으로만 살고 있는 것을 보여주는 것입니다.

흔히 중년의 위기를 많이 이야기합니다. 중년이 된 아내, 남편이 어느 순간에 삶의 허무감에 빠지는 것입니다. 나는 여태까지 무엇을 위하여 살아왔나.. 남편의 뒷바라지, 그리고 아이들 뒷바라지.. 하지만 진정한 나는 어디에 있는가.. 나는 나 자신의 자아를 찾지 못하고 살아왔구나.. 물론 남자도 마찬가지로 비슷한 허무감을 느낍니다.

그러한 허무감은 인생의 목적이 영혼의 발전을 위한 것이라는 사실을 깨닫지 못할 때 오는 것입니다.

인생은 영혼의 성장을 위하여 이 땅에 왔습니다. 이 땅은 영원한 본향을 위한 하나의 학교와 같습니다. 우리는 천국 시민이 되어 가는 훈련을 위하여 이곳에서 살고 있는 것입니다. 천국에서의 삶, 천국의 법에 익숙해지기 위하여 사랑의 법, 용서의 법, 섬김의 법을 이곳에서 훈련하며 배우고 있는 것입니다.

영혼이 발전할수록 사람들은 하나님을 예배하고 다른 이들에게 봉사하는 것에 의하여 참 기쁨과 순수한 만족을 얻게 됩니다. 그러므로 영혼이 자랄수록 점점 더 남을 섬기고 싶어지는 것입니다.

어린 영혼은 오직 자신을 위하여 살며 남에게 드리는 봉사와 희생을 억울해합니다. 물론 그의 영혼은 결코 행복하지 않습니다. 그러나 영혼이 발전되면 그러한 그의 성향은 바뀌는 것입니다.

많은 이들이 고독으로 인하여 괴로워합니다. 노년의 외로움을 두려워합니다. 그러나 그것은 그의 의식이 아직도 자신에 집중되어 있기 때문입니다.

외로워하는 시간에 자신이 돌볼 수 있고 섬길 수 있는 사람을 찾아보십시오. 그 즉시로 그러한 외로움은 사라지고 우리의 영혼은 행복감으로 가득 차게 됩니다.

왜냐하면 주님께서는 우리를 그렇게 다른 이들을 위하여 섬기고 봉사하고 희생할 때 진정한 만족을 얻도록 설계하셨기 때문입니다. 그리고 천국은 그렇게 남을 위하여 희생하고 섬기는 것을 즐기는 이들의 집인 것입니다. 남을 위하여 사는 사람은 더 이상 고독하거나 외로움에 잠기지 않게 됩니다.

천국의 세계는 남을 섬기고 봉사하고 싶은 수준만큼 지도자가 되는 것입니다. 신앙이란 곧 하나님을 예배하고 사랑하며 사람에게 봉사하는 것입니다. 그리고 그 두 가지는 서로 연결된 것입니다. 그 두 가지를 나누는 것은 쉽지 않습니다.

주님을 사랑하는 이는 영혼들을 사랑합니다. 왜냐하면 그들은 주님의 작품이기 때문입니다. 그러므로 주님을 섬기는 것은 다른 영혼들, 부족하고 연약한 이들을 섬기는 것과 같은 것입니다.

많은 이들이 영성이란 깊은 광야와 같은 곳에서 고독하게 기도에 힘쓰는 것이거나 아니면 현실의 삶을 내팽개치고 오직 기도와 예배, 찬송을 드리는 데 힘쓰는 것이라고 생각합니다. 골치 아픈 직장일, 가정 일에서 해방되어 하루 종일 주님과 대화하는 것이 영적인 일이라고 생각합니다.

그러나 영성이란 현실의 도피가 아닙니다. 직장에서 가정에서 구현될 수 없는 영성은 참 영성이 아닙니다.

우리의 현실 속에서 일어나는 여러 가지 마음의 전쟁들, 무례하고 이기적인 이들에 대한 우리의 반응, 우리와 성향이 맞지 않고 우리를 괴롭히는 이들에 대한 우리의 반응, 우리의 능력을 넘어서는 일들, 요구들, 예상을 넘어선 현실의 여러 가지 고통들.. 그러한 일들 속에서 우리는 주님을 붙잡으며 주님의 메시지를 들으며 조금씩 순종해가고 그럼으로써 점차로 영혼이 발전해가게 됩니다.

그리하여 우리는 파도 속에서 평안을 얻게 되며 비로소 현실 속에서 가정 속에서 삶 속에서 예배하는 것, 주님을 사랑하고 사람들을 용납하고 사랑하는 것을 배워가게 됩니다.

사람들을 피하여 광야로 가는 이들에게는 영적인 성장이 없습니다. 그가 아무리 신비체험을 하고 기적을 행하고 깊은 단계에 있다고 착각을 하더라도 그는 영원한 곳에서 아주 낮은 차원에 머무를 뿐입니다. 영계의 높은 차원은 오직 사랑과 섬김이기 때문입니다.

사람들은 자신의 실력을 기를 생각을 하지 않고 문제를 피하여 도망칩니다. 하지만 시험이 없는 광야로 가는 것보다는 실력을 길러야 합니다. 사람과 부딪치고 문제와 부딪치며 사랑을 배우고 순종을 배우며 실제적인 영성, 실제적인 성숙을 이루어가야 합니다.

환경과 사람들과의 부딪침에서 고통을 겪는 것은 육신의 욕망과 자기중심의 의식이 처리되지 않았기 때문입니다. 문제는 자신의 안에 있는 것이지 환경이나 다른 사람들에게 있는 것이 아닙니다. 그러므로 문제를 피하고 사람을 피하여 광야에서 혼자 산다고 해서 해결되는 것이 아닙니다.

건드리지 않으면 누구나 다 온유합니다. 원수와 부딪치지 않으면 누구나 다 자신의 속에 있는 미움을 깨닫지 못합니다. 삶의 위기에 처하지 않은 이는 자신이 믿음이 좋다고 생각합니다. 그러나 위기에 부딪치면 자기 믿음의 실상을 보게 됩니다.

그러므로 우리는 현실의 삶 속에서 자신의 진정한 모습을 발견하고 이러한 부분들을 처리 받고 성장해가야 합니다. 영혼이 깨어나서 의식의 수준과 차원이 발전해가야 합니다. 그만큼 우리는 주님과 더 깊은 교류를 가질 수 있으며 그것이 고통과 훈련의 진정한 목적인 것입니다.

하나님을 사랑하는 것은 현실과 동떨어진 고상한 삶이라는 의식을 가진 이들이 있었습니다. 그들에게 주님은 말씀하셨습니다.

"너희는 내가 주릴 때에 먹을 것을 주지 않았다.

너희는 내가 나그네 되었을 때 영접하지 않았다.

너희는 내가 병들었을 때에 돌아보지 않았다.

너희는 나의 고통을 모른 척 하였다.."

그들은 반박했습니다.

"오, 주님.. 무슨 말씀을 그렇게 하세요?

제가 얼마나 주님을 사랑하는데요..

제가 얼마나 기도를 많이 드리는데요..

제가 얼마나 성경을 많이 아는데요..

저는 오직 주님만을 위하여 살기를 원하는데요..”

주님은 그들에게 대답하셨습니다.

"그래? 그런데 왜 너희의 주변에 있는 연약한 이들의 고통과 필요에 대하여 모른 척 하느냐?

그들이 곧 나이며 내가 보낸 이들인데 말이다. 그들을 사랑하고 섬기는 것이 곧 나를 사랑하는 것인데 말이다..” (마25:34-46)

주님은 우리에게 고통을 허락하심으로써 이웃의 고통과 이웃의 마음을 가르쳐주십니다. 왜냐하면 우리는 직접 체험하지 못하면 도무지 알아듣지 못하기 때문입니다.

인간은 모두 하나입니다. 주님은 우리가 그렇게 하나가 되도록 창조하셨습니다. 남에게 고통을 주는 이들은 조금도 남김없이 언젠가는 자신이 행한 대로 받게 됩니다. 그러나 남을 위하여 봉사하고 희생과 섬김을 즐거워하는 이들은 반드시 그 열매를 얻게 되며 영원한 곳에서 상급을 얻게 될 것입니다.

테레사 수녀가 존경을 받는 것은 빈민을 위한 그녀의 헌신 때문입니다. 자신이 그렇게 하지 못하는 모든 이들도 그녀의 그러한 헌신을 존경합니다. 헨리 나우웬이 존경을 받는 것도 그가 편안하고 안정된 위치라고 여겨지는 유명 대학의 교수직을 버리고 낮은 곳으로 내려와서 장애인들과 같이 거하며 사랑하고 헌신하는 삶을 직접 살았기 때문입니다.

그러한 삶은 어떠한 웅변이나 설교보다도 더 우리의 마음을 감동시키는 것입니다. 물론 그러한 헌신도 오직 주님만이 명령하시고 인도하실 수 있는 것입니다. 우리는 주님으로부터 받은 만큼만 순종하고 봉사하며 나아가야 합니다. 분명한 것은 우리의 영혼이 성장할수록 주님은 우리가 섬기고 주는 삶을 살도록 우리를 인도하신다는 것입니다.

주님은 이 땅에 오셔서 자신의 마지막 피 한 방울까지 우리를 위하여 주셨습니다. 그분의 모든 삶은 오직 섬김과 헌신이었습니다. 그분은 그러한 삶을 위하여 우리를 부르시고 계신 것입니다.

우리가 멀리 갈 것도 없이 우리의 주위에는 상처받고 피곤하고 지치고 위로가 필요한 이들이 많이 있습니다. 우리가 사랑을 표현하고 애정을 기울이면 기뻐할 가족들이 있습니다.

우리가 그들을 축복할 때 기뻐하는 그들의 얼굴, 그들의 웃는 모습은 곧 주님의 얼굴이며 주님의 웃음입니다. 우리는 그처럼 주님의 마음을 기쁘시게 하기 위하여 시원케 하기 위하여 날마다 사랑하고 헌신하며 위로하고 격려해야 합니다.

고통을 통하여 나는 이것들에 대하여 많이 배웠습니다. 남들의 고통에 대하여 예민해질 것과 우리 모두가 하나인 것과 우리가 하나가 되어갈수록 우리는 주님과 가까이 가게 된다는 것.. 그러한 것들을 배웠습니다.

아마 평생을 더 배워나가야 하겠지요. 그러나 어쨌든 이렇게 한 가지씩 영적 성장을 위하여 나아갈 수 있다는 것.. 그것은 우리가 살아있는 가장 중요한 기쁨과 행복 중의 하나인 것입니다.

나는 언젠가 어떤 부인이 자신의 남편이 병상에서 고통 중에 있을 때 그에게 매몰차게 대하는 것을 본 적이 있습니다. 그녀의 남편은 평생 그녀를 고통스럽게 했기에 그녀는 그렇게 대하는 것 같았습니다.

그러나 나는 그 모습을 보고 염려스러웠습니다. 그러한 행동을 심을 때 언젠가는 자기의 삶에도 그와 같은 고통스러운 상황이 올 수 있기 때문입니다.

시간이 좀 흐른 후에 나는 그녀도 비슷한 고통으로 몹시 고생하는 것을 알게 되었습니다. 나는 남의 고통에 대하여 동정적이지 않은 이들은 자신도 똑같이 그러한 고통을 겪을 수 있다는 사실을 사람들이 알게 된다면 자신의 행동을 조심하게 될 것이라고 생각합니다.

주님은 마치 이렇게 말씀하고 계시는 것 같습니다.

'네가 그 사람의 고통을 잘 모르겠느냐?

그럼, 네가 겪으면 그것을 이해할 수 있겠느냐?

라고 말입니다.

우리는 주위에서 고통을 당하는 이들을 많이 보게 됩니다. 그것을 보게 하시는 이는 주님이십니다.

주님은 때때로 그들을 도우라고 그들을 우리에게 보내십니다. 우리는 할 수 있는 한 그들을 도와야 합니다. 왜냐하면 그들의 고통은 바로 주님의 고통이며 그들을 치유하는 것은 곧 주님을 돕는 일이기 때문입니다. 그러므로 그들을 도움으로써 우리는 주님을 만족시켜드리는 것이며 이를 통하여 우리는 영적으로 성장해가기 때문입니다.

나에게는 항상 내가 감당하기 어려울 정도로 많은 사람들로부터 상담과 도움과 통찰력을 구하는 요청이 있습니다.

내가 이에 대하여 제대로 반응할 수 없기 때문에 그것은 내게 항상 큰 고통이 됩니다. 그러나 시간과 건강이 허락하는 한 나는 그들을 돕기 원하며 그것은 나의 삶에 커다란 기쁨이 되는 것입니다.

할 수 있는 한 다른 이들의 문제와 고통에 대하여 마음의 주의를 기울이십시오.

우리의 겉사람은 자신에게 주의를 기울일 뿐이지만 우리의 속사람은 주님과, 다른 사람과 연결이 되어 있습니다. 그러므로 자신의 문제에만 몰두하는 이들은 영혼이 발전하기 어려우며 오직 겉사람의 의식, 자기의 굴레 속에 갇혀있을 뿐입니다.

그들은 있지도 않은 문제로 고민하며 남들의 시선을 두려워하며 자존심과 체면에 의하여 묶인 삶을 살면서 많은 시간과 에너지를 낭비합니다.

타인의 고통에 대하여 민감한 이들은 영혼이 열어지기 쉬우며 주님의 마음과 교통하기가 쉽습니다. 그러나 다른 사람과 동떨어져 오직 자신이 영적인 사람이 되기를 원하는 사람, 많은 신비적인 경험을 하고 영적으로 깊어지기를 원하는 이들은 여러 가지 은사적인 경험은 할 수 있지만 진정한 영혼의 만족을 얻기는 어렵습니다.

왜냐하면 주님은 우리가 이웃을 사랑하고 섬길 때 가장 행복하도록 그렇게 우리를 만드셨기 때문입니다.

우리는 이웃을 사랑함으로 주님께 더 가까이 갑니다. 이웃의 고통을 아파함으로 주님께 더 가까이 갑니다.

고통을 통하여 주님의 음성을 들으며 이렇게 배우면서 발전해가면서 우리는 날마다 주님을 향하여 천국을 향하여 점점 더 가까워지게 되는 것입니다.

19. 주님이 말씀하시는 두 가지 방법

　주님은 우리에게 다양한 방법으로 말씀하십니다. 우리를 가르치시고 우리를 그분의 품으로 인도하시기 위하여 여러 가지로 말씀하십니다.
　주님이 우리에게 말씀하시는 이유는 우리를 사랑하셔서 교제를 원하시기 때문이며 우리의 영혼을 성장시키기 위하시기 때문입니다.
　주님은 우리를 단순히 이 땅에서 고통 없이 편안하게 사는 삶으로 인도하시지는 않습니다. 바른 삶을 위하여, 그분께 가까워지도록 더 깊고 아름다운 영혼과 삶이 될 수 있도록 우리를 이끄십니다.
　주님이 다양한 방법을 통하여 말씀하시는 것은 우리 각자의 영적인 수준이 다 다르기 때문입니다. 그러므로 주님의 음성을 듣는 것은 테크닉의 문제가 아니고 영적 성숙도의 문제입니다.
　누구나 영이 자라갈수록 좀 더 주님의 마음을 느끼고 그분의 음성을 잘 듣게 되며 주님은 자신의 마음을 보여주시는 것입니다. 40살 먹은 아버지가 다섯 살 된 딸에게 자신의 마음의 깊은 고민을 이야기하지는 않습니다.
　주님은 성경의 말씀을 통해서, 양심의 소리를 통해서 환경을 통해서 마음의 소원과 감동을 통해서 다양하게 말씀하십니다. 주님은 누구에게나 각자의 수준과 상태에 맞게 인도하시고 말씀하시므로 주님의 음성을 듣는 것은 어느 누구의 전유물이 아닙니다.
　그렇기 때문에 주님의 음성을 듣기 위해 다른 이들을 의지할 필요는 없는 것입니다. 누군가에게 찾아가서 나를 향한 주님의 뜻이 무엇이냐고 묻는 것은 어리석은 행동입니다. 그것은 다른 사람에게 찾아가서 나의 부모님이 나에게 원하시는 것이 무엇인지 말해달라고 하는 것과 같습니다.

주님은 직접 우리에게 말씀하시기를 원하시며 다른 이들을 통해서 우리와 교통하시기를 원하시지는 않습니다. 다만 사역자나 멘토들은 그러한 주님과의 만남을 간접적으로 도울 수는 있을 것입니다.

주님은 그분을 따르는 모든 이들에게 항상 말씀하시고 계십니다. 그러므로 우리들은 그것을 알아들어야 합니다.

그러한 주님의 음성과 감동은 크게 두 부분으로 나누어진다고 할 수 있습니다. 그것은 환경과 같이 보이는 것을 통해서 말씀하시는 경우와 성경에 대한 묵상이나 깨달음, 또는 내면의 소원과 감동, 양심의 소리나 직관적인 인식 등의 내면적인 보이지 않는 것을 통해서 말씀하시는 경우입니다. 간단히 말하자면, 보이는 환경을 통해서 말씀하시는 것과 보이지 않는 마음속에서 말씀하시는 것, 두 가지를 들 수 있는 것입니다.

사람은 물질의 영역에 속한 육체를 가지고 있고 영계의 영역에 속한 영혼을 가지고 있습니다. 그러므로 주님은 육체가 보고 들을 수 있도록 환경을 통해서 말씀하시며 영혼이 듣고 느낄 수 있도록 내면을 통해서 말씀하시는 것입니다.

주님이 말씀하시는 두 가지 방법 중에서 보다 본질적이고 근원적인 것은 보이는 환경을 통해서 말씀하시는 것보다 보이지 않는 영혼을 통한 음성입니다. 그것이 더 근원에 가까운 것입니다. 그러나 영혼이 발달하지 않으면 그 내면의 소리를 잘 듣지 못하기 때문에 보이는 부분을 통해서 말씀하시는 것입니다.

보이지 않는 영혼의 세계가 보이는 세계인 육체와 환경의 물리적인 차원보다 좀 더 근원적이고 본질적인 세계라는 것은 분명한 사실입니다. 성경은 말합니다.

믿음으로 모든 세계가 하나님의 말씀으로 지어진 줄을 우리가 아나니 보이는 것은 나타난 것으로 말미암아 된 것이 아니니라 (히11:3)

창조된 세상, 눈에 보여 지는 것은 보이지 않는 근원으로부터 왔습니다. 물질은 보이는 세계, 나타난 것에서 나온 것이 아닙니다. 나타나지 않고 보이지 않는 세계에서 보이는 것이 창조되었던 것입니다.

세상은 창조되기 전에 먼저 하나님의 마음속에 있었습니다. 하나님은 먼저 생각하시고 그것을 말씀으로 선포하셨습니다. 그러자 그 말씀이 그대로 이루어졌습니다. 이와 같이 보이는 환경, 보이는 물질세계는 보이지 않는 영계의 결과이며 그림자인 것입니다.

각 사람의 환경도 각 개인의 생각의 결과입니다. 생각과 마음은 영혼이 반영되는 것이며 하나님께서는 각자의 마음과 생각을 통하여 각 개인의 삶과 환경을 조성하시고 허락하시는 것입니다.

우리는 행동하기 전에 생각합니다. 우리의 마음이 '나는 광화문으로 가야지..' 하고 생각하면 몸은 자동적으로 그쪽을 향하여 움직입니다. 몸이 먼저 움직인 다음에 '내 몸이 어디를 가는 거지? 하지는 않습니다.

우리는 마음이 상하게 되면 입맛이 없어집니다. 마음의 작용이 몸에 영향을 미치는 것입니다. 그처럼 먼저 보이지 않는 마음의 움직임이 있고 그 후에 그것의 그림자로서 행동이 나타나게 되는 것입니다.

그러므로 주님의 음성은 환경으로 말씀하시는 것보다 먼저 내면의 심령에 말씀하시는 것이 보통입니다. 그러나 내면으로 말씀하시는 그 음성을 듣지 않거나 듣지 못하면 그 다음에는 환경을 통하여 말씀하십니다. 성경에서 이러한 원리를 발견할 수 있습니다.

솔로몬이 마음을 돌려 이스라엘의 하나님 여호와를 떠나므로 여호와께서 그에게 진노하시니라 여호와께서 일찍이 두 번이나 그에게 나타나시고 이 일에 대하여 명령하사 다른 신을 따르지 말라 하셨으나 그가 여호와의 명령을 지키지 않았으므로 여호와께서 에돔 사람 하닷을 일으켜 솔로몬의 대적이 되게 하시니 그는 왕의 자손으로서 에돔에 거하였더라 하나님이 또 엘리아다의 아들 르손을 일으켜 솔로몬의 대적자가 되게 하시니 솔로몬의 신하 느밧의 아들 여로보암이 또한 손을 들어 왕을 대적하였으니 (왕상11:9, 10, 14, 23, 26)

그 순서는 분명합니다. 솔로몬이 하나님께 불순종하였을 때 하나님께서는 두 번 그에게 나타나 내면적으로 말씀하셨습니다. 아직 환경을 통해서 말씀하신 것이 아닙니다. 그러나 그러한 내면의 감동과 말씀을 듣지 않자 하나님께서는 환경의 고통을 통하여 그에게 말씀하시기 시작하셨습니다.

그때까지 솔로몬의 왕국에는 평화가 있었고 전쟁이나 갈등의 요소가 없었습니다. 세계의 많은 나라들이 모두 솔로몬을 존경하고 따르며 감히 전쟁이나 분란을 일으킬 생각을 하지 못했습니다. 그런데 갑자기 그 흐름이 바뀌고 여기저기서 그를 대적하는 움직임이 일어났습니다. 에돔 사람 하닷, 엘리아다의 아들 르손, 그리고 결국 이스라엘 왕국을 갈라지게 한 여로보암.. 이 세 사람이 일어났던 것입니다.

그것은 얼마 전까지만 해도 상상할 수도 없었던 일입니다. 그러나 그러한 사건들의 배후에는 하나님이 계셨습니다. 솔로몬이 하나님의 경고를 거스르고 듣지 않았기 때문에 하나님은 그러한 환경이 조성되도록 허용하셨던 것입니다.

다윗은 이러한 흐름에 대하여 누구보다도 더 민감한 사람이었습니다. 그는 모든 것들이 하나님으로부터 온다는 사실을 누구보다도 더 잘 알고 있었습니다. 그는 고난 중에 있을 때나 전쟁을 할 때나 항상 하나님께 물으며 인도를 구했습니다. 그는 환경의 사소한 사건도 하나님의 허용 속에서 일어난다는 것을 잘 알고 있었습니다.

그가 실수하고 범죄 한 후에 압살롬에 의하여 왕궁에서 쫓겨나갈 때 그는 울면서 떠났습니다.

> 다윗이 감람 산 길로 올라갈 때에 그의 머리를 그가 가리고 맨발로 울며 가고 그와 함께 가는 모든 백성들도 각각 자기의 머리를 가리고 울며 올라가니라 (삼하15:30)

이게 그 유명한 전쟁의 영웅의 모습입니까? 수많은 전투를 치르고 산전수전 다 겪은 사람, 모든 이들이 두려워하던 골리앗의 앞에서 눈썹하나 까딱하지 않던 사람, 과연 그 사람이 맞습니까? 그런 영웅이라면 이 정도 일에도 의연하고 침착하게 대처해야 하는 것 아닙니까?

아닙니다. 지금 다윗은 하나님 앞에서 울고 있는 것입니다.

다윗은 자신의 모든 승리와 능력이 하나님으로부터 온다는 사실을 잘 알고 있었습니다. 그러므로 하나님이 함께 하시지 않으면 그는 아주 무능하다는 사실을 그는 잘 알고 있는 것입니다.

지금 겪고 있는 이 사건은 자신이 하나님과의 관계를 잘못해서 온 것이기 때문에 지금은 용기를 내고 싸워야 할 때가 아니고 자신이 철저하게 낮아져야 할 때인 것을 그는 잘 알고 있는 것입니다. 그렇기 때문에 그는 시므이가 그에게 온갖 모욕을 할 때도 조용히 꿋꿋이 그 모욕을 견디었던 것입니다.

다윗 왕이 바후림에 이르매 거기서 사울의 친족 한 사람이 나오니 게라의 아들이요 이름은 시므이라 그가 나오면서 계속하여 저주하고 또 다윗과 다윗왕의 모든 신하들을 향하여 돌을 던지니 그 때에 모든 백성과 용사들은 다 왕의 좌우에 있었더라

시므이가 저주하는 가운데 이와 같이 말하니라 피를 흘린 자여 사악한 자여 가거라 가거라 사울의 족속의 모든 피를 여호와께서 네게로 돌리셨도다 그를 이어서 네가 왕이 되었으나 여호와께서 나라를 네 아들 압살롬의 손에 넘기셨도다 보라 너는 피를 흘린 자이므로 화를 자초하였느니라 하는지라

스루야의 아들 아비새가 왕께 여짜오되 이 죽은 개가 어찌 내 주 왕을 저주하리이까 청하건대 내가 건너가서 그의 머리를 베게 하소서

왕이 이르되 스루야의 아들들아 내가 너희와 무슨 상관이 있느냐 그가 저주하는 것은 여호와께서 그에게 다윗을 저주하라 하심이니 네가 어찌 그리하겠느냐 할 자가 누구겠느냐 하고

또 다윗이 아비새와 모든 신하들에게 이르되 내 몸에서 난 아들도 내

생명을 해하려 하거든 하물며 이 베냐민 사람이랴 여호와께서 그에게 명령하신 것이니 그가 저주하게 버려두라 혹시 여호와께서 나의 원통함을 감찰하시리니 오늘 그 저주 때문에 여호와께서 선으로 내게 갚아 주시리라 하고 (삼하16:5-12)

누구나 어렵고 힘들 때, 약해질 때가 있습니다. 그러한 순간에 돌을 던지는 것은 정말 치사하고 비열한 짓입니다. 그렇기 때문에 인생의 어려운 상황에 처하는 것은 누가 참다운 친구이며 중심이 아름다운 사람인가를 알 수 있는 좋은 기회이기도 합니다.

그러나 다윗은 그러한 모욕을 받으면서 그것을 허용하신 분이 하나님이신 것을 느꼈습니다. 그러므로 다윗은 지금은 그 수욕을 당하고 참는 것이 하나님 앞에 상달되어 자신의 고난이 빨리 끝나리라고 깨달았던 것입니다.

비록 다윗이 도피하고 있는 상황이었지만 그의 옆에는 용맹한 장수들이 즐비하게 있었습니다. 그들 중 하나인 아비새는 시므이의 말에 크게 분노하여 시므이를 죽이겠다고 다윗에게 요청하며 허락이 떨어지기만을 기다리고 있었습니다. 다윗이 말을 한 마디만 하더라도 다윗을 저주한 시므이의 목숨은 그 순간에 떨어졌을 것입니다.

그러나 다윗은 그 청원을 거절하였습니다. 다윗은 시므이의 모욕을 참았으며 아비새의 요구도 거절하였습니다.

오늘날 우리가 비슷한 상황에 처하게 된다면, 시므이는 얼마나 우리를 분노케 할까요! 그리고 아비새의 말은 얼마나 우리에게 용기를 북돋아줄까요! 우리의 편을 들어주며 우리의 억울함을 갚아주겠다는 아비새의 말은 정말 우리에게 달콤하게 들렸을 것입니다.

그러나 다윗은 그것을 거절하였습니다. 그는 이 모든 상황이 하나님이 허락하신 것을 알고 있었습니다. 그의 관심은 환경이 아니었고 하나님이었습니다. 그의 관심은 시므이와 아비새가 아니고 하나님이었습니다. 그는 말했습니다.

"여호와께서 그에게 명령하신 것이니 그가 저주하게 버려두라. 혹시 여호와께서 나의 원통함을 감찰하시리니 오늘 그 저주 때문에 여호와께서 선으로 내게 갚아주시리라."(삼하16:11-12)

다윗에게는 시므이의 저주가 하나님의 음성으로 들렸던 것입니다. 그는 하나님이 허락하신 것을 자신이 피할 수 없으며 오직 하나님 앞에서 엎드리고 낮아짐으로써 그의 긍휼을 얻게 될 것이라고 믿었습니다. 그리고 그러한 다윗의 지혜로운 판단 때문에 그는 목숨을 건졌고 곧 회복이 되었던 것입니다. 만약 이 때에 다윗이 참지 못하고 폭발을 했다면 아마 다윗의 고난은 좀 더 오래 계속되었을지도 모릅니다.

그러나 솔로몬은 다윗과 같지 않았습니다. 그는 영으로 말씀하시는 하나님의 음성도 듣지 않았고 환경을 통하여 말씀하시는 하나님의 음성도 듣지 않았습니다.

그는 그를 향하여 대적이 일어났을 때 다윗처럼 그것을 허용하신 하나님의 뜻을 헤아리고 회개하기보다는 그 대적을 제거하기 위해서 애썼을 뿐입니다.

물론 그러한 방식은 하나님과 싸우는 것과 똑같기 때문에 결코 성공할 수 없는 것이며 인생을 피곤하게 만드는 중요한 이유이기도 한 것입니다.

우리는 이와 같은 메시지 속에서 우리의 삶 속에 우리를 싫어하는 사람이 있을 때 이를 통해서 주님이 우리에게 말씀하시는 것이 무엇인지를 살펴야 합니다. 그리고 우리가 먼저 주님을 거스른 것이 무엇인지 찾아야 합니다. 우리를 싫어하는 사람을 같이 싫어해서는 문제가 해결되지 않습니다. 왜냐하면 인생은 학교이며 우리가 한 과목을 통과하지 못하면 우리는 동일한 시험을 계속 쳐야 하기 때문입니다.

이러한 성경의 본문을 통해 알 수 있는 영성의 원리는 이것입니다. 보이는 환경 보다 먼저 주님은 마음속에 말씀하시고 깨닫게 하신다는 것입니다. 그것을 듣지 못하고 깨닫지 못할 때 주님은 환경의 문제나 고통을 통하여 깨닫게 해주십니다. 환경의 고통을 통해서도 깨닫지 못하면 어떻게 될까요?

물론 고통이 가중될 것입니다. 결국 인생이 피곤해지는 것은 그러한 주님의 뜻과 인도하심의 의도에 대하여 무지하기 때문입니다. 환경을 통하여 가르침을 받지 않고 과거의 바울처럼 가시 채를 계속 발길질하고 있기 때문이지요.

성경 안에는 역사에 대한 많은 기록이 있습니다. 나라의 역사와 개인에 대한 역사의 기록이 있습니다. 성경의 역사기록이 세상의 역사기록과 다른 것은 성경은 모든 사건들의 일어나는 원인, 즉 영적인 근원을 밝히고 있다는 사실입니다.

우리는 세계의 역사를 보고 역사적인 인물의 전기를 보면서 그 흥망성쇠의 이유와 일어나는 사건들의 모든 의미와 이유를 알지 못합니다. 로마는 왜 멸망했는지 왜 미국은 강해졌는지 그리고 왜 한국에 I.M.F가 왔는지, 미루어 짐작은 할 수 있으나 분명하게 알지는 못합니다. 그러나 성경의 역사는 그 영적인 근원을 분명히 보여줍니다.

어떤 왕이 있을 때 성경은 그가 하나님을 경외하는 사람인지 아닌지를 보여줍니다. 그리고 그것에 의하여 그 왕국의 운명과 성패가 갈리는 것을 보여줍니다. 한 개인이 등장할 때 성경은 그가 하나님을 경외하는 사람인지 아닌지를 분명하게 제시합니다. 그리고 그의 삶 속에 나타나는 여러 가지 상황과 부침이 그의 하나님과의 관계에 있다는 것을 분명하게 제시해줍니다.

사람들은 어떤 이를 볼 때 그가 얼마나 똑똑한 사람인지 얼마나 재능이 있는 사람인지, 얼마나 열심히 노력하는 사람인지를 볼 것입니다. 그러나 성경의 기준은 간단합니다. 성경은 그가 하나님을 경외하며 순종하는 사람인지를 보여줍니다.

물론 이것은 하나님을 경외하고 순종하는 것 외에 모든 노력과 다른 요소가 필요 없다는 의미는 아닙니다. 다만 그 모든 행동과 의식의 중심에 하나님을 경외하는 요소가 있는가가 그의 삶을 결정짓는 가장 중요한 것임을 말하는 것입니다.

성경은 영적인 근원을 보여줍니다. 사람의 성패는 보이는 여러 조건들이 아니라 보이지 않는 하나님을 경외하는 것에 있음을 분명히 보여줍니다. 나타난 것은 본질적인 것이 아닙니다. 나타나는 것은 보이지 않는 세계의 그림자입니다. 그러므로 우리는 나타난 것에 의하여 지배를 받는 것이 아니라 나타난 것을 통하여 보이지 않는 하나님의 의도와 역사를 분별하고 순종해가야 하는 것입니다.

우연이란 없습니다. 눈에 보이는 환경과 모든 것들은 하나님의 섭리 속에서 움직이는 것이며 하나님의 뜻을 보여주시는 것입니다. 우리의 영혼이 자라고 분별력이 증가될수록 우리는 그러한 메시지에 대하여 좀 더 분명해질 것입니다.

우리는 처음에는 우리의 개인적인 사소한 삶을 통해서 우리를 향한 하나님의 메시지를 받고 느낄 수 있습니다. 그러나 좀 더 성장해갈수록 우리는 우리가 사는 사회와 세상의 현상을 통해서도 메시지를 받고 깨닫게 될 것입니다.

우리는 인관관계에서 일어나는 여러 가지 사건을 넘어서 자연 현상까지도 어떤 메시지를 담고 있다는 것을 알게 됩니다. 우리가 경험하는 사회의 많은 현상들은 상징적으로 어떤 메시지를 주고 있는 것입니다.

우리의 통찰력이 증가될 때 우리는 이 세대의 작은 현상들을 통하여 이 세대를 향한 하나님의 의도를 좀 더 깊이 이해할 수 있게 될 것입니다.

한 예를 들어본다면, 지금 대도시에서는 밤하늘의 별을 거의 볼 수 없습니다. 왜냐하면 각종 매연이 하늘이 가리고 있기 때문이지요. 이것은 영적인 측면에서 어떤 의미를 가지고 있을까요?

성경에서 별은 천사나 영적인 존재를 의미합니다. 계시록에서는 천사의 타락을 별이 땅에 떨어졌다고 표현하고 있지요.

하늘에 또 다른 이적이 보이니 보라 한 큰 붉은 용이 있어 머리가 일곱이요 뿔이 열이라 그 여러 머리에 일곱 왕관이 있는데 그 꼬리가 하늘 별 삼분의 일을 끌어다가 땅에 던지더라 (계12:3-4)

여기서 별은 사단이 타락할 때 같이 동참한 천사들을 의미하는 것입니다. 또한 다니엘서의 12장 3절에서 '많은 사람을 옳은 데로 돌아오게 한 자는 별과 같이 영원토록 빛나리라' 고 기록하고 있고 부활을 묘사하고 있는 부활장인 고린도전서 15장에서 부활의 상태에 대하여 '별의 영광도 다른데 별과 별의 영광이 다르도다' 라고 41절에 언급된 것을 보면 별은 영적인 존재나 영적인 수준이나 상태와 관련이 있다고 볼 수 있습니다.

그런데 지금 그 하늘의 별이 매연 때문에 잘 보이지 않는데, 매연의 주범은 자동차나 공장의 연기입니다. 자동차가 가기 위해서, 공장이 돌기 위해서 연료를 사용하는 과정에서 그렇게 매연이 나오게 되고 그것이 하늘을 가리고 별빛을 가립니다.

연료를 사용하는 것, 불을 때는 것은 에너지, 운동력을 얻기 위한 것입니다. 하나님으로부터 오지 않는 사람의 운동력, 에너지, 노력과 지혜와 열심이 영적인 세계를 막고 있고 그 영광의 비침과 풍성함을 방해하고 있다는 것을 보여주는 것입니다.

우리가 보고 있는 자연 현상과 일어나는 이러한 일들을 하나하나 분석하고 영적인 의미를 적용하면 많은 가르침과 진리를 주님께서 우리에게 허락하시는 것을 알 수 있습니다. 눈이 열릴수록 우리는 이 세상의 자연도 하나님의 음성을 반영하며 영적인 메시지를 주는 것을 보게 됩니다. 눈이 열릴수록 우리는 사람의 악으로 인하여 피조물이 탄식하며 괴로워하는 것을 보게 될 것입니다.

피조물이 다 이제까지 함께 탄식하며 함께 고통을 겪고 있는 것을 우리가 아느니라 (롬8:22)

사소한 자연현상도 메시지가 없는 것은 없습니다. 예를 들어 얼마 전에 왔었던 중국의 황사 현상이 점점 더 심해지고 있지요. 그런데 이제는 황사가 전에 보다 더 영향력이 강해져서 아시아는 물론 미국에까지 그 영향이 미치고 있다고 합니다.

이것은 중국에서 일어나고 있는 어떤 사상, 영적인 기운이 아시아와 세계를 뒤덮을 것이라는 예언적인 경고라고 할 수 있는 것입니다.

그밖에도 요즘의 구제역 파동이라든지.. 자연재해라든지.. 하는 것도 그러한 다양한 메시지를 가르치고 있는 것입니다.

처음에는 개인적인 환경을 통해, 문제를 통해 하나님의 음성을 듣게 되지만 차츰 사회적인 환경이나 현상을 통해서 이 세상을 향하신 하나님의 음성을 느끼게 되는 것입니다.

나는 모든 이들이 이러한 현상에 대하여 묵상하고 기도하고 알려고 애쓰는 것이 필요하다고 생각하지는 않습니다. 모든 사람이 처음부터 사회 현상과 자연현상을 연구하고 메시지를 받으려고 노력해야 한다고 생각하지 않습니다.

우리는 먼저 개인을 향한 메시지를 받아야 합니다. 우리의 삶에서 일어나는 사건들을 통해서 하나님의 음성을 들어야 합니다. 그 기초가 충분히 형성되어야 합니다. 모든 것에는 하나님의 허용하심이 있고 메시지가 있으니 우리는 그것을 잘 듣고 받아들이고 순종하는 것으로 충분할 것입니다.

또한 이해해야 할 것은 성경의 해석과 환경의 해석과 꿈의 해석과 우리의 삶 속에 일어나는 일들에 대한 해석에는 다 동일한 원리가 적용된다는 것입니다.

이 우주는 하나님의 정교한 작품이며 성경도, 영적 현상도, 세상의 역사도, 우리 개인의 삶도 다 하나님에게서 왔으며 하나님의 섭리 속에서 너무나 정교하고 아름답고 조화롭게 움직이고 있다는 것을 이해해야 합니다. 주님은 처음에는 우리 개인의 문제를 통해서 주님의 음성을 듣게 하시지만 점차 우리의 눈을 열어주셔서 세상의 문제를 보게 하시고 세상을 향하여 기도하고 중보하는 자로 성장시켜주실 것입니다.

주님께서는 두 가지 방법을 통하여 우리에게 말씀하십니다. 보이지 않는 속의 감동을 통해서 말씀하시고 보이는 환경을 통해서 말씀하십니다. 그러므로 우리는 내면의 감동을 받기 위해서 항상 깨어있어야 합니다. 성경을 읽으며 기도를 드리며 주님의 음성을 듣기 위하여 깨어있어야 합니다.

또한 우리는 일상의 사소한 사건들도 놓치지 말고 그 음성을 듣기 위하여, 메시지를 받기 위하여 깨어있어야 합니다. 사소한 사건을 경홀히 여긴다면, 우리는 중요한 것을 놓칠 수도 있습니다.

성경에서는 사람의 미래의 상황들이 아주 사소한 것들을 통해서도 조금씩 엿보이는 장면이 많이 나타납니다. 마치 소설에서 작은 암시를 통해서 앞으로 펼쳐지는 장면을 감지하게 하는 것과 같지요.

하나님의 선지자 엘리사가 죽을 때에 이스라엘 왕 요아스가 그를 찾아와서 슬퍼하는 장면이 있습니다.

> 엘리사가 죽을 병이 들매 이스라엘의 왕 요아스가 그에게로 내려와 자기의 얼굴에 눈물을 흘리며 이르되 내 아버지여 내 아버지여 이스라엘의 병거와 마병이여 하매 (왕하13:14)

그가 그렇게 우는 것은 엘리사에 대한 개인적인 애정과 아쉬움이라기보다는 엘리사 덕분에 외적의 침입에서 많이 승리했기 때문에 그의 사후에 나라의 운명에 대한 걱정이 앞섰기 때문입니다. 그러자 엘리사는 왕에게 이런 조언을 합니다.

> 엘리사가 그에게 이르되 활과 화살들을 가져오소서 하는지라 활과 화살들을 그에게 가져오매 또 이스라엘 왕에게 이르되 왕의 손으로 활을 잡으소서 하매 그가 손으로 잡으니 엘리사가 자기 손을 왕의 손 위에 얹고 이르되 동쪽 창을 여소서 하여 곧 열매 엘리사가 이르되 쏘소서 하는지라 곧 쏘매 엘리사가 이르되 이는 여호와를 위한 구원의 화살 곧 아람에 대한 구원의 화살이니 왕이 아람 사람을 멸절하도록 아벡에서 치리이다 하니라
> 또 이르되 화살들을 집으소서 곧 집으매 엘리사가 또 이스라엘 왕에게 이르되 땅을 치소서 하는지라 이에 세 번 치고 그친지라
> 하나님의 사람이 노하여 가로되 왕이 대여섯 번을 칠 것이니이다 그리하였더면 왕이 아람을 진멸하기까지 쳤으리이다 그런즉 이제는 왕이 아람을 세 번만 치리이다 하니라 (왕하13:15-19)

이것은 아마 왕에게 어처구니없는 이야기였을 것입니다. 울고 있는 자신에게 엘리사가 갑자기 이것, 저것을 시킵니다. 활과 살을 들어라, 손으로 활을 잡아라, 그리고 창을 열어라, 그 다음에는 활을 쏘아라,

다시 화살을 잡아라, 그리고 땅을 쳐라..

왕은 영문도 모르고 대충 따라합니다. 그런데 시키는 대로 하고 있는데 갑자기 화를 내면서 왜 땅을 세 번만 쳤느냐, 오륙 번을 치면 전쟁에서 완승했을 텐데.. 합니다. 왕으로서는 어처구니가 없었을 것입니다.

그 행위가 전쟁의 승패를 바꿀 정도로 중요한 것이면 처음부터 '화살로 땅을 아주 세게 열 번쯤 쳐라.' 하고 말하면 되지, 왜 시키는 대로 한 나에게 야단이지? 싶었을 것입니다.

이 이야기는 미래가 우리의 영적인 상태에 달려 있으며 일상의 사소한 것들이 미래를 엿볼 수 있는 중요한 요소인 것을 보여주는 것입니다. 왕에게는 이미 충분한 승리의 영이 없었습니다. 만약 있었다면 그는 자기도 모르게 화살로 땅을 힘 있게 쳤을 것입니다.

그가 지혜로운 사람이라면 하나님의 사람 엘리사가 아무 이유 없이 그저 이런 것들을 시키는 것이 아니라고 생각했을 것입니다. 죽음 앞에서 유언처럼 하는 행동이 무엇인가 의미심장한 것이라고 그는 고려해야 했었습니다. 그러나 그는 아무 생각 없이 단순하게 행동했을 것입니다. 그것은 그의 영적 상태를 보여줍니다. 그것은 왕 자신의 영적인 상태에 의하여 결정이 되는 것이며 선지자가 해 줄 수 없는 부분인 것입니다.

사소한 것이 그의 미래를 보여주는 사건은 많습니다. 에서는 장자권을 팥죽 한 그릇에 팔았습니다. 그리고 그것은 그의 삶을 결정짓고 평생 따라 다니는 꼬리표가 됩니다. 그는 이 사소한 사건을 통하여 오직 겉사람의 본능에 충실할 뿐이고 영혼의 발전과 내면의 세계에는 관심이 없는 그러한 그의 가치관을 극명히 드러내었던 것입니다.

아브라함의 초기 행적도 하나의 예언적인 것입니다. 아브라함은 하나님의 부르심을 받고 가나안 땅에 이르렀으나 막상 기근이 와서 먹고 살기 힘들어지자 하나님의 말씀을 버리고 타협하여 애굽으로 내려갑니다.

거기에서 바로에게 아내를 빼앗길 뻔하고 온갖 수모를 겪습니다. 그러다가 하나님의 기적적인 개입으로 인하여 간신히 위기를 벗어나게 됩니다.

아브라함의 경험과 똑같이 그의 후손들은 기근으로 인하여 약속의 땅을 버리고 애굽으로 갑니다. 그리고 바로에게서 온갖 수모를 겪은 후에 하나님의 기적을 통하여 애굽에서 빠져 나오게 되지요. 이것을 보면 아브라함의 경험과 실패는 그 후손의 미래와 깊은 관련을 가지고 있고 그것을 보여주는 예언적인 사건이었던 것입니다. 이처럼 사소해 보이는 일들이 미래에 대한 예언이며 미래의 삶을 결정짓는 중요한 요소가 될 수 있는 것입니다.

지금 젊은 청년들에게서도 미래의 모습을 우리는 사소한 것들에서 볼 수가 있습니다. 어떤 이들은 아주 유능하고 재능이 많으며 자신만만합니다. 그래서 남을 비판하기를 서슴지 않으며 강력한 확신과 열정 속에서 움직입니다. 모두가 그들을 인정하며 성공할 것이라고 합니다.

그러나 그들이 이기적이며 겸손하지 않고 사소한 데서 연약한 이들을 무시하며 잘 섬기지 못한다면 그의 미래는 결코 밝다고 할 수 없습니다. 일시적으로 성공같이 보이지만 끝까지 그것이 지속될지는 모릅니다.

반면에 어떤 이는 재능이 뛰어나지 않고 평범하며 오히려 부족하게 보입니다. 그러나 그는 부족하지만 겸손하고 정이 많으며 여리고 약한 이들을 잘 접대하고 섬기기를 좋아합니다. 그는 사람들에게 우습게 여김을 당하며 아무도 그를 인정하지 않을지도 모릅니다. 그러나 그러한 사소한 것들의 결과가 미래에는 의외의 풍성함으로 나타날 수도 있습니다. 오늘의 어떤 이의 아주 사소한 부분은 그 사람의 미래를 조금씩 보여주고 있는 것입니다.

나는 어떤 이들의 사소한 행동을 눈여겨보면 나중에 그 사람의 삶이 예상한 대로 진행되는 것을 많이 보고 경험하였습니다. 미래는 오늘 지금 현재에 만들어지고 있는 것입니다. 오직 주님을 경외하고 순종하며 겸손하고 온유하고 사랑으로 살기를 원할 때 그 사람의 아름답고 행복한 미래는 보장되어 있습니다. 그것은 아침에 태양이 떠오른다는 사실처럼 너무나도 분명한 사실입니다.

이 장에서 나는 주님은 우리에게 말씀하시며 내면의 음성과 바깥의 환경을 통해서 말씀하시는 것을 이야기하였습니다. 주님은 어떤 이도 특별하게 사랑하시지 않으며 모든 이들을 사랑하시고 축복하시며 어떻게 해서든지 그분의 가까이로 이끌려고 하십니다.

우리가 주님의 사랑을 받지 못한다면 그것은 우리 스스로가 문을 닫은 것이지 결코 주님이 먼저 닫으신 것이 아닙니다. 주님은 언제나 그분의 사랑의 빛을 우리에게 항상 비추어 주시기를 원하십니다.

그러므로 주님께서 말씀하시지 않는 사람은 한 사람도 없습니다. 다만 그 음성을 듣기 위해서 애쓰는 사람이 있고 수많은 주님의 인도와 감동을 그냥 지나치는 사람이 있을 뿐입니다.

어떤 이가 아주 극단적으로 영적인 감각에 둔하다고 합시다. 그의 삶은 어떤 식으로 전개될까요?

그는 삶에서 여러 가지 굴곡과 고난을 겪게 됩니다. 그러나 그는 그것으로 인하여 아무런 교훈도 얻지 못하겠지요. 그는 그저 자신이 꽤나 운이 없다고 생각할 것입니다.

그리고 그의 삶은 더욱 더 피곤해집니다. 하지만 그는 도무지 깨닫지 못하지요. 그를 깨닫게 하시고 이끄시는 주님의 손길을 알지 못하기 때문에 그는 반성하기보다는 원망하고 억울해하고 책임을 전가하거나 아니면 현실을 도피하기 위해서 다른 위안거리를 찾거나 할 것입니다.

그러나 어느 순간 그에게는 더 이상 감당할 수 없는 상황이 옵니다. 그것은 그의 한계이며 그는 더 이상 버텨낼 재간이 없습니다.

그는 갑자기 불현듯 자신의 한계를 깨닫게 되고 전능하신 분 앞에 엎드리고 싶은 마음이 듭니다. 그는 비로소 자신을 돌아보며 주님 앞에 엎드려 기도하고 주님의 도움을 청합니다.

그런데 놀라운 일이 생깁니다. 갑자기 실타래같이 엉켰던 문제가 풀려가기 시작하는 것입니다.

그는 깜짝 놀랍니다. 그는 갑자기 주님의 선명한 인도하심과 뜻에 대하여 깨닫게 되며 주님께서 그를 가르치시기 위하여 그러한 과정을 허용하셨음을 깨닫게 됩니다.

그는 한동안 주님과의 밀월 관계를 유지하게 됩니다. 기도도 열심히 하고 주님의 뜻을 찾아야겠다는 생각도 하게 됩니다. 그러나 그의 열심은 얼마 오래 가지 않습니다. 영혼의 성숙과 신앙의 발전이란 체험한 두 가지로 되는 것이 아니기 때문입니다.

시간이 흐르고 점차 열심이 식으면서 그는 과거에 주님이 역사하셨다고 생각했던 그의 경험이 우연이었다고 생각하게 됩니다. 자신의 마음이 약해졌을 때라 그렇게 해석한 것이었다고 생각합니다.

자, 그 다음 상황은 어떻게 될까요?

간단하지요. 모든 일들이 꼬이기 시작합니다. 그는 여전히 아직도 깨닫지 못하고 인간적으로 여기저기 이리저리 뛰어다니며 문제를 해결하려고 애를 씁니다.

그리고서 다시 그는 자신의 한계에 부딪칩니다. 그는 어쩔 수 없이 전에 주님 앞에 엎드렸던 방식으로 주님의 도움과 메시지를 구합니다. '주님, 죄송합니다.. 제가 주님의 은혜를 잊어버리고 다시 제 방식으로 살았습니다. 주님.. 제발 저를 회복시켜주십시오..'

다시 그는 문제가 해결되고 회복되는 것을 경험하게 됩니다. 이번 경우에는 고난의 강도가 저번보다는 약했지만 그는 이번에도 다시 문제가 회복되는 경험을 하게 됩니다.

그 다음에는 어떻게 될까요? 물론 그는 얼마 가지 않아 다시 주님의 교훈을 잊어버리고 자기의 방식으로 살게 됩니다. 시간은 지나고 다시 어려움들이 찾아옵니다. 그는 결국 다시 엎드리게 됩니다.

자, 대체로 이런 식으로 신자들은 아무리 둔한 사람이라 할지라도 영혼의 시각이 열어져 가는 것입니다. 환경을 보는 눈, 그 배후에 계신 주님의 가르침에 대하여 깨닫게 되는 것입니다.

환경의 고통을 통하여 가르침의 경험들이 반복될수록, 그리고 그것을 순종하고 통과할수록 신자는 주님의 뜻과 환경을 통한 가르치심에 점점 더 예민해지게 됩니다. 그는 이제 아주 사소한 일에도 주님의 가르치심을 생각합니다. 충분히 성장한 다음에는 불어오는 미풍에도 주님의 임재와 뜻을 느끼게 됩니다.

그는 이제 환경뿐만 아니라 내면에서 말씀하시는 주님의 인도와 감동과 주의 마음에 대하여 알아가고 느끼기 시작합니다. 이제는 환경에 문제나 재앙이 없어도 주님의 고독과 주님의 슬픔과 주님의 메시지를 점차 선명하게 알아가기 시작합니다. 그렇게 영혼의 감각은 발전하여 가게 되는 것입니다.

우리가 모든 삶은 주님의 주권 가운데 있으며 가르치심 가운데 있다는 것을 점점 더 분명하게 인식하면 할수록 우리는 모든 상황 속에서 주님을 신뢰하게 되며 안식하게 됩니다.

그리고 점차 우리는 파도와 풍파가 있다고 하더라도 그 바람을 거슬러 싸우는 사람이 되지 않고 자연스럽게 바람의 힘을 타고 움직이는 사람이 되어갑니다. 범사에 자연스럽고 편안하게 주님의 뜻을 이루어가게 되는 것입니다.

누구나 다 시작은 미약합니다. 우리는 모두 어린아이와 같습니다.

그러나 우리를 인도하시고 주장하시는 분은 주님이시니 우리가 오늘 조그만 출발을 하고 작은 순종과 작은 신뢰의 발걸음을 주를 향하여 내딛을 때 주님께서는 그것을 아름답고 풍성한 많은 열매들로 바꾸어주실 것입니다.

그리하여 우리의 내일은 더 아름답고 행복해지며 우리의 영혼은 주님의 거룩하심과 사랑스러움에 더 가까워지게 될 것입니다. 할렐루야.

20. 고통의 원인자는 누구인가?

사람들이 흔히 오해하고 있는 부분에 대한 이야기를 하고 싶습니다. 많은 사람들이 간증을 할 때 자신의 삶에 대하여 이야기하면서 흔히 '하나님이 치셨다' 고 말합니다.

'하나님께서 나를 치시고 다 깨뜨리시고 박살이 나게 하셔서 다 털고 신학교에 오게 되었다' 는 이야기를 참 많이 합니다.

모든 고통과 재앙은 다 하나님으로부터 오는 것일까요? 하나님은 그토록 우리를 두드려 패시는 존재일까요? 우리가 무엇을 조금만 잘못하게 되면 하늘에서 보시고 가차 없이 매를 드시는 그러한 분이실까요?

어떤 이에게 이런 말을 들은 적이 있습니다. 하나님을 사랑이라고 듣기는 했지만 또한 그렇게 항상 치시는 분이라고 배우고 알다보니 조금 두렵고 거리감을 느끼게 되는 것이 사실이라고 말입니다. 물론 그것을 '경건한 두려움' 이라고 표현하기는 합니다.

이 책에서 여러 가지 삶의 고난과 고통을 통한 반성을 이야기하다 보니 특히 그러한 두려움이 가중되지는 않을까 하는 걱정이 생기기도 합니다.

그러나 우리는 분명히 인식하여야 합니다. 하나님의 본성은 사랑이십니다. (요일4:8)

그 분은 빛이시며 어두움이 조금도 없으십니다. (요일1:5)

그분은 빛이시기 때문에 우리를 미워하실 수가 없습니다. 그분의 속성이 사랑이시고 거룩이시기 때문에 우리를 향하여 증오하시거나 할 수 없으십니다.

그분의 사랑에 대하여 이해하지 못하는 이들에게 주님은 가장 쉬운 비유를 드셨습니다.

너희 중에 누가 아들이 떡을 달라 하는데 돌을 주며 생선을 달라 하는데 뱀을 줄 사람이 있겠느냐 **너희**가 악한 자라도 좋은 것으로 자식에게 줄 줄 알거든 하물며 하늘에 계신 **너희** 아버지께서 구하는 자에게 좋은 것으로 주시지 않겠느냐 (마7:9-11)

아무리 악한 사람이라고 해도 자기 자식에게만큼은 사랑을 베풀기 마련입니다. 마피아 보스라고 해도 자식에게는 잘 해줍니다. 그러니 사랑의 근원이신 하나님 아버지께서 우리들을 사랑하시고 좋은 것을 주시는 것은 너무나도 당연한 것입니다.

우리 같으면 자식이 버릇이 없을 때 자식을 교육시키기 위해서 자식에게 암병을 주고 사고를 일어나게 하고.. 그런 식으로 교육할까요?

그런 부모는 아마 없을 것입니다.

자식이 아프면 밤새 잠을 이루지 못하고 가슴 아파 하면서 차라리 내가 대신 아팠으면.. 하고 생각하는 것이 죄 많고 허물 많은 우리들의 모습입니다. 하물며 사랑과 은혜의 하나님을 그러한 사고와 재앙을 일으키는 근원으로 이해하는 것은 바른 이해라고 할 수 없습니다.

우리는 아직 주님이 이 땅에 오시기 전인 구약의 메시지를 잘 해석해야 합니다. 완전한 계시인 예수님께서 이 땅에 오시기 전에는 하나님의 법은 아직 완성되지 않았습니다. 그러나 주님께서 이 땅에 오셨을 때 주님은 하나님의 완전하신 사랑을 보여주셨습니다. 완전한 사랑이시며 완전한 용서이시며 완전한 은혜이신 그분을 통해 우리는 하나님에 대한 완전한 이해를 가지게 되었습니다.

그렇다면, 그 모든 재앙이 하나님으로부터 온 것이 아니라면 그것은 어디에서 오는 것일까요? 마귀가 가져다주는 것일까요?

그것도 맞는 대답입니다. 마귀는 하나님의 지으신 피조물을 파괴하는 것을 기뻐하므로 신자를 괴롭히고 공격합니다. 그는 유혹자이며 파괴자입니다. 그는 우리를 유혹하여 죄를 심으며 악한 생각을 심으며 우리를 넘어뜨리기 위하여 노력합니다.

> **근신하라 깨어라 너희 대적 마귀가 우는 사자 같이 두루 다니며 삼킬 자를 찾나니** (벧전5:8)

> 사람들이 잘 때에 그 원수가 와서 곡식 가운데 가라지를 덧뿌리고 갔더니 싹이 나고 결실할 때에 가라지도 보이거늘 집 주인의 종들이 와서 말하되 주여 밭에 좋은 씨를 뿌리지 아니하였나이까 그런데 가라지가 어디서 생겼나이까 주인이 이르되 원수가 이렇게 하였구나
> 종들이 말하되 그러면 우리가 가서 이것을 뽑기를 원하시나이까 주인이 이르되 가만 두라 가라지를 뽑다가 곡식까지 뽑을까 염려하노라
> (마13:25-29)

마귀는 우리의 안에 악한 생각을 심으려고 노력합니다. 그리고 그것을 받아들일 때 가라지가 나며 악한 열매를 맺게 됩니다. 그러나 그 모든 것이 마귀의 책임이라고 할 수는 없습니다. 마귀가 우리를 유혹하

고 넘어뜨리는 데에 성공하여 재앙을 가져다주었다고 해도 거기에는 우리의 책임도 있는 것입니다. 마귀가 우리의 마음에 아무리 악을 심어도 우리가 받아들이지 않는다면 그것은 이루어지지 않을 것입니다.

우리는 가만히 있는데 하나님이 재앙을 만들어내시는 것이 아닙니다. 출애굽기에서 하나님께서 바로의 마음을 강퍅케 하신다는 말씀이 나옵니다. 이것은 바로는 가만히 있는데 하나님이 공연히 멀쩡한 사람을 아주 못되게 굴게 만드시는 것이 아닙니다. (출14:4)

그것은 악의 시작이 하나님이라고 이야기하는 것이 아닙니다. 그것은 바로의 마음의 강퍅한 것을 주님께서 내버려두셨으며 오히려 그 강퍅함이 이스라엘에게는 은혜의 도구가 되게 하신 것을 의미하는 것입니다.

고통과 재앙은 우리 자신이 잘못된 것을 심은 것에 대한 열매에 불과합니다. 그것은 자연스러운 하나의 원리이며 법칙입니다.

만유인력의 법칙은 선한 사람이든 악한 사람이든 상관없이 적용됩니다. 그러므로 조심하지 않고 절벽에서 뛰어내리면 다치는 것이며 그것을 하나님의 징계라고 보는 것은 온당한 것이 아닙니다. 심은 대로 거두는 법칙은 이 세상에서 항상 존재하는 것입니다. 노아의 홍수 사건이 끝난 후 하나님은 이 법칙은 땅이 있는 한 계속될 것이라고 말씀하셨습니다.

땅이 있을 동안에는 심음과 거둠과 추위와 더위와 여름과 겨울과 낮과 밤이 쉬지 아니하리라 (창8:22)

이 말씀은 단순히 곡식을 심고 거두는 법칙만을 말씀하는 것이 아닙니다. 또한 추위와 더위, 여름과 겨울, 낮과 밤은 단순히 날씨와 기온, 계절적인 것만을 의미하는 것은 아닙니다. 그것은 인생의 계절도 포함하는 것이며 영혼의 낮과 밤, 형통과 고난의 리듬도 포함해서 이야기하고 있는 것입니다.

우리는 인생의 설계자이며 주님께서는 우리에게 아름다운 인생의 건설을 위한 자유의지를 주셨습니다. 우리는 사랑을 선택하고 희망을 선택할 수 있으며, 주님과 빛과 복음과 모든 것을 우리가 선택할 수 있습니다. 주님께서 지성과 감정과 영혼을 주신 것은 그 모든 것들을 사용하여 아름다운 열매를 맺게 하시기 위한 것입니다.

그러므로 우리는 스스로 조심하여 악한 것을 심지 않으려고 힘써야 하며 잘못된 것을 심은 결과로 돌아오는 열매에 대하여 하나님을 원망할 수 없는 것입니다.

우리의 운명은 예정된 것이 아닙니다. 우리는 숙명적인 삶을 살도록 만들어진 기계가 아닙니다.

우리는 말하고 생각하고 기도함으로써 우리의 인생을 만들어갑니다.

우리에게는 창조적인 능력이 있습니다. 그 창조적인 능력이란 하나님의 창조와 같은 개념의 창조는 아닙니다. 그러나 하나님께서는 우리에게 자유의지를 주심으로 우리가 스스로 우리의 삶을 결정할 수 있도록 하셨습니다. 그 능력으로 자신의 마음을 어둡게 채우고 그리하여 어두움을 끌어당긴다면 그것은 우리의 책임이지 하나님의 책임이 아닌 것입니다.

하나님은 빛이십니다. 그 분 가까이에는 빛과 거룩과 사랑과 영광이 있습니다. 우리가 빛 가운데 있고 빛 가운데 행할 때에는 그 주님의 빛과 가까이 있게 됩니다. 그러면 우리는 어두움과 멀어지게 되는 것입니다. 그러나 우리의 의식과 영혼이 주님을 멀리하며 어두움의 생각과 어두움의 행동을 선택하고 받아들인다면 우리는 주님과 주님의 빛으로부터 멀어지게 되는 것입니다. 그렇게 되면 어두움의 영들이 우리를 괴롭히게 됩니다. 그러나 그것은 우리 선택의 결과이지 주님이 우리를 치시는 것이 아닌 것입니다.

이러한 영계의 법칙을 만드신 분은 주님이십니다. 넓게 보면 그 모든 법칙과 원리들이 주님의 허락 속에서 움직입니다. 그러나 주님은 어떻게 해서든지 우리를 천국의 빛으로 인도하시기를 원하시며 우리를 어두움에서 건지려고 하십니다. 그리고 우리가 겪는 어두움도 선이 되고 아름다움으로 갈 수 있도록 도우시며 역사하십니다.

고난과 재앙은 주님의 책임이 아닙니다. 징계란 주님이 우리를 치시는 것이 아닙니다. 태양은 언제나 지구를 향하고 있으며 그 빛을 거부할 때 그림자가 생기는 것입니다. 어떤 이가 시험공부를 전혀 하지 않고 낙제를 한 후에 주님이 나를 치셨다고 한다면 그것은 어리석은 말입니다.

탕자가 아버지를 버리고 집을 나갔을 때 아버지는 안타까움으로 기다리고 또 기다리셨습니다. 그러나 아버지는 조직 폭력배를 보내어 아들을 테러하고 아들이 집으로 돌아오도록 영향력을 행사하지 않았습니다. 아들이 고생한 것은 자신이 아버지를 거부했기 때문이며 아버지가 깡패를 보낸 것은 아닌 것입니다.

우리는 우리 안에 얼마나 많은 어두움의 그늘과 기운이 있는지 알지 못합니다. 그러나 인간의 타락의 결과 그러한 기운들, 자기중심적이며 교만하며 불순종하며 악을 사랑하며 더러움을 좋아하는 요소들이 우리의 육성에 내재되어 있음을 기억해야 합니다.

그리고 그러한 육의 요소들이 악과 어둠을 끌어들이는 것이지 주님이 우리에게 재앙을 내리시는 것이 아님을 기억해야 합니다.

그렇습니다. 우리 안에는 아직도 처리되어야 할 악들, 자아, 죄성들이 많이 있습니다. 그러나 주님께서는 우리를 빛으로 인도하시는 여정의 역사를 이미 시작하셨습니다.

우리는 많이 실패하고 넘어진 후에 '나는 안 돼..' 하고 말할지 모릅니다. 그러나 종국적으로 우리는 승리할 것입니다. 성경은 말씀합니다.

> 그러므로 우리가 낙심하지 아니하노니 우리의 겉사람은 낡아지나 우리의 속사람은 날로 새로워지도다 (고후4:16)

그렇습니다. 우리는 날로 새롭게 될 것입니다. 그것은 우리의 유능함이나 탁월함 때문이 아니라 주님께서 우리를 그렇게 인도하시고 계시기 때문입니다.

우리는 점점 더 성장하고 발전해 갈 것입니다. 혹독한 추위의 겨울을 겪으면 당시에는 그 추위가 영원히 사라지지 않을 것 같이 느껴지지만 어느덧 시간이 흐르고 봄이 오고 여름이 오듯이 우리는 점점 변화되어 갈 것입니다.

주님이 우리를 인도하시고 그 놀라운 사랑이 우리를 버리지 않으시므로 우리는 점점 더 주의 사람이 되어갈 것입니다. 그리고 영원한 곳에서 우리는 찬란한 승리의 열매를 먹게 될 것입니다.

주님은 빛이십니다. 어두움은 그분이 만드시는 것이 아닙니다.

우리 안에 있는 어둡고 미숙한 기운이 그러한 재앙들을 끌어당깁니다. 그러나 우리는 날마다 빛을 향하여 나아갈 것이며 점점 더 빛과 은혜와 영광과 풍성함의 모든 것들을 끌어당기는 그러한 사람이 될 것입니다.

우리의 영혼은 점점 더 자라고 성숙해져 주님의 능력과 빛과 지혜와 사랑의 향취를 보여주는 사람이 될 것이며 이 피곤하고 지치고 절망과 두려움으로 가득 찬 세상에서 진정한 위로와 사랑과 희망을 불러일으키는 그러한 사람이 되어갈 것입니다. 할렐루야.

21. 적용의 결과들

나는 오래 전부터 지금까지 이 책에서 전했던 메시지를 여기 저기 설교할 때나 기회가 있을 때 많이 전했었습니다. 그 내용을 간단하게 요약하면 다음과 같은 것들입니다.

1. 주님께서는 우리의 삶을 아주 섬세하게 인도하시고 말씀하신다.

2. 우리의 삶에는 우연이 없으며 그것들은 다 우리의 성장에 꼭 필요한 메시지를 가지고 있다.

3. 우리가 고통이나 우리를 힘들게 하는 문제들에 대하여 감정적으로 본능적으로 반응한다면 문제가 더 커지고 복잡해진다.

4. 그러나 환경이나 문제를 통한 주님의 음성을 잘 듣고 깨닫는다면 우리는 문제가 쉽게 풀리는 것을 경험할 수 있다.

5. 그 문제들이 역사하는 법칙은 종류대로의 법칙으로서, 심은 대로 거두며 끼리끼리 모인다는 것이다.

6. 그리고 이 모든 훈련은 결국 우리의 영혼을 성숙시키기 위함이며 주님께로 가까이 이끌기 위한 것이다.

나는 이와 같은 법칙을 나의 삶에 적용하여 많은 주님의 역사와 풍성함을 경험하였습니다. 또한 이러한 이야기를 듣고 자신들의 삶에 적용하여 본 사람들이 실제로 주님의 놀라우신 개입을 경험했다는 간증들을 많이 들었습니다. 나는 여기서 그 중에 두 가지만을 간단하게 정리해보려고 합니다.

오래 전 제자 훈련으로 유명한 어떤 교회의 구역 모임에 참석할 기회가 있었습니다. 그들과 같이 교제를 나누면서 나는 이러한 법칙에 대하여 나누었습니다.

그들은 모두 기쁨으로 이 메시지를 받아들였는데 얼마의 시간이 지난 후 그 모임에 참석한 한 권사님이 식사를 대접하고 싶다고 해서 그 다른 멤버들과 같이 모여서 해물 탕을 먹었던 적이 있었습니다.

그 자리에서 권사님은 꼭 식사대접을 해야겠다는 생각이 들었다면서 이러한 간증을 해주셨습니다.

그 권사님의 아들이 유럽으로 배낭여행을 얼마 전에 다녀왔었습니다. 그런데 여행 도중에 신용카드를 분실했다고 합니다.

나중에야 알고 부랴부랴 신고를 했는데 신고를 늦게 했는지 이미 분실되고 신고하기 전까지 누군가가 사용한 400만원은 본인이 책임을 져야 한다는 것이었습니다.

권사님은 난처한 지경에 빠지게 되었는데 마침 그 때 나의 메시지를 듣고 이러한 일에도 주님의 가르치심이 있다는 것을 깨닫게 되었습니다. 유에는 유로 역사가 이루어지므로 그 권사님은 혹시 자신이 물질적인 문제에서 잘못된 것이 없는지 돌아보게 되었다고 했습니다.

그런데 10년 전에 어떤 섬에 있는 교회의 전도사님께 매달 10만원씩 선교비로 지원을 하기로 약속을 하고 나서 그 뒤에는 까맣게 잊어버렸던 것이 갑자기 생각이 났다는 것이었습니다.

권사님은 그 사건을 마무리해야겠다는 생각이 들었다고 합니다. 돈을 400만원을 잃지 말아야겠다는 생각보다는 이번 일을 통해서 잊어버렸던 잘못을 바로잡는다면 그것도 감사한 일이겠지 생각이 들어서 여기 저기 수소문해서 당시의 전도사님을 찾았다고 합니다.

간신히 전도사님의 위치를 찾고 보니 그 분은 이제 목사님이 되셨고 육지로 나오셔서 지금은 안정된 목회를 하고 계셨다고 합니다. 그러므로 이제는 선교비를 필요로 하는 상황이 아니었습니다.

그러나 권사님은 일단 주의 이름으로 용서를 빌었고 목사님은 쾌히 웃으시면서 용서한다고 말씀하셨다고 합니다. 그리고 나서 바로 카드회사와 연결이 되었다고 합니다. 예외적인 규정이 생겨서 그 400만원을 변제하지 않아도 되게 되었다고 하는 것입니다. 그러면서 권사님은 하나님의 역사가 너무나 신기하다고 하면서 이 간증을 하고 싶어서 식사를 사고 싶었다는 것입니다.

잃어버릴 뻔 했던 돈, 그러나 더 중요한 것은 그렇게 세미하게 우리가 잊어버리고 있었던 것들을 깨우치시고 가르치시고 인도하시는 주님의 손길에 대한 확인이었겠지요. 그 날은 해물탕도 맛이 있었고 주님의 은혜와 사랑에 대한 간증도 아름다워서 정말 즐거운 날이었습니다.

또 한 번의 간증은 최근 며칠 전에 들었던 내용입니다. 내가 운영하고 있는 홈페이지를 통해서 알게 된 여집사님의 이야기입니다.

이 집사님은 중국에서 사업을 하고 계시는데 인터넷을 통하여 자주 글을 주고받으면서 가까워지게 된 분이었습니다.

이 집사님도 나의 심은 대로 거두며 종류대로 역사하는 법칙에 대하여 듣고 배웠습니다. 그리고는 그것을 삶에 적용할 때 주님의 놀라우신 역사를 많이 경험하게 되었습니다. 주님의 살아계심을 아주 세밀하게 느끼게 된 것은 물론이지요.

집사님은 얼마 전 부활 주일의 전날에 가방을 잃어버렸습니다. 그런데 그 가방 안에는 정말 잃어버려서는 안 되는 중요한 것들이 많이 들어 있었습니다. 아파트 열쇠, 자동차 키, 신용카드, 한 달 생활비인 현금, 그리고 성경책이 들어있었습니다.

집사님은 너무나 아찔했습니다. 집사님은 늘 하던 대로 주님께 이것은 무슨 메시지냐고 물어보았습니다.

주님께서는 그녀의 상태를 보여주셨습니다. 집사님은 많은 고통과 어려움 속에 있었고 주님은 그녀에게 섬세하게 많은 응답과 역사를 베풀어주셨습니다. 그러나 어려웠던 기간이 이제 어느 정도 끝이 났고 지금은 모든 면에서 잘 풀려나가고 있는 중이었습니다.

그녀는 사업이 진행이 잘 되어 얼마나 시간이 가는 줄도 몰랐는지 생각해보니 주일인지도 모르고 하루를 보냈던 것을 깨닫게 되었습니다. 집사님은 주님께 회개하며 하염없는 눈물을 흘렸습니다. 죄송하다고.. 용서해달라고.. 무엇보다도 내일이 부활 주일이었는데 성경이 없이 교회에 갈 생각을 하니 너무나 가슴이 아팠습니다.

그녀는 중국에 있는 한인 교회에 다니고 있었습니다. 중국에 있는 한인 교회는 한국과 분위기가 거의 같다고 합니다. 다만 외국인만 가능하고 중국인은 들어올 수 없습니다.

그래서 입구에서 외국인인지 검사를 하는데 검사를 할 때에 들고 다니는 성경책을 보여줍니다. 성경책은 찬송가와 합본으로 되어 있고 성경책의 옆에는 비자를 같이 붙여놓아서 그것을 보고 통과시켜줍니다.

물론 여권이 있으니 성경이 없어도 들어갈 수가 있지만 그녀는 성경을 잃어버린 것이 마치 주님을 잃어버린 것 같이 느껴져서 하염없이 눈물만을 흘리고 있었습니다. 그렇게 울면서 기도를 드리고 있는데 전화가 왔습니다.

어떤 사람이 가방을 습득했는데 전화번호를 보고 전화했다고 그것을 돌려주겠다는 것이었습니다. 그녀는 뛸 듯이 기뻤고 그것이 기도의 응답이라고 생각했습니다.

현지 사정을 잘 아는 그녀의 친구가 그녀의 이야기를 듣더니 절대로 은밀한 곳에서 그 사람을 만나지 말라고 했습니다. 위험하다는 것입니다. 공개적이고 사람이 많은 장소에서 그를 만나야 한다고 했습니다. 그러면서 같이 가자고 했습니다.

그러나 그녀는 마음이 급했기 때문에 혼자 그냥 그 사람을 만나러 가기로 했습니다. 그것은 아주 위험한 일이었는데 주님께서는 그녀를 보호해주셨습니다.

그녀가 그 사람과 만나려고 한 광장에 가기 위해서 택시를 탔습니다. 그리고는 기사에게 그 이야기를 했더니 기사가 아주 친절한 사람이었는데 여자 혼자 위험하니 자기가 그 사람을 찾아주고 같이 만나겠다는 것이었습니다.

집사님은 그의 호의를 받아들였습니다. 약속한 광장에 도착하자 그 기사는 큰 소리로 그 사람을 찾았습니다. 가방을 주운 사람이 누구냐고 고래고래 소리를 질렀습니다.

그의 소리를 듣고 사람들이 많이 모여들었습니다. 그리고 그 가방을 주운 사람도 왔습니다. 그는 가방을 그녀에게 주었습니다. 모든 것들이 다 그대로 있었습니다. 다만 현금과 신용카드, 아파트 열쇠가 없었습니다.

그녀는 너무나 고마워서 사례를 하려고 했습니다. 그러나 그 남자는 아주 착한 남자였습니다. 그는 사례를 거절하고 가방만을 주더니 그냥 황급히 사라져버렸습니다.

집사님은 참 좋은 사람이구나 하고 생각했습니다. 그러나 사실은 그것이 아니었습니다. 가방을 돌려준 그 사람이 그 속에 있는 돈과 신용카드, 아파트 열쇠를 빼돌린 것이었습니다. 그는 도둑이었습니다.

그는 일단 돈을 챙긴 다음 카드와 열쇠는 자기가 가지고 있고 다른 것들은 돌려주면서 상황을 보아서 나머지를 가지고 흥정을 하려고 했던 것입니다.

그러나 운전기사가 큰 소리를 지르는 바람에 사람들이 많이 모이게 되었고 그렇게 되자 그는 할 수 없이 착한 사람의 연기를 하게 되었던 것입니다. 오래 있으면 불리해질 것 같아서 그는 재빠르게 그 자리에서 사라졌습니다.

그리고 나서 그는 다시 집사님께 전화를 하였습니다. 신용카드와 아파트 열쇠는 필요하지 않느냐고 흥정을 하려는 것이었습니다. 얼마를 주겠느냐는 것이었지요.

그러나 집사님은 가방을 잃어버리자마자 아파트 열쇠는 위험하다고 느껴져서 이미 열쇠를 바꾼 뒤였습니다. 신용카드도 이미 지불 정지를 시킨 뒤라 필요가 없었습니다. 그 사람은 아주 실망한 모양이었습니다. 결국 이 집사님이 잃어버린 것은 현금뿐이었습니다.

그래서 집사님은 생각을 하게 되었습니다. 왜 한 달 치 생활비에 해당하는 현금을 잃어버리게 되었을까 하고 말입니다.

그러다가 얼마 전의 상황이 떠올랐습니다. 얼마 전에 쇼핑센터에서 쇼핑을 하다가 꼭 마음에 드는 구두를 발견하게 되었습니다. 그런데 그 가격이 꼭 한 달 생활비였습니다. 너무 비싼 구두였던 것입니다.

그녀는 외모가 탤런트 뺨치게 아름답고 세련된 모습이었습니다. 그래서인지 그처럼 모양이 멋있고 아름다운 것에는 마음을 쉽게 빼앗기는 면을 가지고 있었습니다.

그녀는 그 구두를 보면서 '주님, 어떻게 할까요..' 하고 물었습니다. 그러자 마음속에서 '사지 말아라..' 하는 감동이 있었습니다.

그러나 그녀는 고민 끝에 그것을 샀습니다. 주님의 감동인줄 알면서도 워낙 그 구두가 마음에 들었던 것입니다. 그렇게 구두를 사면서도 그녀는 마음속에 불안한 마음이 들었습니다. 게다가 그 당시에는 공금밖에 없어서 그녀는 공금으로 일단 그 구두 값을 지불했던 것입니다. 그리고 얼마 후에 정확하게 그 구두 값과 똑 같은 돈을 잃어버리게 된 것입니다.

그녀는 말했습니다.

"그 돈을 잃어버린 것은 주님께 불순종한 대가예요.."

그러나 그녀는 그렇게 자신이 잘 못하는 것을 주님께서 깨닫게 해주신 것이 얼마나 감사하고 행복한지 모른다고 기쁨이 가득해서 간증을 하는 것이었습니다.

그녀는 환경의 넉넉함으로 인하여 영적으로 많이 무디어져서 어쩌면 밋밋하게 보냈을지도 모를 부활절 주일을 그 잃었다가 다시 찾은 성경을 보면서 너무나 감격적으로, 눈물로 예배를 드렸다고 합니다.

이 이야기를 들으면서 나는 몹시 감격이 되고 즐거웠습니다. 너무나 섬세하게 그분의 성도들을 가까이 가르치시고 인도하시는 주님의 은혜와 사랑이 새삼스럽게 감사하게 느껴졌습니다. 주님은 그렇게 섬세하시고 놀라우신 분이십니다.

이 이야기가 놀랍게 느껴지시는가요? 그러나 주님은 당신의 삶 속에서도 동일하게 역사하십니다. 당신이 그것을 적용해보면 이 말이 사실인 것을 알게 될 것입니다. 주님의 끝없는 사랑과 은혜에 다시 한 번 감사를 드립니다. 할렐루야.

* 갓피플 몰에서 [문제는 주님의 음성입니다] 서평을 읽고 있다가 재미있는 글을 발견했습니다. 참고삼아 이곳에 수록합니다.

-S성도의 경험-   08. 1. 28

사람들이 살아가는 데는 언제나 크고 작은 문제들이 있다. 그러나 그 문제를 대하는 태도에 따라 그 사람이 문제 안에서 감옥 같은 삶을 살기도 하고, 그와 반대로 그 문제가 자신을 주님께로 인도하는데 원동력이 되기도 한다.

문제를 만나면 그 속에서 말씀하시고자 하는 주님의 음성을 듣는 자는 나를 얽매이기 쉬운 죄의 옷을 한 꺼풀씩 벗어 던질 수 있는 자유함을 경험하게 될 것이다.

고통은 나로 하여금 안전지대가 되시는 주님께로 달려가게 하는 채찍과도 같은 것이 되었다.

[문제는 주님의 음성입니다] 라는 책을 읽으면서 하루에도 몇 번씩 주님께 여쭈어보게 된다.

얼마 전에 방안에 쥐가 들어와서 밤마다 벽을 긁어대는데 견딜 수가 없을 정도였고, 잠을 자려고 불 끄고 누우면 바스락 바스락거리는 소리, 벽을 긁어대는 소리에 정말 견딜 수가 없어서 소리도 질러보고 벽도 두드려 봐도 그때 뿐 도망도 안가고 있었다.

그때 내 눈에 보이는 것이 예전에 사서 읽었던 [문제는 주님의 음성입니다] 라는 책이었다.

그 밤에 쥐를 잡을 생각을 갖고 쥐가 나오기만을 기다리다가 그 책을 읽으면서 기다릴 맘으로 예전에 읽었던 책이지만 한 장 한 장 다시 읽다보니 책 내용 중에 쥐벼룩으로 고생했었던 이야기가 나오는 것이 아닌가?

아하! 그렇구나! 지금 내가 해야 할 일은 이 쥐를 잡기위해서 신경을 곤두세울 것이 아니라 내 심령상태를 점검하며 왜 이 쥐가 이 방안에 들어오게 되었는가를 주님께 여쭙는 것이 중요하겠구나 하고 깨달음이 왔다.

그 순간 주님은 거룩하지 못한 나의 심령상태에 대해 회개하게 해 주셨고 쥐의 속성인 더러움의 영을 회개하며 대적하게 되었었는데 그 밤에 쥐가 스스로 방바닥으로 슬금슬금 기어 나와 그 날 그 쥐를 해결할 수 있었다.

나는 그 쥐가 우리 집이 가건물이라 들어왔다고 환경만 탓하면서 짜증을 부렸었는데 그것이 아니었다. 나의 심령상태를 회개하게 하는 도구로 우리 집, 그것도 내 침실에 들어오게 되었던 것이다

그 후로는 환경은 변하지 않았는데도 내 심령이 변화되니 다시는 쥐가 들어오지 않았다. 깨닫게 해주신 주님께 감사를 드린다.

22. 목적은 오직 영혼의 성장

주님은 우리의 삶을 인도하십니다. 그리고 우리에게 말씀하십니다. 그분은 우리의 심령에 말씀하시며 우리의 환경을 통해서 말씀하십니다.

그러므로 우리의 모든 삶, 모든 순간, 모든 상황에는 메시지가 있습니다. 그것은 명백한 사실입니다. 우리들은 그 메시지를 받을 수 있습니다. 그리고 이에 순종하여 자연스럽고 평화롭게 살 수 있습니다.

그것은 아름답고 평화로운 삶이며 조화스러운 삶입니다. 모든 대자연이 그러한 조화와 평화 속에서 살고 있는데 오직 인간만이 자신이 인생의 주인이 되어 멋대로 살면서 그 평화를 상실하고 있는 것입니다.

우리는 날마다 그 메시지를 받아야 합니다. 그리고 일어나는 사건들 앞에서 겸허하게 자신을 돌아보며 그 주님의 인도하심과 메시지 속에서 자신을 낮추며 맞추어 가야 합니다.

주님은 자주 '너무 급하게 서두르지 말아라. 나와 같이 가자.' 하고 말씀하십니다. 이 시대의 많은 사람들의 마음이 바쁘고 쫓기고 있는데 그것은 환경의 문제가 아니고 영혼의 문제입니다. 영혼에 문제가 있는 것입니다.

마르다는 주님이 옆에 계신데도 불구하고 그 마음이 분주하고 쫓겼습니다. 그것은 심령의 문제입니다.

영혼이 발달하지 않고 어린 사람일수록 평화를 알지 못하고 서두르며 쫓깁니다. 조금만 자신의 뜻대로 일이 진행되지 않으면 걱정하거나 화를 냅니다. 그러나 영혼이 발전할수록 우리는 어떤 상황에서든지 주님 안에서 안정과 평화를 누리게 되는 것입니다.

나는 이 글을 쓰고 있는 중에 컴퓨터에 저장을 잘못해서 시간을 더 잡아먹기도 했습니다. 그러한 나의 실수는 어떠한 메시지일까요?

그것은 주님께서 '너는 너무 서두르고 있다' 고 말씀하시는 것입니다. '시간과 결과에 대하여 내게 맡겨라. 네가 해야 할 것은 오직 순종이다.' 라는 메시지를 주님께서는 그 간단한 실수를 통하여 말씀하시고 있는 것입니다.

나는 이 책의 내용을 20여 년 전부터 쓰고 싶었습니다. 그러나 상황이 허락하지 않았고 지금에 이르러서야 비로소 쓰게 되었습니다. 그러기 때문에 서두르는 것이 당연할지도 모릅니다. 그러나 주님의 나라, 천국의 세계에서는 서두름이란 존재하지 않으며 그것은 육성적인 본능일 뿐입니다. 대자연에는 오직 평화스럽고 자연스러운 흐름만이 존재하지요. 그렇기 때문에 지치고 피곤할 때 사람들은 자연에서 안식을 얻는 것입니다.

대자연이 주님께 복종하고 조화를 이루므로 사람들에게 휴식을 주듯이 오늘 주님께 순복하며 조화를 이루는 이들은 역시 다른 이들에게 휴식과 자유함을 나누어줄 수 있는 것입니다.

나는 십 여 년을 목회하는 동안 딱 한번 화가 나서 야단을 치러 성도의 집에 가려고 하던 적이 있었습니다. 그런데 나는 그 성도의 집 근처의 도로에서 빨간 불의 상태에 횡단보도를 통하지 않고 길을 건너다가 근처에 있었던 교통순경에게 적발되고 말았습니다. 마침 그때가 교통위반 단속 기간이었습니다. 그는 말했습니다.

"어디를 그렇게 빨리 가시는 거예요. 좀 천천히 가시지.."라고요.

그 말이 그의 말일까요? 그의 입에서 나온 말일까요? 물론 그의 말이지요. 그러나 그 말을 하게 하신 이는 주님이십니다.

그 길은 2차선 도로였습니다. 차량통행도 별로 없었습니다. 그래서 신호등을 보고 제대로 건너는 사람도 별로 없었습니다. 게다가 그걸 교통순경이 지키는 경우도 거의 없었습니다. 게다가 나는 신호등을 위반해 본적이 거의 없었습니다. 내가 위반한 곳은 횡단보도에서 몇 미터 떨어지지도 않은 곳입니다. 다시 말하면 위반에 걸릴 상황이 별로 아니었던 것입니다.

나는 위반을 하려고 했던 것이 아니라 화가 난 마음에 정신없이 가고 있었습니다. 내가 위반을 하고 있는 줄도 몰랐지요. 그러다가 잡힌 것입니다.

우연일까요? 당연히 아닙니다. 주님께서는 경찰을 통하여 경고하고 계신 것입니다. '흥분하지 말아라. 너무 빨리 가지 말아라.'

2주일 후에 범칙금 2만원이 나왔습니다. 그래서 나는 내 평생에 처음으로 벌금을 내게 되었습니다.

우연일까요? 십 몇 년을 목회하면서 처음으로 성도에게 화를 내려고 했던 것, 그리고 바로 그 순간에 신호 위반에 걸려서 벌금을 냈던 것.. 과연 우연일까요?

그 메시지는 이러한 것이었습니다.

'애야. 너는 신호를 위반했구나. 왜 나의 종이 나의 신호를 보지 않고 가느냐? 왜 나의 감동이 없이 너의 마음대로 움직이느냐?

파란 불은 평화의 마음이며 빨간 불은 흥분하고 급한 상태이다. 너는 왜 급하고 흥분된 마음으로 성도의 집으로 가고 있느냐?

너는 왜 횡단보도가 아닌 길로 건너느냐? 길이 아닌 곳으로 다녀서는 안 되는 것을 너는 알지 못하느냐? 오직 내가 인도하는 길만이 참 길이며 너의 마음대로 가는 길은 길이 아닌 것을 알지 못하느냐?

내가 경찰을 보내서 너를 막은 것은 내가 선지자를 보내어 사람들을 막은 것과 같은 것을 알겠느냐?

바로 그러한 메시지를 내게 주고 있었던 것입니다.

우리는 주님께서 날마다 우리의 모든 삶을 섬세하게 살피고 계신다는 것을 무시할 때가 많이 있습니다. 우리는 주님의 감동과 인도를 너무나 쉽게 지나칩니다. 우리는 기도는 많이 하지만 주님의 음성을 별로 들으려고 하지 않습니다. 내 소원과 필요를 아뢰면서 언젠가는 응답이 되겠지 하고 생각할 뿐입니다.

기도하다가 갑자기 떠오른 생각이나 느낌, 감동, 예감.. 그러한 것들도 그냥 지나쳐 버립니다. 아무런 응답을 기대하지도 않고 그냥 습관적으로 기도하고 혼자 살면서 주님을 고독하게 만드는 것입니다.

우리는 주님과 동행하여야 합니다. 일상의 모든 순간에 주님의 체취를 느끼고 주님과 대화하며 주님의 메시지를 받아야 합니다.

사소한 것에도 주님의 인도를 받도록 힘써야 합니다. 어떤 이들은 이러한 것들이 아주 심오하고 깊은 것이라고 생각하지만 막상 해보면 아주 쉽고 간단합니다. 영성이란 누가 전세 놓은 것이 아닙니다!

우리가 그렇게 의식하기만 한다면 우리는 점차로 삶에서 많은 주님의 인도와 감동을, 메시지를 느끼게 될 것입니다. 우리는 주님의 마음을 느끼게 될 것입니다. 주님이 얼마나 따뜻하고 아름다우신 분인지 그분이 얼마나 자상하시고 마음이 여린 분이신지, 우리의 고백에 얼마나 기뻐하시는 분이신지 알게 될 것입니다. 주님과의 대화와 만남이 친구와의 만남보다 더 실제적이고 재미있는 것임을 알게 될 것입니다.

우리는 지치고 피곤한 삶에서도 낙심하지 않게 됩니다. 중요한 것은 우리가 무엇인가를 배우는 것이며 한 가지를 배우고 나면 주님은 그에 따른 상을 주시고 다음 단계로 진도를 나가기 전에 약간의 휴식도 주시기 때문입니다. 주님은 결단코 무리하게 진도를 나가시지 않습니다.

그렇게 주님과 같이 삶을 걸어갈 때 우리는 점차로 삶을 즐기게 됩니다. 자연의 흐름을 따라 조화롭고 부드러운 삶을 살게 됩니다. 우주의 흐름을 거스르는 것이 아니라 아름답게, 부드럽게, 조화롭게 그 흐름을 따라 저절로 밀려가듯이 가게 되는 것입니다.

그 모든 주님의 가르치심, 그 방향은 무엇일까요? 그것은 한 가지, 곧 영혼의 성장을 향한 것입니다.

영혼의 성장, 그것은 우리가 이 땅에 존재하는 가장 큰 의미입니다.

우리는 우리 자신이 성장하는 것과 다른 이의 성장을 돕는 것, 그 두 가지를 위하여 이 땅에 존재합니다. 복음 사역이란 아이를 낳는 것이며 양육이란 영혼의 성장을 돕는 것입니다.

오늘날 사람들은 영혼의 성장보다 사역, 일 자체에 많이 몰두하고 있습니다. 사람의 내적 성장보다 눈에 보이는 성공이나 숫자에 큰 의미를 부여합니다. 그래서 아직 성장이 되지 않은 아기에 불과한 영혼에게 많은 부담을 주고 일을 시킵니다. 아직 그들은 일을 감당할 상태가 되지 않았는데 말입니다.

영혼의 성장이란 피상적인 개념이 아닙니다. 그것은 아주 구체적인 것이며 눈에 보이는 것입니다.

모든 사람이 자신의 영적인 나이를 가지고 있습니다. 그러한 영적인 나이가 들어가는 것은 단순히 성경 지식이 늘어가고 교리에 대한 이해가 증가되는 것이 아닙니다. 영의 나이가 들어갈수록 우리는 주님의 구체적인 임재와 마음에 대하여 민감해집니다. 주님과의 교류가 구체화됩니다.

그것은 몇 가지의 신비체험, 입신을 했다든지 뜨거운 불의 역사를 체험했다든지 하는 경험을 의미하는 것이 아닙니다. 한 순간의 경험과 영의 성숙은 같은 것이 아닙니다.

아이가 아주 어렸을 때는 엄마 아빠를 몰라봅니다. 그때는 누구든지 데리고 가서 키우면 그 사람이 자기 부모인 줄 압니다. 이것을 영적으로 보면 이 상태는 아직 주님에 대한 구체적인 인식이 없는 상태입니다.

아이가 조금 지나면 낯을 가립니다. 이것은 주님을 대강 아는 단계입니다. 조금 지나면 기어 다니고 걷기 시작합니다. 이것은 그 영이 어느 정도 활동을 시작하게 된 상태입니다.

육체의 몸이 이러한 자연적인 과정을 거치는 것처럼 영혼의 몸도 나이를 먹어가면서 구체적으로 그 나이에 따른 인식의 변화, 가치관의 변화, 지혜의 변화, 통찰력의 변화들이 나타나게 되는 것입니다.

어린아이가 더 자라고 사춘기가 되면 자아적인 독립을 추구하며 감수성이 예민해집니다. 인생과 삶과 죽음의 의미 등 철학적이거나 지적인 관심사가 많아지기도 합니다. 영혼도 그처럼 영적 감수성이 예민해지거나 영적 지식을 추구하는 과정들이 있습니다.

때가 되면 아이는 이성을 느끼게 됩니다. 그처럼 영혼도 어느 정도 성장하면 주님께 대한 더 깊은 애정을 느끼게 됩니다.

신자는 처음에 어렸을 때 주님을 아버지로서 느낍니다. 그래서 하나님의 임재, 만지심, 안아주심 속에서 평안을 경험합니다.

아버지의 품안에 안기는 것은 좋은 은혜의 순간이기는 하지만 깊은 교제를 나눌 수 있는 상태는 아닙니다. 아빠가 한 살짜리 아가에게 인생이 무엇이냐? 네 삶의 목표는? 이런 이야기를 하지는 않습니다. 그냥 안아주고 뽀뽀할 뿐입니다.

그러므로 이 상태는 여러 가지 능력과 은사는 많이 경험하지만 주님과 친밀한 나눔을 나눌 수 있는 때는 아닙니다.

그러나 많은 임재의 경험은 그의 영을 자라게 합니다. 그래서 점차 하나님을 주인으로 여기게 되며 점차 애인과 같은 사랑의 대상으로 여기게 됩니다. 나중에는 신랑으로서 여기게 되며 그분이 없이는 잠시도 살 수 없는 상태들로 바뀌어가게 됩니다. 그러한 내면적인 변화들은 아주 구체적으로 단계적으로 임하는 것이며 자신이 통과한 것만큼 사람들의 상태를 이해하고 도울 수 있는 것입니다.

아이가 어릴 때는 부모와 별로 많은 대화를 나눌 수 없습니다.

세 살짜리 딸이 '나는 아빠와 결혼할 거야..' 하고 말해도 그 말을 믿는 아빠는 없습니다. 마찬가지로 일시적으로 흥분한 이들이 여러 영적인 경험을 하면서 주를 위하여 죽기를 원한다고 온갖 고백을 해도 주님은 기뻐하시지만 그 말을 믿지는 않으십니다. 아직 그들이 갈 길이 멀다는 것을 주님은 잘 알고 계신 것입니다.

자녀가 결혼해서 자식을 낳고 기르다보면 부모의 마음을 알게 되고 좀 더 많은 대화를 나눌 수 있게 됩니다. 그러므로 우리는 영혼이 자라고 영혼의 나이가 먹어갈수록 주님을 좀 더 알고 교제하며 누리게 되는 것입니다.

주님은 우리와 함께 많은 것들을 나누기를 원하십니다. 그러나 오늘날 그분의 고독과 슬픔과 그 마음을 나눌 수 있는 상태의 사람은 많지 않습니다. 오늘날 많은 신자들의 모습은 대부분 영적 어린아이에 불과합니다.

많은 신자들이 주님 앞에 나와서 우유병을 입에 물려 달라고, 기저귀를 갈아달라고 날마다 울면서 떼를 씁니다. 그러므로 주님께서는 그들의 영혼이 좀 더 자라서 많은 것들을 함께 나눌 수 있기를 기대하시는 것입니다. 천국의 그 영광을 그 비밀을 놀라운 세계를 같이 나누며 주의 마음을 같이 나눌 이들을 기다리고 계신 것입니다.

주님은 우리를 훈련하십니다. 우리를 가르치시며 말씀하십니다.
그분은 우리의 일상의 삶에서 많은 것들을 말씀하시고 가르치시며 우리가 그분께 순종하며 그분의 소유가 되고 그분과 동행하며 모든 삶을 같이 나누면서 우리의 영혼이 아름답게 자라나기를 원하십니다. 그것이 날마다의 삶 속에서 우리가 경험하는 훈련의 의미이며 목적입니다.

주님을 경험하고 그 음성을 듣는 것이 어려운 것이라고 생각하지 마십시오. 주님을 경험하는 것은 특별한 사람에게나 일어나는 일이라고 생각하지 마십시오. 주님은 너무나 가까우신 분이며 그분을 경험하고 누리는 것은 누구에게나 가능한 일입니다.

믿음의 삶이란 아름답고 행복한 것이며 주님을 알아가고 추적해 가는 과정은 너무나 즐겁고 재미있는 일입니다.

부디 기억하십시오. 주님이 특별하게 사랑하시는 사람이란 존재하지 않습니다. 주님이 특별하게 누군가에게만 은혜를 베푸시며 역사하시는 것은 결코 아닙니다. 그것은 우리에게 달려 있습니다.

우리가 간절히 사모하는 마음으로 주님을 구한다면 주님은 우리에게 반드시 임하십니다. 우리가 그분을 방해하지만 않는다면, 거스르지만 않는다면 그분은 언제나 역사하시기 때문입니다.

지금까지 삶에서 주어지는 여러 가지의 경험들, 고통이나 문제들을 그냥 지나쳤었다면 이제는 그것들을 붙들고 좀 더 주님 앞으로 가까이 나아가 보십시오.

당신은 분명히 주님의 어떤 메시지를 받게 될 것이며 그 메시지의 선명도는 당신의 순종 여하에 따라 점점 더 분명해질 것입니다.

이제 이야기를 마쳐야 합니다.

부디 여러분의 삶에서 새로운 모험을 시작하십시오. 모든 삶에서 주님의 메시지를 느끼며 그분의 마음과 체취를 느끼는 그러한 새로운 경험을 향해서 출발하십시오. 그것은 너무나 재미있는 일입니다.

여러분들은 반드시 주님의 깊고 섬세한 임재하심을 경험하게 될 것입니다. 그분의 역사하시는 원리는 누구에게나 적용되기 때문입니다.

주님은 너무나 가까우신 분이며 사랑이시며 여러분의 모든 구체적인 삶의 부분에 관심을 가지고 계신 분이라는 것을 여러분들은 분명히 경험하게 될 것입니다.

이제 나는 나의 14번째 책을 마치면서 이 책을 통하여 주님께서 여러분의 삶 속에 일하실 것을 생각하면서 다시 기대하는 마음으로 가득합니다.

주님께서 이 책을 읽는 모든 분들에게 구체적으로 임재하시고 그분의 풍성한 자비를 베풀어주시기를 기도합니다. 그리하여 여러분 모두가 주님을 아주 가까이 경험하고 주님과 날마다 함께 걷고 동행하는 분들이 되시기를 소원합니다.
　우리 모두 주님을 향하여
　천국을 향하여
　성장을 향하여
　열심히 나아가십시다.
　나의 모든 삶의 의미이며
　삶의 목표이며 방향이며
　한없는 사랑이시며 용서이시며
　나의 모든 것 되시는 주님께
　감사와 찬송과 영광을 올려 드립니다.
　예수님..
　정말 너무나 감사합니다.
　할렐루야.

도서구입신청

도서 구입을 원하시는 분들을 위한 안내입니다.

1. 도서 목록 확인

페이지를 넘기시면 정원 목사님의 도서 전권이 안내되어있습니다.
도서 목록을 참조하셔서 필요로 하시는 책을 선택하십시오.
각 도서의 자세한 목차와 내용을 원하시면 정원목사 독자 모임 카페의 [저자 및 저서소개] 코너를 참조하십시오. (http://cafe.daum.net/garden500)

2. 책신청

구입하실 도서를 결정하신 후에, 영성의 숲 출판사로 전화를 주세요.
(02-355-7526 / 010-9176-7526. 통화시간: 월~금 오전 9시~저녁 7시)
신청 도서 목록을 알려주시면 입금하실 금액을 안내해 드립니다.
신청하실 때는 책을 받으실 주소와 전화번호를 함께 알려주세요.
책신청은 전화 외에도 영성의 숲 홈페이지의 [책신청] 코너,
출판사 이메일(spiritforest@hanmail.net)을 사용하실 수 있습니다.

3. 송금

안내 받으신 도서 대금을 아래 계좌로 입금해 주세요.
(국민은행: 461901-01-019724, 우체국: 013649-02-049367, 예금주: 이혜경)
신청자 성함과 입금자 성함이 일치하지 않는 경우에는 입금자 성함을
꼭 알려주셔야 확인이 가능합니다.

4. 배송

입금 확인 후에 바로 발송 작업을 하는데, 발송후 도착까지 보통 2-3일 정도가 소요 됩니다. 책을 급하게 필요로 하실 경우에는 일반 서점을 이용해 주세요. 해외 배송을 원하시는 분은 총판을 담당하고 있는 생명의 말씀사로 문의해주시기 바랍니다. (생명의 말씀사 080-022-1211 www.lifebook.co.kr)

<기도 시리즈>

1. 하늘의 권능이 임하는 부르짖는 기도 1
영성의 숲. 373쪽. 13,000원 / 핸디북 10,000원
부르짖는 기도는 모든 기도의 형태 중에서 가장 기본적이고 중요한 기도입니다. 이 기도를 바르게 배우고 적용한다면 하늘의 권능이 임하는 것을 경험하게 되며 모든 면에서 강건한 그리스도인이 될수 있을 것입니다.

2. 하늘의 권능이 임하는 부르짖는 기도 2
영성의 숲. 444쪽. 15,000원 / 핸디북 11,000원
부르짖는 기도 1권은 발성의 의미, 능력과 부르짖는 기도의 전체적인 원리를 다루 었으며 2권은 부르짖는 기도의 실제로서 구체적인 기도의 방법과 적용원리를 다루고 있습니다. 3부에 수록된 다양한 승리의 간증은 독자님들에게 좋은 도전이 될 것입니다.

3. 대적기도의 원리와 능력
영성의 숲. 400쪽. 14,000원 / 핸디북 11,000원
대적기도 시리즈 1편. 대적기도는 주님께 간구하는 기도가 아니며 우리에게 주어진 권세와 능력을 발견하고 사용하여 능력과 승리를 경험하는 기도입니다. 이 기도를 알게 될 때 당신의 삶은 진정 달라지게 될 것입니다.
휴대를 위한 작은 사이즈의 핸디북도 있습니다.

4. 대적기도의 적용 원리
영성의 숲. 424쪽. 14,000원 / 핸디북11,000원
대적기도 시리즈 2편. 대적기도에도 원리와 법칙이 있습니다. 그 원리와 법칙을 잘 익혀서 실제의 삶에 적용한다면 우리는 풍성한 삶을 살 수 있습니다. 이 책에서는 그 원리들을 구체적으로 제시해 주고 있습니다.
휴대를 위한 작은 사이즈의 핸디북도 있습니다.

5. 대적기도를 통한 승리의 삶
영성의 숲. 452쪽. 15,000원 / 핸디북 12,000원
대적기도 시리즈 3편. 대적기도를 인간관계, 가정에서의 삶, 복음 전도와 사역에 구체적으로 적용하는 방법을 제시하였습니다. 여기서 제시된 원리를 잘 읽고 적용한다면 삶과 사역에 있어서 많은 변화와 승리를 경험할 수 있게 될 것입니다.
휴대를 위한 작은 사이즈의 핸디북도 있습니다.

6. 대적기도의 근본적인 승리 비결
영성의 숲. 454쪽. 15,000원 / 핸디북 12,000원
대적기도 시리즈 4편. 완결편. 1부에서는 악한 영들을 근본적으로 완전하게 제압하고 승리할 수 있는 원리와 비결을 제시하고 있습니다. 2부에서는 대적기도를 적용하고 경험한 성도들의 사례가 실려 있는데 이것은 각 사람의 적용과 승리에 좋은 참고가 될 수 있을 것입니다.
휴대를 위한 작은 사이즈의 핸디북도 있습니다.

7. 아름답고 행복한 기도의 세계
영성의 숲. 279쪽. 9,000원
〈기도업데이트〉의 개정판. 자연스럽고 편안하게 기도의 아름다움과 행복에 잠길 수 있도록 돕는 책입니다. 기다리는 기도, 듣는 기도, 안식하는 기도 등 다양하고 풍성한 기도의 원리들을 일상의 예화들을 통하여 쉽게 정리하였습니다.

8. 주님의 마음에 이르는 기도
영성의 숲. 309쪽. 10,000원
기도의 원리와 방법에 대한 200개의 조언을 담았습니다. 주님의 마음을 향하여 가는 것. 그것이 기도의 방향이며 목적임을 보여주는 책입니다.

9. 주님의 임재를 경험하는 길
영성의 숲. 308쪽. 10,000원
〈주님을 경험하는 100가지 방법〉의 개정판. 주님의 살아계심과 임재를 경험하기 위한 100가지의 실제적인 방법을 제시하고 있습니다. 사모하는 마음으로 이 방법들을 시도한다면 누구나 쉽게 그분의 역사를 경험하게 될 것입니다.

10. 예수 호흡기도
영성의 숲. 460쪽. 15,000원 / 핸디북 11,000원
호흡을 통한 기도가 주님의 임재와 영적 실제에 들어가는 중요한 비밀이며 열쇠임을 보여주는 책입니다. 이 책에 제시된 원리와 방법을 충실히 시도해 본다면 누구나 놀라운 변화를 경험하게 될 것입니다.

11. 방언기도의 은혜와 능력 1
영성의 숲. 459쪽. 16,000원 / 핸디북 12,000원
방언기도 시리즈 1편. 방언에 대한 성경적이고 균형잡힌 설명 뿐 아니라, 저자의 개인적인 경험과 간증, 방언을 받는 과정과 통역을 시도하는 과정에 대한 구체적인 설명, 여러 경험자들의 실례가 풍성하게 실려있어, 방언의 은혜에 대해 이해하고 적용하는 데에 실제적인 도움을 주는 책입니다.

12. 방언기도의 은혜와 능력 2
영성의 숲. 403쪽. 14,000원 / 핸디북 11,000원
방언기도 2편에서는 방언과 통역이 발전해 나가는 과정과 그 영적인 의미를 깊이있게 다루었습니다. 방언의 가치와 의미를 바르게 이해하고 적용하게 될 때, 오래 동안 방언을 사용하면서도 주님의 은총를 누리지 못하던 이들이 주님의 가까우심과 아름다우심을 풍성히 경험하게 될 것입니다.

13. 방언기도의 은혜와 능력 3
영성의 숲. 490쪽. 16,000원 / 핸디북 12,000원
방언 기도 시리즈의 결론적인 부분을 다룬 책입니다. 방언에 대한 부정적인 견해와 원인들, 방언을 통해 어떻게 부흥이 시작되는지, 은사의 바른 방향과 의미, 목적 등을 정리하였고, 전체적인 요약정리와 함께 경험자들의 구체적인 사례들을 첨부하여 실제적인 적용에 도움이 되도록 하였습니다.

<영성 시리즈>

1. 영성의 실제를 경험하는 길
영성의 숲. 357쪽. 12,000원
〈그리스도인의 아름다운 영성〉의 개정판.
많은 은혜의 도구들이 있지만 그것들이 다 주님을 접촉하는 것은 아닙니다. 참다운 영성과 주님을 경험하는 원리를 제시하는 책입니다.

2. 생각의 자유를 경험하는 길
영성의 숲. 228쪽. 8,000원
〈그리스도인의 생각 다스리기〉의 개정판. 우리가 겪는 삶의 대부분의 고통들은 스스로 만들어낸 생각의 감옥에 지나지 않으며 생각을 분별하고 관리함으로써 풍성하고 행복한 삶을 살 수 있다는 메시지를 다양한 예화와 함께 설득력 있게 제시하고 있습니다. 많은 교회에서 훈련 교재로 사용되기도 했습니다.

3. 영성의 중심은 사랑입니다
영성의 숲. 243쪽. 8,000원
하나님의 은혜를 받아들이고 누림으로써 진정한 사랑과 따뜻함의 세계를 경험할 수 있도록 돕는 책. 신앙의 따뜻함과 아름다움을 회복하고, 영혼들을 이해하고 도울 수 있는 관점을 제시하고 있습니다.

4. 영성의 원리
영성의 숲. 319쪽. 11,000원
영성에도 원리가 있습니다. 이 책은 영성의 발전을 위한 다양한 원리들, 영의 흐름, 영의 인식, 영적 승리를 위한 중보 등의 원리를 실제적인 예와 함께 잘 설명해 줍니다. 영적 부흥과 충만함을 사모하는 이들에게 좋은 참고서가 될 수 있을 것입니다.

5. 문제는 주님의 음성입니다
영성의 숲. 227쪽. 9,000원
우리의 삶에 다가오는 여러가지 어려움들, 문제들은 우연이 아닙니다. 거기에는 주님의 배려와 가르치심이 있으며 반드시 우리가 배워야 할 것이 있습니다. 이 책은 그 문제들에서 주님의 뜻과 음성을 발견하는 원리를 가르쳐 주고 있습니다.

6. 영성의 발전은 어떻게 이루어지는가
영성의 숲. 254쪽. 8,000원
〈영성의 상담〉의 증보 개정판. 영성에 대한 여러 질문과 답변을 통해 다양한 영적현상의 의미와 삶 속에서 영적 성장을 이루는 구체적인 방법들을 소개하고 있습니다.

7. 지금 이 공간에 임하시는 주님
영성의 숲. 340쪽. 12,000원
주님은 믿을수 없을만큼 가까이 계시지만 사람들은 흔히 그분을 무시함으로 그의 임재를 소멸시킵니다. 이책은 그분의 가까우심과 구체적인 공간을 통한 임재, 나타나심을 경험할수 있도록 실제적인 지침을 제시하고 있습니다.

8. 심령이 약한 자의 승리하는 삶
영성의 숲. 228쪽. 9,000원
영혼의 힘이 약하고 마음이 여리고 민감하여 고통을 겪고 있는 이들을 위한 책. 영혼의 원리 및 기질과 사명을 이해함으로써 이전에 알지 못했던 자유와 해방과 놀라운 행복감을 누리게 될 것입니다.

9. 천국의 중심원리
영성의 숲. 452쪽. 14,000원
천국은 사후에만 갈 수 있는 장소가 아닙니다. 이 땅에 살면서 천국의 임재, 그 천국의 빛과 영광을 경험할 수 있습니다. 이 책에서는 내면세계의 천국을 경험하기 위한 길과 원리를 제시해 주고 있습니다.

10. 행복한 신앙을 위한 28가지 조언
영성의 숲. 348쪽. 12,000원
〈자유롭고 행복한 그리스도인 1〉의 개정판. 묶여 있고 창백한 의식의 틀을 벗어나, 자유롭고 풍성한 믿음의 삶으로 나아가도록 돕는 책입니다. 28가지 조언속에 행복한 신앙을 위한 영적 원리들을 담고 있습니다.

11. 성숙한 신앙을 위한 30가지 조언
영성의 숲. 340쪽. 12,000원
〈자유롭고 행복한 그리스도인2〉의 개정판. 의식이 바뀔 때 천국의 자유와 기쁨을 누릴 수 있음을 보여주는 책입니다. 묶여있는 사고와 습관, 잘못된 의식에서 해방되는 원리를 제시해 주고 있습니다.

12. 의식의 깨어남을 사모하라
영성의 숲. 239쪽. 9,000원
잠과 꿈과 깨어남의 실체를 보여주며 진정한 깨어있음의 세계로 인도하는 책입니다.
의식과 영혼을 깨우기 위한 방법과 원리들을 제시해 주고 있습니다.

13. 주님의 마음, 주님의 임재 속으로
영성의 숲. 348쪽. 12,000원
오늘날 주님의 마음에 대한 많은 오해가 있어서 주님의 깊으신 임재에 들어가지 못합니다. 이 책은 그 오해를 풀어주며 우리를 향한 주님의 사랑을 보여주고 그 사랑의 임재 속에 들어가는 길을 안내해주고 있습니다.

14. 영성의 발전을 갈망하라
영성의 숲. 292쪽. 10,000원
영성의 진리 시리즈 1편. 영성을 깨우고 발전시킬 수 있는 다양한 이야기, 원리, 법칙들을 묶은 36가지의 메시지가 수록되어 있습니다. 영혼의 각성에 도움이 되는 지식과 도전을 얻게될 것입니다.

15. 집회에서 흐르는 주님의 은혜
영성의 숲. 254쪽. 8,000원
이미 출간되었던 〈집회 가운데 임하시는 주님〉을 새롭게 개정하였습니다. 회원들의 간증을 줄이고 더 많은 분량을 추가하였습니다. 집회 가운데 나타나는 주님의 생생한 역사와 이에 관련된 여러 영적 원리를 기술하였습니다. 읽을수록 집회 현장에 있는 듯한 감동과 은혜를 얻을 수 있을 것입니다. 은혜를 사모하는 이들, 영성 사역에 관심이 있는 사역자들에게 좋은 참고가 될 것입니다.

16. 삶을 변화시키는 생명의 원리
영성의 숲. 348쪽. 값 12,000원
삶 속에서 열매를 맺을 수 있는 비결과 원리를 시편 1편의 말씀과 요한복음 15장의 말씀을 중심으로 제시하고 있습니다. 포도나무이신 주님과 가지로서 항상 연결되는 삶이 열매를 맺는 원리이며 은총의 비결인 것을 명쾌한 논지로 설명하고 있습니다. 신앙의 기초와 방향을 분명히 밝히는 책으로서 풍성한 삶과 승리하는 삶을 갈망하는 그리스도인들에게 귀한 도전이 될 것입니다.

17. 낮아짐의 은혜1
영성의 숲. 308쪽. 값 11,000원
쉽게 하나님의 임재를 경험하며 그 은혜 가운데 머무르는 사람이 있습니다. 그 은총의 비밀은 무엇일까요? 그것은 바로 낮아짐이며 이를 통하여 주의 무한한 은혜와 천국의 풍성함을 누릴 수 있음을 본서는 증명합니다. 사람을 파괴하는 높아짐의 시작과 타락, 은혜의 회복, 열매의 풍성함 등을 다루고 있으며 누구나 그 은혜의 세계에 쉽게 이르도록 길을 제시하고 있습니다.

18. 낮아짐의 은혜 2
영성의 숲. 388쪽. 값 14,000원
낮아짐은 감추어진 비밀이며 천국의 문을 여는 보화입니다. 마귀는 낮아짐을 빼앗을 때 그 영혼을 사로잡을 수 있으므로 온갖 유혹으로 이 보화를 가로챕니다. 하나님은 천국의 풍성함을 주시기 위하여 낮아짐을 훈련하시며 인도하십니다. 2권은 적용을 주로 다루며 구체적으로 풍성한 은총을 누릴 수 있도록 권면하고 있습니다.

19. 그리스도를 갈망하는 삶
영성의 숲. 268쪽. 값 10,000원
부흥과 영적 깨어남, 영성의 다양한 원리에 대한 이야기. 삶 속의 이야기와 함께 자연스럽게 풀어서 정리하였습니다. 일상의 사소한 삶에서 영적 원리를 발견하고 적용하도록 도우며 그리스도에 대한 갈망이 증가되도록 도전하고 있습니다.

20. 영이 깨어날수록 천국을 누린다
영성의 숲. 236쪽. 값 8,000원
독자들과 일대일로 마주 앉아서 대화를 하듯이 영적 성장과 풍성한 삶을 누리는 원리에 대해서 메시지를 전달하고 있습니다. 사랑하는 삶, 영성의 깨어남에 대한 새로운 통찰력을 제공해주며 기쁨으로 주님을 따르는 길을 제시해줍니다.

<생활 영성 시리즈>

1. 주님과 차 한잔을
영성의 숲. 220쪽. 6,000원
신앙의 귀한 진리들, 주님을 사모하고 가까이 나아가는 데 도움이 되는 원리들을 유머를 통해 밝고 즐겁게 전달해주는 책입니다.
주님과 같이 차를 한잔 마시는 기분으로 부담없이 읽다 보면 자연스럽게 영적 통찰을 얻을 수 있을 것입니다.

2. 일상의 삶에서 주님을 의식하기
영성의 숲. 280쪽. 8,000원
일상의 사소한 삶 속에서 주님을 의식하며 살아가는 이야기. 신앙과 영성은 기도할 때만이 아니라 일상의 모든 삶 속에서 나타나야 한다. 작고 사소한 모든 일에서 주님을 의식하는 것이 진정한 행복의 원리인 것을 이 책은 보여주고 있습니다.

3. 일상에서 경험하는 주님의 사랑
영성의 숲. 277쪽. 8,000원
일상의 묵상 시리즈 2편. 사소한 일상의 삶에서 주님의 임재와 사랑을 느끼고 주님의 메시지를 경험하는 이야기. 항상 모든 것에서 주님의 마음과 시선으로 삶과 사람을 보고 느껴야 하며 이를 통해서 날마다 천국을 경험할 수 있음을 사소한 삶의 이야기를 통하여 부드럽게 전달해주고 있습니다.

4. 삶이 가르치는 지혜
영성의 숲. 212쪽. 6,000원
〈아직 기회가 있을 때 사랑한다고 말하라〉의 개정판. 우리의 삶에서 경험하는 많은 즐거운 일, 힘든 일들이 결국 우리 영혼의 성장을 위하여 주어진 일임을 보여줍니다. 가슴을 따뜻하게 하는 소박한 이야기들을 통해서 사랑의 중요성을 다시 한번 깨닫게 합니다.

5. 사랑의 나라로 가는 여행
영성의 숲. 156쪽. 5,000원
〈사랑의 나라〉의 개정판. 어른들을 위한 우화로서 한 청년이 여행을 통하여 삶의 목적과 방향을 깨달아 가는 과정이 흥미진진하게 전개되고 있습니다. 즐겁게 이야기를 읽어나가다보면 영적 성장의 방향과 중심, 영적 세계의 에너지와 원리, 흐름을 이해하는데 도움이 될 것입니다.

6. 하나님의 뜻을 발견해 가는 여행
영성의 숲. 269쪽. 신국판 변형 8,000원
성경에 등장하는 입다, 다윗, 암논의 삶과 사건들을 통하여 하나님의 아버지 마음과 하나님의 의도와 훈련을 이해하고 발견하도록 안내하는 책입니다. 등장인물들의 마음과 정서가 드라마처럼 녹아있어 흥미와 감동을 전달해 줍니다.

7. 일상에서 경험하는 주님의 은혜
영성의 숲. 253쪽. 값 8,000원
일상시리즈 3편입니다.
가족 이야기, 모임 이야기, 일상에서 경험하는 여러 가지 일들을 통해서 영적 원리와 교훈을 정리하였습니다.
일기와 이야기 형식으로 기록되어 있어서 즐겁게 읽는 가운데 주님과 같이 걷는 삶의 흐름 속으로 들어갈 수 있게 될 것입니다.

<묵상 시리즈>

1. 맑고 깊은 영성의 세계를 향하여
영성의 숲. 140쪽. 5,000원.
잠언시리즈 1편. 내 영혼의 잠언1을 판형을 바꾸어 새롭게 만들었습니다. 순결하고 맑은 영혼으로 성장하기 위한 진리의 묵상들이 간결하게 정리되어 있습니다.

2. 주님은 생수의 근원 입니다
영성의 숲. 196쪽. 6,000원
〈내 영혼의 잠언2〉의 개정판. 맑고 투명한 영성의 세계로 안내하는 영성 잠언집. 새벽녘의 신선하고 향긋한 바람처럼 우리 영혼을 달콤하게 채워주는 묵상의 글들을 모아서 정리했습니다.

3. 묻지 않는 자에게 해답을 던지지 말라
영성의 숲. 156쪽. 5,000원
삶과 사랑과 영혼의 진리를 담은 잠언 시집.
인생의 의미와 진리, 영성의 발전과정을 예리하면서도 부드러운 시각으로 표현하고 있습니다. 불신자에 대한 전도용으로도 좋은 책입니다.

4. 영혼을 깨우는 지혜의 샘물
영성의 숲. 180쪽. 6,000원
〈영적 성숙으로 향하는 여행〉의 개정판
인생, 진리, 마음, 영성 등 중요한 8가지의 주제에 대한 짧은 묵상을 담았습니다. 맑은 샘물이 흐르듯이 간결한 지혜의 메시지가 영성을 일깨워주는 책입니다.

문제는 주님의 음성입니다

1판 1쇄 발행	2002년 5월 30일
2판 1쇄 발행	2003년 10월 5일
2판 5쇄 발행	2008년 5월 15일
3판 1쇄 발행	2009년 10월 15일
3판 5쇄 발행	2017년 6월 10일
지은이	정원
펴낸이	이 혜경
펴낸곳	영성의 숲
등록번호	2001. 7. 19 제 8-341 호
전화	02 - 355 - 7526 (영성의숲)
핸드폰	010 - 9176 - 7526 (영성의숲)
E - mail	spiritforest@hanmail.net (영성의숲)
홈페이지	cafe.daum.net/garden500 (정원목사 독자 모임)
	cafe.naver.com/garden500 (정원목사 독자 모임)
국민은행	461901 - 01 - 019724
우체국	013649 - 02 - 049367
예금주	이 혜경
총판	생명의 말씀사
전화	02 - 3159 - 8211
팩스	080 - 022 - 8585,6

값 9,000원
ISBN 978 - 89 - 90200 - 78 - 5 03230